Ernst Trost

Der Papst aus einem fernen Land

ERNST TROST

DER PAPST
aus einem fernen Land

Johannes Paul II. und seine Kirche

Mit einem Vorwort
von Franz Kardinal König
Erzbischof von Wien

MIT 20 ABBILDUNGEN

Wilhelm Goldmann Verlag

Bildnachweis

Die Abbildungen stammen von: Archiv der Kronen-Zeitung, Wien: Seiten 132 o., 135. Gamma, Paris: Seite 140 (Photo Gîani Giansanti); Seite 137 (Photo Daniel Simon, François Lochon); Seite 130 r. o. (Photo Gilbert Uzan). Sipa Press: Seite 142 (Photo Setbourn). Keystone Press Agency, Wien: Seite 129. Upi, New York: Seiten 139, 141. Ernst Trost, Wien: Seiten 130 l. o., 131, 135. Photoagentur Votava, Wien: Seiten 130 l. u., 132 u., 134, 136, 138. Süddeutscher Verlag, Bilderdienst: Seiten 143, 144.

Made in Germany

Umschlagentwurf: Design Team München
Umschlagfoto: Mauritius/Burda
Satz: Typostudio Wien
Druck: Wiener Verlag
Verlagsnummer: 30503
Lektorat: Dr. Ekkehard Reitter
Herstellung: Sebastian Strohmaier
ISBN 3-442-30503-9

Für Uta

Inhalt

Vorwort

Wenn ein Autor mit einer gewissen inneren Distanz als neutraler Beobachter am Begräbnis Pauls VI. teilnimmt, die Vorbereitungen für die Wahl des Nachfolgers an Ort und Stelle beobachtet, die Reaktion des Volkes registriert, auf dem Petersplatz stundenlang mit der ungeduldigen Menge auf das Rauchsignal aus der Sixtinischen Kapelle wartet, wenn er dabei möglichst viele Details und konkrete Beobachtungen zusammenträgt, um ein genaues Bild der Vorgänge zu geben, so ist dies nichts Außergewöhnliches. Wenn aber derselbe Autor dabei innerlich ergriffen wird, so spürt man, daß die rational nicht immer ganz faßbaren Dinge um Papst und Konklave ein Weltereignis waren, das viele Millionen durch die modernen Kommunikationsmittel in den Bann zog.

Der Autor war sichtlich fasziniert von den Ereignissen, die er in Verbindung mit dem Geschehen um Papst Johannes Paul II. in Rom, in Krakau, in Mexiko miterlebte, ohne seinen kritischen Sinn dabei auszuschalten, seine persönlichen Ansichten zurückzustellen. Er versuchte dabei das Geheimnis und die große Ausstrahlungskraft des neugewählten Papstes zu ergründen, in ihren Auswirkungen zu schildern. Dazu trägt er eine Fülle von historischen und kirchengeschichtlichen Fakten und psychologischen Beobachtungen zusammen. Das alles legt er in einem Buch vor, das durch Prägnanz der Sprache und Unmittelbarkeit der Schilderung sowohl den Glaubenden wie den Nichtglaubenden gleichermaßen ansprechen wird.

Als unmittelbarer Teilnehmer der in diesem Buch geschilderten Vorgänge muß ich sagen – ohne mich mit den persönlichen Auffassungen des Autors in allem identifizieren zu wollen –, es handelt sich um eine ausgezeichnete Dokumentation; sie schildert vor allem Papst Johannes Paul II. so, daß das „Trost-Buch" nicht leicht überboten werden kann.

Franz Kardinal König
Erzbischof von Wien

Der Mann in Weiß

Ein mexikanischer Prolog

Das „Hallelujah" schallte direkt vom Himmel. Aus den Verstärkern eines Flugzeuges, das über der Autokolonne seine Kreise zog, dröhnte der Jubelgesang aus Händels „Messias". Und wie einem Erlöser, der imstande ist, sie von allen ihren irdischen Sorgen zu befreien, so eilten die Massen dem Fremden entgegen, dem Papst aus Polen, diesem Mann in Weiß. Hochaufgerichtet stand Johannes Paul II. in dem kuriosen Vehikel, einer Art Autobus ohne Verdeck, so daß ihn jeder sehen konnte. Weil er vor lauter Winken, Grüßen und Segnen kaum dazukam, sich festzuhalten, griffen die Sekretäre zu seiner Rechten und Linken immer wieder stützend nach seinen Armen. Den purpurnen römischen Hut hatte Wojtyla etwas aus dem Gesicht geschoben. Seine Haut war von der Sonne Mexikos gerötet, und manchmal tropften Schweißperlen von seiner Stirn. Die Strapazen der Fahrt schien er jedoch nicht zu spüren. Und wenn die dünne Luft dem 58jährigen zu schaffen machte – er befand sich immerhin auf einer Höhe von etwa 2500 Metern –, so wußte er es zu verbergen. Die Mühe dieser Reise, die Johannes Paul II. eine Pilgerfahrt nannte, wurde ihm durch ein nie endendes „Viva el Papa"-Gerufe vergolten. „Viva el Papa, viva el Papa." Die Worte waren an die Wände geschrieben, und sie wehten auf Transparenten, sie schnarrten aus Lautsprechern, und Tausende, Zehntausende, Hunderttausende, ja Millionen von Lippenpaaren formten sie: „Viva el Papa."

Der lange Zug der Begleitfahrzeuge, der Journalistenautobusse und Polizeieskorte, schlich sich durch ein oft 20 Reihen dickes Spalier. Menschenmauern türmten sich dahinter und darüber auf, an Hausfassaden, auf flachen Dächern, auf Zäunen, Gittern und Bäumen, überall hingen die Leute. Sie schrien und jauchzten ihre Begeisterung in den wolkenlosen Himmel. Reiter sprengten neben den Autos her, Burschen entzündeten mit lautem Knallen Raketen, Männer und Frauen hielten dem Papst Kruzifixe entgegen, die sie zu Hause von der Wand genommen hatten, oder Bilder der Madonna von Guadalupe. Viele Frauen wickelten ihre Babies aus den Schultertüchern, in denen sie sie trugen, und hoben sie hoch, damit sie wenigstens von den Augen des Papstes gestreift würden und dadurch künftig von aller Unbill verschont blieben. Am Straßenrand aber trompeteten und geigten die Mariachis, die mexikanischen Volksmusikanten, wie auf einer Fiesta.

Und zu einer Fiesta, einem wahren mexikanischen Fest, wurde auch dieser Triumphzug Wojtylas durch das Land. Wie im Karneval regnete es Konfetti auf ihn, und sein Wagen war von Papierschlangen bedeckt. Christlicher Respekt vor dem Repräsentanten Gottes auf Erden und weltliche Lust am Spektakel vereinten sich. Wenn er für die einen das Oberhaupt der Kirche war, so für die anderen der große Wundermann und Heilsbote. Johannes Paul II. tauchte in diesem Meer der überbordenden Freude, der Verehrung und Hingabe unter, glücklich über diesen Empfang und manchmal wohl selber erstaunt darüber, daß ein Mensch allein so viele Millionen auf die Beine zu bringen vermag. Sein profunder Glaube hat jedoch verhindert, daß er dadurch das Maß verlor. Denn ein Wojtyla ist sich als Papst stets seiner Stellvertreterfunktion bewußt.

Nachdem Johannes Paul II. auf dem Flughafen von Mexiko City die mexikanische Erde geküßt hatte, bereiteten ihm die Bewohner dieser größten Menschenzusammenballung der Welt (14 Millionen) einen triumphalen Empfang. Doch tags darauf, als er mit dem Auto nach Puebla fuhr, an diesem wunderschönen heißen Januarsonntag, schien das ganze Land in Bewegung geraten zu sein, um einen Blick vom Papst zu erhaschen. Auf der 150 Kilometer langen Strecke waren vielleicht 50 Autobahnkilometer in den Bergen nicht von Menschen gesäumt, sonst drängten sie sich überall an der für jeden anderen Verkehr gesperrten Route. Wie in einem Film rollte die mexikanische Wirklichkeit mit allen ihren Unterschieden zwischen Armen und Reichen an Wojtyla vorüber. Aus dem Villenviertel, in dem seine Residenz, die Apostolische Mission, lag, geriet Johannes Paul II. direkt in eine Slumregion, dort wo die Ärmsten der Armen ihre Hüttensiedlungen – die Mexikaner nennen diese „Barrios" oder „Favellas", die „verlorenen Städte" – errichtet haben: Elendsquartiere, in denen Hunderttausende oft ohne Wasser, Kanalisation und elektrischen Strom ihr Dasein fristen. Meist versuchen sie vergeblich, am Wohlstand der Großstädter mitzunaschen und führen ein Leben ohne Hoffnung. Trotzdem eilten auch sie an die Straße, um den Papst zu begrüßen. Vielleicht klang ihr „Viva el Papa" nicht ganz so freudig und gelöst wie später bei den Bauern oder bei den gutgenährten und gutgekleideten mittelständischen Bewohnern der prosperierenden Stadt Puebla. Die hatten ihr Sonntagsgewand angelegt. Die Leute aus den „Barrios" besitzen dagegen meist nur, was sie am Leib tragen. Und weil sie sich nicht einmal gelbweiße Fähnchen leisten konnten, spießten sie zum Winken Papierfetzen auf Stäbchen. „Es ist gut, daß der Papst auch von diesem Elend etwas zu sehen bekommt, bis jetzt wurde ihm ohnehin nur das schönere Mexiko gezeigt", bemerkte ein französischer Journalist. Doch Wojtyla weiß, daß sich das Schicksal der Kirche Lateinamerikas nicht in den Palästen und Villen der Millionäre erfüllt. Die Kirche ist für alle da. Ihre Bewährungsprobe hat sie jedoch in diesen Arealen der Hoffnungslosigkeit zu bestehen. Der Mensch lebt nicht vom Brot allein, heißt es. Aber wovon dann, wenn er nicht einmal mehr Brot oder ein paar Maisfladen hat?

Die ersten hundert Tage seines Pontifikates waren fast um,

als Johannes Paul II. Ende Januar 1979 die Sondermaschine nach Santo Domingo und von dort weiter nach Mexiko bestieg. Aus Anlaß der Lateinamerikanischen Bischofskonferenz (CELAM) in Puebla tat der erste nichtitalienische Papst seit mehr als 450 Jahren diesen großen Schritt in die Welt. Die Schwierigkeiten und Widersprüche, die ihn in Mittelamerika erwarteten, scheute er nicht. Vor zehn Jahren, im Spätsommer 1968, war Paul VI. nach Kolumbien geflogen, um dort die letzte CELAM in Medellin zu eröffnen. Der Geist der Rebellion und des Umsturzes, der damals die Welt durchwehte, hatte auch diese Priesterversammlung ergriffen. Dabei wurde die „Theologie der Befreiung“ sanktioniert, und im Schlußdokument der Konferenz hieß es: „Es ist nicht erstaunlich, daß in Lateinamerika die Versuchung zur Gewalt wächst. Die Geduld von Völkern, die seit langem Lebensbedingungen ertragen, die von Völkern mit einem größeren Bewußtsein der Menschenwürde schwerlich akzeptiert würden, kann nicht länger mißbraucht werden.“ Und liberale Bischöfe und Theologen untermauerten die Idee des Widerstandes gegen die „institutionalisierte Gewalt“ der herrschenden Schichten mit christlichen Grundsätzen. So mancher Priester fand nach Medellin in das Lager der Guerilleros und schloß sich eng an marxistische Revolutionäre an. Der Vatikan hatte noch unter Paul VI. die Bremsen gezogen und durch eine geschickte Regie versucht, der Konferenz von Puebla eine weniger radikale Richtung zu geben. Und auch Johannes Paul II. war auf Grund seiner polnischen Erfahrungen nicht gewillt, einer christlich-marxistischen Befreiungslehre seinen Segen zu erteilen.

Wojtyla vermied das heikle Thema auch nicht, als er im Flugzeug bald nach dem Start sein Sonderabteil verließ, um mit den ihn begleitenden Journalisten zwanglos zu plaudern. Man merkte dem Papst an, wie er es genoß, endlich frei von allen vatikanischen Verhaltensregeln wieder unter Presseleuten zu sein, offen seine Meinung zu sagen und auch die Meinung anderer zu hören. So wie er es in Krakau gewohnt war.

Mikrophone wurden ihm vor den Mund gehalten, er lehnte sich über einen Sitz, redete einmal italienisch, dann wieder englisch oder deutsch, französisch oder spanisch, in welcher Sprache er eben gefragt wurde. Bald stand auch die Befreiungstheologie zur Diskussion. Jede Theologie sei eine Lehre von der Befreiung des Menschen durch Gott. Wenn sich eine Theologie aber nur noch mit dem Menschen beschäftige, dann sei das eine falsche Theologie.

Als Johannes Paul II. in Mexiko ankam, begrüßten ihn bereits Schlagzeilen: „Die Befreiungstheologie ist falsch!" Schon wollten manche Zeitungen diesen so ungewöhnlichen Papst, der sich so schwer in gängige Kategorien einordnen läßt, mit dem Etikett des Konservativen versehen. Ähnlich waren die ersten Reaktionen nach der großen Rede, die Wojtyla in Puebla vor der CELAM verlas, vor diesem Gremium von 21 Kardinälen, 66 Erzbischöfen, 131 Bischöfen und vielen Priestern und Theologen, die fast die Hälfte der katholischen Christenheit vertraten, nämlich rund 340 Millionen Glaubende oder zumindest Getaufte.

Zum erstenmal in seinem Pontifikat hatte Johannes Paul II. Gelegenheit, seine Ansichten vom Christen in der Gesellschaft darzulegen und seine Vorstellungen über die soziale Haltung der Kirche. So wie Wojtyla in diesem Dokument Paul VI. des öfteren zitierte – und einmal auch Luciani –, so wird die Puebla-Rede als wesentliche Aussage über Denken und Glauben dieses neuen Papstes gewertet werden. Auch wenn sich in den Stunden unmittelbar danach Bischöfe und Theologen und Journalisten nicht völlig darin einig waren, ob der Papst nun der Kirche den Rückzug aus der Welt befohlen habe oder im Gegenteil die Veränderung dieser Welt anstrebe – nur statt mit weltlichen Waffen mit den Mitteln der Religion. Und wenn die CELAM-Erklärung sicherlich im Teamwork mit seinen Beratern aus dem Staatssekretariat entstanden ist, so verrät sie doch in vielen Passagen die eigene Philosophie Wojtylas und wesentliche Züge seiner Persönlichkeit. Schon im Flugzeug hatte der Papst auf die Frage, welche

Hoffnung er den Lateinamerikanern bringe, lächelnd geantwortet: „Die Hoffnung des Glaubens, und das ist nicht so wenig!"

Der erste Leitsatz des Papstes: Die Kirche kann in der Welt nicht wirken, indem sie sich ihr völlig angleicht. Das findet man schon in seinen Schriften als Erzbischof von Krakau. Nun stellte er in Puebla die Bischöfe gleich einmal auf ihren Platz. Sie seien hier „nicht versammelt wie ein Symposion von Experten, nicht wie ein Parlament von Politikern, nicht wie ein Kongreß von Wissenschaftlern oder Technikern, sondern in Form einer brüderlichen Begegnung von Hirten der Kirche". Und die Wahrheit, die sie vertreten, ist „keine rein menschliche und rationale, sondern eine, die von Gott kommt". Deshalb wandte sich der Papst auch gleich gegen die Verpolitisierung der Person Jesus als eine Art vorweggenommenen „Klassenkämpfer", eine Auslegung, auf der die Befreiungstheologen ihre Theorien aufgebaut hatten: „Dieses Verständnis von Christus als Politiker, Revolutionär und Umstürzler läßt sich mit der Katechese der Kirche nicht in Einklang bringen." Von solchen „vielleicht brillianten, jedoch zerbrechlichen und unbeständigen Hypothesen" hält Wojtyla nichts. Ja, und allen Predigern des Guerillero-Christentums hält er entgegen, daß Jesus „die Zuflucht zur Gewalt unmißverständlich ablehnt".

Soweit klang die Rede also, als ob Johannes Paul II. den Mächtigen in den verschiedenen Diktaturen Lateinamerikas einen Gefallen erweisen wollte. Sicher werden sie diese Sätze aus der Puebla-Rede zitieren, wenn sie gegen regimekritische Priester vorgehen. Aber Wojtyla legte seine eigene alles andere als konformistische oder beschönigende Analyse der Situation des Menschen nicht nur in Lateinamerika, sondern überall in der Welt dar: „Es kann sein, daß die auffällige Schwäche der gegenwärtigen Zivilisation in ihrem unzulänglichen Bild vom Menschen besteht. Unsere Zeit mag die Epoche sein, die am meisten über den Menschen geredet und geschrieben hat, die Epoche des Humanismus und des Anthropozentrismus. Und doch, paradoxerweise, ist sie auch die Epoche der tiefsten Ängste des Menschen, des angstvollen Fragens nach seiner Identität und seiner Bestimmung, eine Epoche der Erniedrigung des Menschen bis in ungeahnte Abgründe, eine Epoche der wie nie zuvor niedergetretenen menschlichen Werte." Das ist ganz und gar Wojtyla. Ähnlich hat er in Krakau vor Zehntausenden bei Fronleichnams-Prozessionen und anderen kirchlichen Massenveranstaltungen geredet. Seine Zeitkritik greift nach den Wurzeln. Sie deckt die Widersprüche auf, die aus dem atheistischen Humanismus erwachsen: „Es ist das Drama des Menschen, dem man eine wesentliche Dimension seines Seins amputiert hat – die Dimension des Absoluten –; auf diese Weise sieht er sich der schlimmsten Minderung seines Seins selbst ausgesetzt . . ." Was hat der Papst, was hat die Kirche in dieser Leere anzubieten? Die christliche Anthropologie, der auch Wojtyla bedingungslos anhängt: die „Lehre vom Menschen als Ebenbild Gottes, der als solches nicht zu einem Teilchen der Natur reduziert werden kann oder zu einer anonymen Nummer der menschlichen Gesellschaft". Eine deutliche Absage also an jede Form von Materialismus und Kollektivismus: „Angesichts vieler anderer Humanismen, die häufig ihre Sicht vom Menschen auf den wirtschaftlichen, biologischen oder psychischen Bereich beschränken, hat die Kirche das Recht und die Pflicht, diese Wahrheit vom Menschen zu verkünden. Diese vollständige Wahrheit vom Menschen macht das Fundament der Soziallehre der Kirche aus; sie ist gleichzeitig die Grundlage einer wahrhaften Befreiung. Im Lichte dieser Wahrheit ist der Mensch nicht ein den ökonomischen und politischen Prozessen unterworfenes Wesen, sondern diese Prozesse sind auf den Menschen zugeordnet und ihm unterworfen." Ein Satz, der die marxistischen Prinzipien auf den Kopf stellt.

Die Botschaft ist klar: Wenn der Mensch in diesem Sinn erkannt, bewertet und gewürdigt wird, dann ist ihm ein gerechtes Dasein sicher. Nur wie sieht es in der Praxis aus? Unter den Zuhörern des Papstes saßen an diesem Sonntag in

Puebla viele, die Zeugnis für Verfolgung und Unterdrückung ablegen konnten. Und er beugte sich auch vor diesen „tapferen Verteidigern" der Menschenwürde und verbarg seinen Blick nicht vor der Wirklichkeit: „Was den einzelnen angeht, wird diese Würde mit Füßen getreten, wenn Werte wie die Freiheit, das Recht auf Religionsausübung, die physische und psychische Unverletzlichkeit, das Recht auf die Grundgüter des Lebens, auf das Leben selbst nicht gehörig geachtet werden. Auf sozialer oder politischer Ebene wird diese Würde verletzt, wenn der Mensch sein Recht auf politisches Mitwirken nicht ausüben kann oder gar physischen und psychischen Foltern ausgesetzt wird." Eine Menschenrechtscharta, die jeder Bischof und Priester der kämpfenden Kirche in den Diktaturen Lateinamerikas und auch in anderen Kontinenten sofort unterschreibt. „Ich verkenne nicht, wie viele Probleme auf diesem Gebiet heute in Lateinamerika entstehen. Als Bischöfe dürft ihr vor ihnen die Augen nicht verschließen . . ." Die Verteidigung und Förderung der Menschenwürde als Auftrag. Aber die Kirche tut dies „im Rahmen ihrer Sendung, die immer einen religiösen Charakter hat und nicht einen sozialen oder politischen . . ." Die Kirche kann dabei aus dem Reichtum ihrer eigenen Lehre schöpfen und hat es nicht nötig, „zu Systemen und Ideologien ihre Zuflucht zu nehmen, um die Befreiung des Menschen mitzuverwirklichen. Im Zentrum der Botschaft, deren Hüterin und Verkünderin die Kirche ist, findet sie die Motivierung, um für die Brüderlichkeit einzutreten, für die Gerechtigkeit, den Frieden und gegen alle Beherrschungssysteme, Versklavungen, Diskriminierungen, Gewalttaten, Anschläge auf die Religionsfreiheit, Angriffe gegen den Menschen und gegen das Leben".

Und wie hält es der Papst mit dem Privateigentum, verschließt er seine Augen vor den krassen sozialen Unterschieden gerade in Lateinamerika? Wojtyla sprach in Puebla von den materialistischen Mechanismen, die „auf internationaler Ebene die Reichen immer noch reicher machen, auf Kosten der Armen, die immer noch ärmer werden". Wenn also „der wachsende Reichtum einiger weniger einhergeht mit dem wachsenden Elend der Massen", so unterstreicht die Lehre der Kirche, daß „auf allem Privateigentum eine soziale Hypothek lastet". Und dann appellierte der Papst an die Mächtigen: „Diejenigen, die die Verantwortung für das öffentliche Leben in den Staaten und Nationen tragen, werden begreifen müssen, daß der innere und der internationale Frieden nur gesichert werden können, wenn ein soziales und ökonomisches System in Kraft tritt, das auf der Gerechtigkeit aufbaut." Die Befreiung der Menschen jedoch, die für die Kirche eine „Pflicht" ist, definierte Wojtyla als „Überwindung der verschiedenen Abhängigkeiten und Götzen, die sich der Mensch schafft, und als ein Heranwachsen des neuen Menschen". Schließlich warnte Johannes Paul II. noch: „Täuschen wir uns nicht: Die einfachen und schlichten Gläubigen erkennen gleichsam mit einem vom Evangelium geschärften Gespür, wann man in der Kirche dem Evangelium dient und wann man es aushöhlt und mit anderen Interessen zu ersticken droht ..." Für Wojtyla ist eben alles in der Welt auf Gott bezogen, getreu seinem Leitspruch als Bischof und als Papst: „Totus tuus – ganz dein."

Als der Text der Rede im Hof des riesigen Seminars von Puebla unter den Journalisten verteilt wurde, bildeten sich sofort heftig diskutierende und streitende Gruppen. Verlangte der Papst mit dieser hochpolitischen Erklärung nun die Entpolitisierung jeder kirchlichen Tätigkeit? Was bedeutete das für die Priester, die in Basisgemeinden in den Slums untergetaucht sind und dort Evangelisation betreiben, indem sie die Menschen erst einmal ihrer Lage und ihres Anspruches auf Würde bewußt machen? Hatte der Papst diese Männer im Stich gelassen? Wußte er keine konkretere Antwort auf die Not der lateinamerikanischen Massen?

Die Zweifler wurden nicht einmal 24 Stunden später von Wojtyla gründlich überrascht. Inmitten des bunten folkloristischen Treibens in Oaxaca, als sich der Papst mit einem Sombrero gegen die Sonne schützte und sogar eine Zapetekenkrone probierte, lieferte er plötzlich so wirklichkeitsnahe Ergänzungen zu seinen Theorien von Puebla. Die vorbereitete Rede vor den indianischen Campesinos korrigierte und erweiterte er. Diese armen Bauern, die meist nicht genug Land besitzen, um ordentlich leben zu können, flüchten deshalb aus ihrem ländlichen Elend in das Elend der Barrios am Rande der Großstädte. Und zu ihnen redete der Papst so, daß Millionen von ähnlichen Sorgen geplagte Bauern in ganz Lateinamerika aufhorchten: Er erinnerte die Campesinos an die Ausbeutung, unter der sie zu leiden hätten, und an die Not des Landarbeiters. Er habe das Recht, respektiert zu werden, er dürfe kein Opfer der Manipulation und des Mißbrauches seiner Arbeit sein. Er habe ein Recht darauf, von den Fesseln der Ausbeutung befreit zu werden, ein Recht auf wirksame Hilfe – und nicht nur auf Almosen. Die Kirche verteidige das legitime Recht auf Privateigentum, lehre aber immer wieder, daß eine soziale Verpflichtung damit verbunden sei: „Und wenn es das Gemeinwohl verlangt, darf man auch vor einer Enteignung nicht zurückschrecken!"

Alle die, denen der Papst statt sozialem Kampf nur religiösen Trost zu verheißen schien, trauten ihren Ohren nicht, als er „der für die Völker verantwortlichen Klasse der Mächtigen, die das Land oft unangebaut beläßt und hungernden Familien auf diese Weise das Brot vorenthält," zurief: „Hört auf mich! Das menschliche Gewissen, das Bewußtsein der Völker, der Verzweiflungsruf der Erniedrigten, die Stimme Gottes und der Kirche sagen euch mit mir: Es ist nicht gerecht, es ist nicht menschlich, es ist nicht christlich, einen so offensichtlich ungerechten Zustand aufrechtzuerhalten." Was der Papst forderte, war die soziale Tat, die Bodenreform und den Zusammenschluß der Bauern in Genossenschaften. Und er nannte die Dinge ohne Scheu beim Namen.

Fortan versäumte der Papst keine Gelegenheit mehr, seine soziale Botschaft anzubringen. Vor den Arbeitern in Guadalajara erinnerte Wojtyla daran, wie er selber einmal in einer Fabrik gearbeitet hatte. Er beklagte die Arbeitslosigkeit, sprach von den Rechten der Arbeiter, verwarf aber die Ideologien des Hasses und der Gewalt. In der Industriestadt Monterrey setzte sich Johannes Paul II. einen Plastikhelm auf und prangerte die Not der Wanderarbeiter an, die ihre Heimat verlassen müßten, um ihren Lebensunterhalt zu finden.

Die Bischöfe in Puebla hatten den Papst sehr wohl verstanden. Und sie empfanden es durchaus im Einklang mit seinen Worten, wenn der brasilianische CELAM-Präsident Kardinal Aloisio Lorscheider die „Verteidigung und Proklamation der Menschenwürde und seiner Grundrechte im Licht Jesu Christi als das brennendste Ziel der Konferenz“ bezeichnete. Johannes Paul II. unterwarf sich inzwischen täglich einem fast unmenschlichen brutalen Programm, das ihm kaum eine kleine Pause gönnte. Ehe er am Morgen aus Mexiko City in das Land hinausflog, hatte er meist noch irgendwelche Begegnungen mit Abordnungen und Gruppen verschiedener Stände, und am Abend, wenn er todmüde zurückkehrte, warteten noch immer Leute auf ihn. Dabei sprach der Papst meist nur spanisch. Er hatte seine Sprachkenntnisse in den Wochen vor der Reise aufgefrischt und verbessert, indem er jeden Tag eine Stunde früher aufstand, um Zeit fürs Lernen zu gewinnen. Die Mexikaner waren ihm dankbar dafür.

In diesem laizistischen Staat mit seinen antiklerikalen Gesetzen, die es einem Priester verbieten, in der Soutane auf die Straße zu gehen, beherrschte der Papst eine Woche lang das öffentliche Leben in einer Weise, wie es vorher niemals einem Politiker gelungen war. Man schätzte, daß ihn zwischen 15 und 20 Millionen Menschen mit eigenen Augen gesehen haben. Und wo immer er auftrat, wurden die Massen von einem Delirium der Begeisterung befallen, als ob nur durch seine physische Anwesenheit alles besser werden müßte. Wojtyla aber überwand durch seine menschliche Art, die ihre Hoheit aus der Bescheidenheit schöpft, mit fast spielerischer Leichtigkeit alle Barrieren und Hindernisse zwischen sich und den Leuten. Sogar beim Zwischenhalt auf dem Heimflug in

Nassau auf den Bahamas hatten sich 15.000 mehrheitlich protestantische Schwarze eingefunden, um den Papst zu begrüßen: Weil dieser Mann eben auch so vielen Nichtkatholiken das Gefühl vermittelt, daß die Welt ihn braucht. Und überall, wo Johannes Paul II. auftrat, war es so, als ob dieser Mann schon immer Papst gewesen wäre, als ob die katholische Christenheit nur auf ihn gewartet und an jenem denkwürdigen 16. Oktober 1978 in Rom gar niemand anderer hätte gewählt werden können als Karol Wojtyla aus Krakau.

1. Kapitel

Aus einem fernen Land

Vom Gianicolo-Hügel tastete ein riesiger Scheinwerfer über den Petersplatz. Plötzlich zerrte er den weißen Rauch aus dem Dunkel des Abendhimmels. Hunderttausend schrien auf und klatschten freudig in die Hände. Bis zu dem Augenblick, da sich dann endlich die Vorhänge hinter der Loggia des Petersdomes bewegten, waren aus allen Teilen der Stadt noch mehr Leute zum Petersplatz geeilt, um das „Habemus papam“ zu hören. Die Fernsehlichter tauchten die Fassade der Basilika in ein magisches unwirkliches Blau. Und in der Achse der Kuppel hing mitten über der Via della Conciliazione der Orangeball des Vollmondes, wie von vatikanischen Zeremonienmeistern arrangiert. Er würde dem neuen Papst direkt ins Gesicht leuchten. Der Abend dieses 16. Oktober 1978 war lau, und dennoch lief so manchem ein Schauer der Erregung über den Rücken. Warum hatte es die Menschen an diesem Montagabend, zwei Tage nachdem die Konklavetüren hinter den 111 Kardinälen geschlossen worden waren, hierher getrieben? Die Neugier, der Glaube, die Sensation? Die internationale Medienapparatur war wieder mobilisiert worden, um das Ereignis einzufangen und in alle Welt hinauszutragen. Aber wer hier am Platz stand, der mußte wohl empfinden: er war dabei, er erlebte unmittelbar, wie Geschichte geschah. Er gehörte in einem gewaltigen Historiendrama zur Statisterie, zum Volk.

Und das Drama dieses Momentes, die quälende Spannung, kostete auch Pericle Felici aus, der rangälteste Kardinaldiakon, der nun zum zweiten Mal innerhalb von 51 Tagen den harrenden Massen die frohe Botschaft vom neuen Papst überbringen durfte. Langsam und jedes Wort artikulierend hob er mit der traditionellen Formel an: „Ich verkünde euch eine große Freude. Wir haben einen Papst . . .“ Der Beifallsjubel gestattete ihm noch eine Pause: „. . . den hochwürdigsten Herrn Kardinal der römisch-katholischen Kirche Carolus . . .“ Ein Raunen ging durch die Menge. In Sekundenbruchteilen rasselten Kardinalslisten durch Gehirne wie durch Computer. Wer hieß Karl oder Carlo? Den meisten fiel nur der 85jährige Kardinal Carlo Confalonieri ein, der selbst nicht mehr wahlberechtigt war. Aber Felici sprach weiter: „Wojtyla“. Und weil sich der italienische Kurienkardinal vorher bei Polens Kardinal Wyszynski nach der korrekten Aussprache des Namens erkundigt hatte, so klang dieses „Woitiua“ so exotisch, daß mancher im ersten Moment an einen Afrikaner dachte. Der Beifall stockte, er wollte nicht so richtig aufrauschen wie im August bei Luciani. Die Italiener waren eher ratlos. „Chi è – wer ist es“, hörte man von allen Seiten. Dann „un straniero – ein Fremder“. Manchem Römer und mancher Römerin geriet diese Feststellung zu einem Seufzer. „Un polacco – ein Pole.“ Sie sagten es in einem Ton, als ob ihnen der Papst ein zweites Mal gestorben wäre und der Tiber auf einmal rückwärts fließen würde. Die Leute blätterten in den Zeitungen und suchten das Gesicht des Fremden. Und sie wußten nicht, ob sie sich nun doch freuen sollten oder ob durch die Wahl des ersten Nichtitalieners seit 1522 die Stunde des Weltunterganges ein gutes Stück nähergerückt wäre. „Un straniero . . .“ Dabei war schon nach dem Tode Pauls VI. viel von ausländischen Kandidaten geredet worden. Aber nachdem sich die Kardinäle für Luciani entschieden hatten, favorisierte die Presse nach diesem so tragisch kurzen Pontifikat fast nur Italiener. Mit der Möglichkeit eines ausländischen Papstes hatten die Römer wohl gespielt, so wie sie auch in der Politik Gedanken- und Wortspielereien lieben. Es sollte ihrer Meinung jedoch beim Spiel bleiben, und nun war es auf einmal ernst geworden. Erst als Felici fortfuhr: „. . . der sich den Namen Johannes Paul II. gegeben hat“, fand die Menge ihre Fassung wieder. Das versprach Kontinuität und war ein Bekenntnis zu dem so geliebten Luciani-Papst. Hinter jedem „Viva“, jedem „Bravo“ stand jedoch ein Fragezeichen. Jetzt wollte man erst einmal sehen, wer da kam. Was für ein Mann war der Papst, dessen Name so gar nicht über die Zunge wollte? Und was hatte diese Wahl zu bedeuten?

Noch hieß es Geduld haben, fast eine halbe Stunde, bis er sich zeigte. Und die Kardinäle, die ihn begleiteten oder die sich auf den Nebenloggien postiert hatten, wirkten nicht so gelöst, nicht so heiter und entspannt wie nach der Luciani-Wahl. Vielleicht quälten auch in diesem feierlichen Augenblick so manchen schon – oder noch – Hintergedanken, ob ihre so ungewöhnliche und revolutionäre Kür nicht doch noch gefährliche und unvorhersehbare Folgen tragen könnte. Doch da trat der neue Papst auf den Balkon; auch er lächelte, aber anders als Luciani. Er wirkte stark, männlich und robust. Die Menschen forschten in diesem so durch und durch polnischen Gesicht, an das sie sich nun gewöhnen mußten.

So fing also die neue Zeit für das Papsttum an, und Karol Wojtyla wich auch sofort von allen Regeln ab. Er sah die Chance und auch die Notwendigkeit, sofort eine Brücke zu den geschockten Italienern zu schlagen. Er wollte sich ihnen vorstellen, nicht als ein fremder Papst, sondern als ihr Bischof, als Bischof von Rom, bei dem es einstens kaum gezählt hatte, ob er in Jerusalem, in Kleinasien, irgendwo in Italien oder in Rom geboren war. Statt nur schweigend und winkend für die Jubelrufe zu danken und dann den Segen „Urbi et orbi“ zu spenden, begann Johannes Paul II. entgegen alle Tradition zu reden: „Gelobt sei Jesus Christus . . .“

Bald sollte es für die Römer selbstverständlich sein, daß dieser Papst jede seiner Ansprachen mit dieser in Italien eher als antiquiert geltenden Lobpreisung eröffnen würde. „Liebe Brüder und Schwestern! Wir sind alle noch traurig nach dem Tod unseres so sehr geliebten Papstes Johannes Paul I. Und siehe da, jetzt haben die hochwürdigsten Herren Kardinäle einen neuen Bischof von Rom berufen. Sie haben ihn aus einem fernen Land gerufen . . . fern, aber immer so sehr nahe durch die Gemeinschaft im Glauben und in der christlichen Tradition." Der „Fremde" definierte also seine Herkunft. Und fern war sein Land für die Italiener, noch dazu im kommunistischen Machtbereich. Ein Papst aus dem Osten. Aber die Polen verstehen sich eher als der östlichste Vorposten des Westens, als Bollwerk des Katholizismus gegenüber dem Osten; und wenn Wojtyla die „Nähe" ansprach, so meinte er diese tausendjährige Verbundenheit des katholischesten Landes Europas mit Rom und dem Papsttum.

„Ich habe Angst gehabt, diese Ernennung anzunehmen . . ." Ähnlich wie vor ihm Albino Luciani ließ auch Wojtyla ein wenig in sein Inneres blicken, denn heutzutage gibt es ja nur noch ganz wenige Kardinäle, die wirklich Papst werden möchten und die vor diesem schweren Amt nicht erschauern. „. . . aber ich habe es im Gehorsam gegenüber unserem Herrn Jesus Christus und in vollem Vertrauen zu seiner Mutter, der seligen Jungfrau, getan." Da offenbarte Wojtyla seine Frömmigkeit und die für einen Polen so natürliche tiefe Marienverehrung.

„Ich weiß nicht, ob ich mich in eurer . . ." und da verbesserte er sich lächelnd „. . . unserer italienischen Sprache gut verständlich machen kann. Wenn ich Fehler mache, werdet ihr mich korrigieren . . ." Spätestens bei diesen Sätzen gehörten die Römer Wojtyla, und er den Römern.

Die Massen hatten sein Italienisch vernommen, es hatte einen fremden Akzent, es war kein italienisches Italienisch, und auch kein römisches. Doch der Papst da oben beherrschte es vollkommen, und er bekannte sich zu dieser Sprache als dem Idiom des Bischofs von Rom; und er gestand auch ein, daß er nicht unfehlbar war, und bat das Volk, ihm über diese Anpassungsschwierigkeiten hinwegzuhelfen. Das alles sagte er ohne Hochmut und Herablassung. Johannes Paul II. stand zwar hoch oben in der Loggia, deshalb sprach er jedoch nicht von oben herab. Er hatte die Distanz überwunden und war schon ein Stück von Rom, als er mit den Worten endete: „Und so stellte ich mich euch allen vor, um unseren gemeinsamen Glauben zu bekennen, unsere Hoffnung, unser Vertrauen in die Mutter Christi und der Kirche und auch, um so neu zu beginnen auf dieser Straße der Geschichte und der Kirche mit der Hilfe Gottes und der Hilfe der Menschen . . ." Jetzt hatte das „Viva il papa" Kraft, die Zweifel waren beseitigt. Die Römer wußten, daß sie mit dem Papst würden leben können, auch wenn er aus der Ferne gekommen war.

Und der Papst schickte sich sofort an, mit den Römern zu leben. Sieben Wochen nach diesem denkwürdigen Abend, am ersten Adventsonntag 1978, beorderte die italienische Armee einen der schweren Flakscheinwerfer, die auch zum Ausleuchten des Petersplatzes eingesetzt waren, an die römische Peripherie. In der Garbatella, einem Viertel, das die sogenannten „besseren Leute" eher meiden, richteten sich die Lichtstrahlen auf eine anspruchslose Kirche aus der Faschistenzeit. Doch sie galten weniger der Kirche als dem Papst. Hoch aufgerichtet, mit dem leuchtenden roten Umhang über dem weißen Talar, breitete er seine Arme aus, als ob er die ganze Welt an seine Brust ziehen wollte. „Ich habe gesündigt, weil ich euch zu lange warten ließ. Ihr müßt mir dafür die Absolution erteilen, weil der Papst nicht in Sünde leben darf." In der festen Stimme klang ein Lachen mit. Und die Tausenden antworteten auf diesen Hauch päpstlicher Selbstironie mit donnernden Akklamationen. „Grazie, grazie, mille grazie", dankte der Papst, sagte noch einmal sein „Sia lodato Gesù Cristo . . ." und ließ sich, im offenen Wagen stehend, nach allen Seiten hin winkend, langsam der Masse entführen. In das Geläute der Glocken mischte sich der Heulton der Polizeisirenen.

Einer der vielen Auftritte des Papstes außerhalb der Mauern des Vatikans, nicht als Oberhaupt der Weltkirche, sondern als Bischof von Rom. In dieser Eigenschaft hatte er sich an diesem Sonntag San Francesco Saverio in Garbatella für die erste Pfarrvisite ausgesucht, keine Nobel-Pfarre, eher einen Problembezirk, ein Quartier, das unter Mussolini bevölkert wurde, als er viele Römer aus der Innenstadt aussiedelte. Von allen Seiten ist die Kirche hier mit den unangenehmeren Seiten des römischen Lebens konfrontiert – eine hohe Kleinkriminalität, viel Armut, eine entwurzelte Jugend mit Drogensorgen, und vier Priester für 18.000 bis 20.000 Menschen. Da ist die Wirklichkeit, da kann ihm keiner etwas vormachen.

Aber diese harten Tatsachen wollte der Papst ja sofort kennenlernen. Es gehörte zu dem Prozeß seiner Italianisierung oder besser Romanisierung, daß er den Römern gleich das Gefühl vermittelte, daß sie nun wieder einen Bischof hatten, der auch für sie da war. Und darum ging er zu ihnen. Bevor er in die Franz-Xaver-Pfarre kam, lud er zuerst einmal den Pfarrer mit seinen drei Kaplänen zum Abendessen in den Vatikan ein; völlig unprotokollarisch saß der Papst mit den vier Priestern und dem Generalvikar von Rom, Kardinal Poletti, zwei Stunden beisammen und führte mit ihnen ein offenes Gespräch über ihre Nöte, Anliegen und Erfahrungen.

Von Anfang an wollte der Papst den Italienern demonstrieren, daß er kein Fremder war.

Bei der Amtseinführung sagte Wojtyla, daß nun ein Bischof den Stuhl Petri besteige, der kein Römer sei, ein Bischof, der aus Polen stamme: „Aber von jetzt an wird auch er ein Römer. Ja – ein Römer!“ Und zum Ziel seiner ersten Ausfahrten aus dem Vatikan wählte er Assisi, um den heiligen Franziskus zu ehren, und in Rom das Grab der heiligen Katharina von Siena in der Kirche Santa Maria Sopra Minerva. Er huldigte den beiden Schutzpatronen Italiens und damit auch dem italienischen Volk.

Die Italiener waren dankbar dafür. Denn in diesen schweren Zeiten, bedrückt von Terrorangst und wirtschaftlichen Zwängen, voller Zweifel an Behörden und staatlicher Autorität, desillusioniert von der Politik, hatten sie die liebenswerte Gestalt des Luciani-Papstes wie ein Geschenk des Himmels empfangen. Seinen schnellen Tod wollten sie nicht wahrhaben, darum auch die vielen Gerüchte. Und als nun ein Ausländer sein Nachfolger wurde, fühlten sich viele zuerst vaterlos und verwaist. Diese Ängste räumte Wojtyla jedoch sofort aus. Er präsentierte sich ihnen als ein Mann, energisch, doch voller Liebe, als ein Mann, an dem sie Halt finden konnten. Dieser strahlende Optimismus, dieser feste Glaube und diese Sicherheit, die von ihm ausgingen, all das begeisterte die Italiener binnen weniger Tage und Wochen. Dazu verstand es Wojtyla auch psychologisch geschickt, seine kleinen sprachlichen Unvollkommenheiten zur Sympathiewerbung einzusetzen. Er kokettiert gerne mit seinen Fehlern und erzeugt damit ein Einvernehmen zwischen sich und der Masse, wird noch menschlicher und gewinnt die Leute für sich.

Ein typisches Beispiel dafür war das Verhalten des Papstes während einer Generalaudienz vor 8000 Menschen in der riesigen Nervi-Halle neben dem Petersdom. Wie ein Pfarrer vor seiner Gemeinde, wie ein Katechet vor seinen Schülern, in freundlich-belehrendem Predigerton leitete der Papst die Adventzeit ein und setzte philosophische Gedanken über den Gegensatz zwischen Theo- und Anthropozentrismus, zwischen einer auf Gott oder auf den Menschen bezogenen Welt in eine schlichte, völlig klare, eindringliche Sprache um. Sein fremdländisches Italienisch half ihm dabei sogar. Denn dadurch sprach er etwas langsamer, zirkelte jedes einzelne Wort sorgfältig ab, betonte jede Silbe, und artikulierte so genau, daß auch ein Anfänger in Italienisch ihm unschwer zu folgen vermochte. Aber da stolperte er über das Wort „contemporaneamente“ (gleichzeitig). Er wiederholte es, und er verhaspelte sich dabei noch einmal. Da lachte plötzlich jemand, und im Nu wogte freundliches Gelächter und ein ermunterndes Klatschen durch den Saal. Der Papst hob den Kopf, schaute in die Runde, lächelte selbst und sagte fast genüßlich: „Das gefällt allen, wenn sich der Papst verspricht.“ Wieder Jubel und Lachen. Wojtyla mühte sich noch einmal um das schwere Wort und erhielt dafür lohnenden Applaus; dann erst wurde er wieder ernst und versenkte sich in das Geheimnis der Menschwerdung Christi im Kind in der Krippe von Bethlehem.

Von Luciani hätte man sich eine ähnliche Szene ausmalen können, bei Paul VI. würde einem nicht einmal die Idee daran gekommen sein. Wojtyla nutzte ein solches Abschweifen von der Feierlichkeit des päpstlichen Auftretens jedoch, um den Menschen zu sagen – ich bin wie ihr, ich bin einer von euch. Und die Menschen sind hingerissen. „Was für ein Papst", sagen die Italiener. „Er spricht viel schöner als die unseren, und die sind doch hier geboren", bemerkte eine einfache Frau nach der Predigt in Garbatella.

Auch dort hatte Johannes Paul II. nicht die geringste Mühe, die Leute in den Griff zu bekommen. Der Hof hinter dem Pfarrhaus war mit tausend Schulkindern vollgestopft. Vom Balkon beugte sich der Papst grüßend herunter und eröffnete sofort einen Dialog mit den Kindern. Daß er sich bei der Jugend kurz fassen müsse, meinte er. Und ein begeistertes „si" antwortete ihm. Und daß er ihnen immer nahe sein möchte, aber . . . und dieses „aber" stellte er zwischen zwei große Pausen und ließ es von Beifall und „Viva il papa"-Rufen rahmen: „Aber da gibt es noch einen anderen, der immer bei euch ist und für euch da ist . . ." Wieder eine Pause. „Ihr wißt, wer: Jesus Christus." Die Kinder schrien. Der Papst aber spielte noch mit seiner Phrase „ich weiß, daß ich mich kurz fassen muß . . ." und benötigte noch einige Zeit, bis er sich von seinem jugendlichen Publikum trennte, um sich der Kirche zuzuwenden.

Dort murmelte, brodelte und rauschte es von Geschwätz und erwartungsvollem Plaudern. Und die Kopf an Kopf gedrängten Gläubigen wurden auch nicht stiller, als Johannes Paul II. vorne am Altar Platz genommen hatte: nicht als der große Kirchenfürst, sondern als der Hirt, der zu seiner Herde gekommen ist. Er trug wohl eine Mitra, blieb aber doch Pfarrer und Seelsorger. Mit beiden Händen umfaßte er den Kreuzesstab, denselben, der auf dem Totenbett Montinis und

Lucianis gelegen war. Und in seinen Händen wurde dieser Stab nicht zum Herrschaftszeichen oder Machtsymbol. Er hielt sich an ihm fest, er umklammerte ihn wie etwas, was er sehr liebt. In dieser Haltung hatten ihn auch Millionen bei seiner Amtseinführung im Fernsehen erlebt. Nun war Zeit, ihn genau zu beobachten – dieses so wache Gesicht, die blauen Augen, die stets auf der Suche sind, die alles einfangen wollen, was vorgeht, und niemanden übersehen möchten. Der Lärm in der Kirche schien ihn nicht zu stören. Wenn er nicht selber sprach oder betete, saß er auf seinem Stuhl, und seine Lippen bewegten sich in stillem Gebet. Ein frommer Mann, sagten die Leute. Als er das Käppchen abnahm, schimmerte sein dünnes weißes Haar. Die 58 Jahre haben sich zwar tief in seine Züge eingegraben, aber aus seinen Augen sprüht jugendliches Feuer.

Für einen Papst ist Wojtyla jung, in diesem Jahrhundert wurde vor ihm kein Kardinal unter 60 zum Papst gewählt. Nimmt man jedoch dieses Leben, so war es wohl viel ausgefüllter, vielfältiger, abwechslungsreicher als das vieler älterer italienischer „papabili". Denn die normale italienische Priesterlaufbahn führte schon die Kinder ins Seminar. Und so gingen sie meist ihren wohlbehüteten Weg nicht in, sondern sehr oft neben der Welt, abgeschirmt in einem klerikalen Getto. Wojtyla dagegen war immer draußen. Denn der am 18. Mai 1920 in dem oberschlesischen Städtchen Wadowice geborene Karol Wojtyla hat zuerst Polonistik studiert, während der deutschen Besatzung in Krakau in einem Steinbruch und in einer chemischen Fabrik gearbeitet, daneben illegal Theater gespielt und erst nach 1941 zum Priesterberuf gefunden. Auch da mußte er zuerst erfahren, was es heißt, im Geheimen zu studieren und in einem Untergrundseminar zu leben. Und später, als er schon längst Priester, Theologieprofessor und Bischof war, drängte es ihn immer wieder zu einem intellektuellen Freundeskreis außerhalb des priesterlichen Milieus – weil Wojtylas Kirchenbegriff eben weit über Hierarchie und die Kirche als Institution hinausreicht.

Das ließ er die Gläubigen auch in Garbatella hören. Die Kirche müsse in jedem Haus, in jeder Familie sein, sagte Johannes Paul II., und „wenn ich mich heute als Bischof von Rom hier unter euch vor diesem Altar einfinde, dann gehe ich im Geist zu allen Familien . . .". Vorher hatte Wojtyla die Leute noch sehr geschickt mit einer Jugenderinnerung aus seiner römischen Vergangenheit überrascht: „Als ich mich unmittelbar nach dem Krieg als Student in Rom aufhielt, ging ich fast jeden Sonntag nach Garbatella, um im Seelsorgedienst auszuhelfen." Da war er, der Ausländer, der Fremde, den Römern wieder ein Stück nähergerückt. Seine Heimat, seine Herkunft opfert er diesem Anpassungsprozeß jedoch keineswegs. Zum Schluß schenkte er der Pfarre einen wertvollen goldenen Kelch aus Krakau.

Alle Beobachter, die nach den ersten Wochen und Monaten des Papstes aus Polen Bilanz zogen, waren sich einig: es ist Wojtyla in erstaunlich kurzer Zeit gelungen, alle italienischen Ressentiments zu beseitigen. Ja, im Unterbewußtsein des von so vielen Nöten bedrängten Volkes steht er wie eine von Gott gesandte Retterfigur da, als ein Mann, der Zuversicht und Hoffnung ausstrahlt. Wer in Rom denkt schon daran, daß sein letzter nichtitalienischer Vorgänger, Hadrian VI., von den Römern verflucht und verspottet wurde und daß sie nach seinem Tode die Tür seines Arztes bekränzt hatten, zum Dank dafür, daß er diesen ihnen so fremden Papst hatte sterben lassen.

Wenn Karol Wojtyla irgendwann einmal Santa Maria dell'anima aufgesucht hat, die deutsche und österreichische Nationalkirche gleich hinter der Piazza Navona, so ist sein Blick vielleicht auf das Grabmal Hadrians gefallen. Daß sein Name einmal in Verbindung mit diesem Hadrian von Utrecht genannt werden würde, das dürfte ihm kaum in den Sinn gekommen sein. Unterdessen wird er sich möglicherweise für die Biographie seines letzten nichtitalienischen Vorgängers interessiert haben. Beispielhaft wird sie für Wojtyla kaum sein. Denn dieser Hadrian, ein anständiger kluger

Mann, ist an Rom gescheitert, er wurde ein „Brandopfer des römischen Hohnes", wie Jakob Burkhardt schrieb. Und diese Tragik läßt sich auch aus dem Totenmonument in der Anima herauslesen. Schwer ruht das Haupt auf dem stützenden linken Arm. Man weiß nicht recht, ob die Hand nun die Tiara hält oder den Kopf des Schlafenden, nein des Verstorbenen. Seine Rechte fällt müde in den Schoß, in einer Geste der Verzweiflung und Resignation. Da liegt einer, der es in seinem Leben schwer gehabt, der genug gelitten und die Erde in tiefer Traurigkeit verlassen hat, voll Melancholie und Weltschmerz. Und darunter ist ein Spruch, ein Seufzer Hadrians in den Marmor gemeißelt: „Wieviel kommt es doch darauf an, in welche Zeit auch des trefflichsten Mannes Wirken fällt."

Dieses Wort „trefflich" paßt tatsächlich sehr gut auf diesen 63jährigen Flamen. Nur die Zeit wurde ihm nicht gerecht. Als Erzieher und Berater des Habsburgers Karl V. machte der humanistische Gelehrte Karriere. Sein Schüler sorgte dafür, daß er in Spanien Kardinal von Tortosa und Regent wurde. Beim Konklave 1522 nahm er sich nicht die Mühe, nach Rom zu reisen. In einer Patt-Situation warf Giulio Medici plötzlich seinen Namen in die Diskussion. Der Toskaner war zwar einer der Favoriten, aber er hatte inzwischen eingesehen, daß die Kardinäle nicht bereit waren, nach Leo X., einem Medici-Papst, wieder jemanden aus derselben Familie zu wählen. Darum lancierte er Hadrian, weil ihm dieser ungefährlich erschien. Zur Überraschung aller erhielt der Flame jedoch die nötigen Stimmen. Nach dem ersten Schreck hofften die Italiener noch, daß Hadrian die Wahl nicht annehmen würde. Demütig fügte sich dieser weltferne Wissenschaftler jedoch: „Es wird wohl niemanden geben, der sich nicht wundern würde, daß ein armer, allen nahezu unbekannter Mann zum Stellvertreter Christi erwählt wurde. Aber dem Ruf des Herrn wage ich nicht Widerstand zu leisten, und ich hoffe, daß er mir hinlänglich starke Kraft gewährt, die Last zu tragen."

Und die Last war schwer. Leo X. hatte einen ungeheuren Schuldenberg zurückgelassen. Die Türken rückten immer weiter vor und hatten die Johanniter aus Rhodos vertrieben, in Deutschland drohte die Kirche auseinanderzubrechen, und in Rom erwartete ihn offene Feindschaft. Weil Hadrian die alten Privilegien der Cliquen rund um den Papstthron nicht bestätigen wollte, die Hofhaltung radikal einschränkte und alle Dichter, Maler, Schauspieler und Tänzer aus seinem Palast jagte, wurde er als „deutscher Barbar" beschimpft. Seine einfache, heiligmäßige Lebensweise erregte nur den Spott der Römer. Für sein Wesen zeugt jedoch das wichtigste Dokument seines kurzen Pontifikates, die Instruktionen, die er seinem Legaten für den Reichstag nach Nürnberg auf den Weg gab. Da legte er angesichts der Reformationswirren ein erschütterndes Schuldbekenntnis im Namen des Papsttumes ab: „Wir wissen, daß seit Jahren bei dem Heiligen Stuhl viel Verabscheuungswürdiges geschehen ist: Mißbräuche in geistlichen Dingen, Überschreitungen der Befugnisse; alles ist zum Bösen verkehrt worden. Von dem Haupte ist das Verderben in die Glieder, von dem Papste über die Prälaten ausgebreitet worden: wir sind alle abgewichen; es ist keiner, der Gutes getan, auch nicht einer . . ." Mit dieser Einstellung hätte Hadrian VI. vielleicht die Spaltung der Kirche verhindern können. So mancher Christ hoffte damals auch auf die versöhnende und stabilisierende Wirkung der Achse Kaiser–Papst. Aber Hadrian starb bereits 21 Monate nach seiner Wahl, im September 1523. Auf dem Totenbett drängten ihn die Kardinäle, die Verstecke seiner Schätze preiszugeben. Doch Hadrian hatte nichts zu verstecken gehabt. Und sein Ende wurde in Rom mit Jubel begrüßt. Spottgedichte entstanden, und ein römischer Historiker sagte, Hadrian sei dem übermäßigen Biergenuß erlegen. Grausam und unbarmherzig rächten sich die Römer mit diesen Nachrufen dafür, daß ein Fremder ihre Welt verändern wollte. Nach Hadrian war nun Giulio Medici an der Reihe, als Klemens VII. Und fortan wurden nur noch Italiener gewählt.

Bis zu diesem 16. Oktober 1978. Zum erstenmal tauchte wieder 1958, nach dem Tode Pius XII., ein Ausländer unter den Papstkandidaten auf – der Kurienkardinal armenischer Abstammung Gregor Petrus Agagianian. Bei ihm wurde jedoch fast entschuldigend hinzugefügt, daß er durch seine vielen Jahre im Vatikan doch als echter Römer zu werten sei. 1963, nachdem Johannes XXIII. alle Fenster weit geöffnet hatte und sich die Kirche durch das Konzil ihrer vollen Universalität bewußt geworden war, wagte man sich schon konkreter an den Gedanken eines nichtitalienischen Papstes. Damals wurden Namen wie König aus Wien, wie Suenens aus Belgien usw. zitiert. Montini blieb jedoch der große Favorit. Diese Vorstellungen von einem Ausländer auf dem Petrus-Thron regte auch die Phantasie von Romanautoren an, und der australische Romkenner Morris L. West modellierte in dem später verfilmten Bestseller „In den Schuhen des Fischers“ einen Papst aus dem Osten nach dem Vorbild des ukrainischen Kardinals Slipyj (ihn hatte Roncalli durch persönliche Intervention bei Chruschtschow aus einem sibirischen Lager freibekommen). Unter Paul VI. gerieten die Italiener im Kardinalskollegium in eine klare Minderheit, durch seine Ernennungspolitik hatte der Papst ganz bewußt die Grenzen der Kirchenführung wesentlich erweitert und dazu auch viele Männer aus der Weltkirche in die römische Kurie geholt. So spiegelten im Sommer 1978 die wahlberechtigten Kardinäle auch die Internationalität der Kirche wider: von den 111 Kardinälen unter achtzig Jahren waren 55 Europäer, davon 26 Italiener, weiters 31 Amerikaner (12 aus Nord- und 19 aus Lateinamerika), 12 Afrikaner, neun Asiaten und vier Australier und Ozeanier. Darum redeten auch mehrere Kardinäle ganz offen davon, daß diesmal die Wahl auf einen Ausländer fallen könne, ja, Kardinal König hielt auch die Entscheidung für einen Papst aus der Dritten Welt nicht für ausgeschlossen. Der psychologische Boden für eine solche Papstwahl war also bereitet.

Und auch die italienischen Kardinäle bauten vor. Das

Papstamt sei universell und nicht an einen Italiener gebunden, meinten einige von ihnen. In den Zeitungen kursierten als „papabili" König, der Holländer Willebrands, der Argentinier Pironio, der Engländer Hume usw. Ein Wojtyla war nicht darunter. Als der nächste Papst mit Luciani doch wieder ein Italiener war und die Mehrzahl der Kardinäle darüber überaus glücklich zu sein schien, begründete der Erzbischof von Wien König diesen Gesinnungswandel folgendermaßen: „Die Chance auf die Wahl eines Nichtitalieners war ursprünglich sehr groß. Auch die Italiener hatten sich damit bereits abgefunden. Aber dann, in den Vorkonklavegesprächen, kamen gerade von außen, von den Lateinamerikanern, den Afrikanern, den Franzosen und den Spaniern Bedenken: Die Situation in Rom und in Italien ist so heikel, daß ein Nichtitaliener dadurch in größte Schwierigkeiten geraten könne. Und darum müsse es diesmal wohl noch einmal ein Italiener sein. Ich selbst war überrascht, wie sehr die große Mehrheit der Kardinäle die aktuelle Lage in Italien ins Kalkül gezogen hat. Das habe ich unmittelbar nach dem Tod Pauls VI. nicht bedacht, als ich von einem Ausländer sprach . . ."

Wieso fiel dann trotz dieser Überlegungen die Wahl der Kardinäle nur 51 Tage später doch auf einen Ausländer? Italien war Italien geblieben. Die täglichen Terroranschläge wurden in den Zeitungen meist nur noch als kleine Meldungen registriert so wie Autounfälle oder Zimmerbrände. Der Streit um die Briefe Aldo Moros aus seiner Gefangenschaft beherrschte die politische Szene. Die innere Zerrissenheit des Landes offenbarte sich dabei schonungslos. Und auf einmal sollten diese römischen Voraussetzungen von den Papstwählern nicht mehr berücksichtigenswert sein? Kardinal König äußerte sich dazu nach dem Ende des Wojtyla-Konklaves: „Als die Kardinäle hineingegangen sind, haben meiner Meinung nach 90 bis 95 Prozent der Wähler an keinen Nichtitaliener gedacht und schon gar nicht an einen Papst aus der kommunistischen Welt. In dem Informationsprozeß der vielen privaten Kontakte vor dem Konklave sind von den italienischen Kardinälen keinerlei prinzipielle Einwände gegen die Wahl eines Ausländers erhoben worden, es waren viel eher die Ausländer, die Südamerikaner und die Nordamerikaner, und noch einige andere, die einen italienischen Papst bevorzugten. Ein Italiener sei ihnen lieber, weil bei einem Ausländer die Leute zu Hause nur fragen würden, warum ist es einer aus einer anderen Nation geworden und nicht aus unserer. Aber im Konklave geschieht dann die Meinungsbildung durch die Abstimmungen. Weil offizielle Gruppenbildungen und Zusammenkünfte nicht gestattet sind, erfolgt alle Information durch die Bekanntmachung der Stimmenergebnisse nach jedem geheimen Wahlgang. Und da erkennt man, in welche Richtung die Entwicklung läuft. Ein interessanter Vorgang ..." Dann fügte der Erzbischof von Wien jedoch noch hinzu: „Als Christ spürt man dabei doch, daß auch eine Hand von oben mit im Spiele ist ..."

Im Vorkonklave strengten sich jedoch einige Herren an, diese Hand von oben ein wenig in die von ihnen gewünschte Richtung zu dirigieren. So erlebte die erstaunte Öffentlichkeit eine Art offene Wahlkampagne, zumindest von seiten des Erzbischofs von Genua, Giuseppe Kardinal Siri. Weil er beim Luciani-Konklave im ersten Wahlgang vermutlich knapp an der Spitze gelegen war, rechnete sich der 72jährige erzkonservative Siri Chancen aus, diesmal gewählt zu werden. Er gehört zu jener Minderheit in der Kirche, die die Wurzeln allen Übels im Konzil sieht. In seiner Diözese ist es erst seit kurzem erlaubt, die Messe mit dem Gesicht zum Volk zu lesen. Auch die meisten anderen Neuerungen empfindet er als Teufelswerk. Vor ein paar Jahren eiferte er gegen die Reformen Kardinal Pellegrinos in der Nachbardiözese Turin. Als Siri darauf die Antwort erhielt, daß ihn das eigentlich nichts anginge, schäumte er: „Wenn in Turin die Pest ausgebrochen ist, dann muß ich auch in Genua auf der Hut sein." Und einem höheren Jesuitenpater, der nicht im Talar, sondern nur im schwarzen Anzug, aber mit dem Kolare um den Hals zu einer Audienz erschienen war, sagte Siri: „In diesem Aufzug waren Sie zum letztenmal bei mir." Nun, der Kardinal glaubte sich schützend vor die Kirche stellen zu müssen. Er wurde darin von einem traditionalistischen Kern im Heiligen Kollegium, darunter mehreren älteren Kurienkardinälen, bestärkt. Wenn es schon nicht zu der Zweidrittelmehrheit reichte, so könnte er wenigstens die Wahl eines diesem Kreis nicht genehmen Papstes verhindern. Denn mit 35 Stimmen ließ sich in den ersten Phasen eines Konklaves jeder andere Kandidat blockieren. Und so viele Stimmen waren Siri gewiß.

Darum glänzte der Erzbischof von Genua schon bald nach dem Tode Johannes' Paul I. mit kritischen Bemerkungen über diesen Pontifikat und stellte sich durch seine Äußerungen aller Welt als Anwärter auf das Papstamt vor. Zum Schluß gab er noch einer Turiner Zeitung ein ziemlich freimütiges Interview, allerdings unter der Auflage, daß es erst nach dem Konklavebeginn veröffentlicht werde. Da kolportieren nun die römischen Vatikanbeobachter eine Geschichte, die nicht gerade zu den vornehmsten Begleitumständen dieser Papstwahl zählt. Der Turiner Journalist habe den Text des Interviews Kardinal Benelli telefonisch vorgelesen. Und der Erzbischof von Florenz, der meinte, daß nun die Wahl auch ihn treffen könnte, überredete den Redakteur, das Interview vorzeitig zu publizieren. Außerdem soll er noch dafür gesorgt haben, daß sämtliche Kardinäle an dem Morgen des Konklavebeginns das Turiner Blatt auf ihrer Türschwelle fanden. Und was Siri da über die Kollegialität („Was ist das? Ich habe noch nie davon gehört") gesagt hatte, und seine Äußerungen über Johannes Paul I. waren nicht gerade geeignet, seine Anwartschaft zu fördern.

Viel mehr als der Inhalt des Interviews dürfte die Art dieser Intrige bei so manchem ausländischen Kardinal gewisse Reserven gegenüber den Italienern mobilisiert haben. Nach der Euphorie, die Lucianis Menschlichkeit ausgelöst hatte, sorgten sich viele der Papstwähler aus der Weltkirche, wie dieses für die Kirche so positive Klima konserviert werden könnte. So mancher zerbrach sich den Kopf über eine unkonventionelle Lösung der Nachfolgerfrage. Am Sonntag, dem 15. Oktober, war die Papstwahl allem Anschein nach jedoch noch eine inneritalienische Angelegenheit, ein Duell Siri–Benelli mit vielen verstreuten Stimmen. Auch Wojtyla soll dabei bereits fünfmal genannt worden sein. Da nach vier Wahlgängen klar wurde, daß die beiden Italiener einander neutralisierten und keiner ohne die Stimmen des anderen die Mehrheit zu erringen vermochte, wird es am Abend im apostolischen Palast wohl einige tiefschürfende Diskussionen gegeben haben. Dabei hat sich langsam die Kandidatur Karol Wojtylas herauskristallisiert.

Obwohl man heute in Krakau davon spricht, daß sich Wojtyla im Oktober viel ernster und vielleicht auch wehmütiger von seinen Freunden verabschiedet habe als zuletzt im August, schritt er eher unbelastet ins Konklave. Vermutlich hatte er schon bei der Luciani-Wahl einige Stimmen bekommen. Als jedoch das amerikanische Nachrichtenmagazin „Time" von Wojtyla im Polnischen Kolleg auf dem Aventin ein Farbporträt machen wollte, winkte der Kardinal lächelnd ab: „Keine Angst, ich werde bestimmt nicht Papst." „Time" gehörte immerhin zu den wenigen Zeitschriften und Zeitungen, die Wojtyla vor dem Konklave als einen der ausländischen Papstkandidaten angeführt hatten. Während des Konklaves sprach auch Kardinal Confalonieri, der wegen seines Alters ausgeschlossen war, von dem Polen. Und Kardinal König hatte Wojtyla in privatem Gespräch am Tag nach dem Begräbnis Papst Lucianis als für das Papstamt überaus geeignet beschrieben. Später hörte man in Rom auch, daß sich die spanischen Bischöfe unmittelbar vor dem Konklave in einer katholischen Buchhandlung noch schnell alle vorhandenen Schriften Wojtylas hatten besorgen lassen.

Im sechsten Wahlgang vor dem Mittagsrauch am Montag vereinigte sich aller Wahrscheinlichkeit nach bereits eine größere Anzahl ausländischer Kardinäle hinter Wojtyla. Und der Erzbischof von Krakau, der vorher eher durch seine Gelassenheit aufgefallen war, immer eine Lektüre eingesteckt hatte und am Abend auch im Damasushof im Schein einer Laterne eine polnische Schrift studierte, wurde auf einmal nervös. Mit hochrotem Kopf sah man ihn in langem Gespräch mit Wyszynski auf einem Gang auf- und abgehen. Da hat ihn der ältere Kardinal wohl beschworen, die Wahl anzunehmen, wenn sie ihn träfe.

Die Entscheidung fiel dann am Nachmittag. Der zweite Ausländer, der ebenfalls in den Vordergrund getreten war, der Holländer Willebrands, führte seine Stimmen Wojtyla zu, der Kardinal von Philadelphia Krol, selbst polnischer Abstammung und mit Wojtyla durch dessen zwei USA-Reisen vertraut, überzeugte seine amerikanischen Kollegen. Auch Kardinal König und die deutschen Kardinäle haben bei der Wojtyla-Wahl sicherlich ihren Einfluß wirken lassen. Benelli erkannte seine Chancenlosigkeit, und langsam gab auch der Siri-Flügel nach. Die Schätzungen, wie viele Stimmen Wojtyla schließlich im achten und letzten Wahlgang erhielt, liegen zwischen 94 und 104. Zögernd akzeptierte Karol Kardinal Wojtyla die Wahl. Während Luciani die erste huldigende Umarmung durch die Kardinäle noch auf dem einfachen Thronsessel sitzend empfangen hatte, stand Wojtyla auf – das erste Zeichen dafür, daß er sich als ein Gleicher unter Gleichen fühlte.

Warum war es den Kardinälen in der zweiten Phase des Konklaves relativ leicht gefallen, sich auf Wojtyla zu einigen, warum gerade auf ihn und auf keinen anderen Ausländer? Weil Karol Wojtyla trotz seiner so weitabgelegenen Heimatdiözese schon immer in Rom und in der Weltkirche zu Hause war. Albino Lucianis Lebens- und Arbeitsbereich blieb stets Venetien. Wojtyla dagegen lebte zwar hinter dem sogenannten Eisernen Vorhang, aber der hat für ihn nie existiert. Seine Vielseitigkeit und ungeheure Arbeitsenergie ermöglichte es ihm, in Krakau und in Polen von starker Präsenz und Wirkung zu sein und gleichzeitig auch zu einer internationalen Persönlichkeit zu werden.

Man braucht nur seinen römischen Spuren zu folgen und

staunt bald darüber, wie viele Leute mit Wojtyla als Bischof und Kardinal Kontakt hatten. Ein deutscher Moraltheologe erinnert sich an den jungen Bischof, der zu Beginn des Konzils auf einer der hintersten Bänke im Petersdom gesessen ist. Bei den Diskussionen mit den theologischen Beratern merkten diese jedoch sofort, daß da ein erfahrener und hochbegabter Kollege interessante und ungewöhnliche Meinungen beisteuerte. Ein Kirchenrechtshistoriker wieder kennt Wojtyla, weil er zu einem großen Werk eine wissenschaftliche Arbeit von hoher Qualität geliefert hatte. Und er denkt gerne daran zurück, wie freundlich er bei einem Besuch in Krakau im erzbischöflichen Palais aufgenommen wurde. Ein deutscher Vatikanmann weiß von Begegnungen mit Wojtyla, bei denen der Pole immer sofort deutsch gesprochen hatte. Ein Journalist gräbt tief beeindruckt ein altes Interview aus. Und ähnlich geht es einem in Wien – auch hier haben unzählige Leute Wojtyla-Erlebnisse, Wojtyla-Briefe, Wojtyla-Reminiszenzen. Durch seine Kontaktfreudigkeit wurde der Bischof und Kardinal schon lange vor der Papstwahl zu einer weit über die Grenzen Polens hinaus bekannten und geschätzten Gestalt.

Luciani hatte Schwierigkeiten, weil ihm der Kurienbetrieb, die vatikanische Bürokratie, so gar nicht vertraut war. Um solche Angelegenheiten brauchte sich dieser Diözesanbischof nie viel zu kümmern. Und er reiste nur dann nach Rom, wenn es sich überhaupt nicht vermeiden ließ. Anders Wojtyla – zuerst war da seine Romerfahrung als junger Priester, als er zwischen 1945 und 1948 am Angelicum, der Dominikaneruniversität, sein Doktorat vorbereitete. Dann folgte die Aktivität beim Konzil. Und als Kardinal gehörte Wojtyla gleich drei Kongregationen an, der Gottesdienst-, der Klerus- und der Erziehungskongregation, er redete also in der Kirchenverwaltung bei Liturgiefragen, bei Problemen des Priesterstandes und des katholischen Unterrichtswesens mit. Am stärksten profilierte sich Wojtyla bei der Bischofssynode, dieser internationalen Versammlung, die als eine Art verlängerter Arm des Konzils das geeignete Instrument zur Dezentralisierung des Kirchenregimentes sein könnte. Im Rat des Generalsekretariates der Synode stand sein Name an erster Stelle – er wurde von den übrigen Bischöfen in dieses 16köpfige Gremium gewählt, und er ist eben deshalb der erste, weil für ihn die meisten Stimmen ausgezählt werden konnten – wegen seines hohen Bekanntheitsgrades und seiner Popularität. Da er neben einem ausgezeichneten Italienisch auch fließend französisch, englisch und deutsch spricht, sich auch spanisch verständigen kann und neben seinem Polnisch auch noch des Russischen mächtig ist, konnte er sich mit den meisten Kardinälen und Bischöfen in deren Muttersprache unterhalten. Auch das fördert Begegnungen und Freundschaften.

Wojtyla hatte also häufig in Rom zu tun. Paul VI. vermittelte ihm eine Gelegenheit, sich der Kurie noch auf besondere Weise zu präsentieren. Jedes Jahr finden in der ersten Woche der Fastenzeit im Vatikan, im Papstpalast, einwöchige Exerzitien für das gesamte höhere Personal der römischen Kurie statt. Für die Vorträge und Medidationen lud der Papst stets einen prominenten Theologen oder Bischof ein. Und 1976 bat er den Erzbischof von Krakau nach Rom. Sechs Tage lang erläuterte Wojtyla dem Papst, den Kardinälen und den Monsignori sein Christusbild und seine Vorstellungen vom Priesteramt und von der Welt. „Wir waren von seiner tiefen Frömmigkeit und vom hohen philosophischen und theologischen Niveau Wojtylas sehr beeindruckt", sagt heute ein Exerzitien-Teilnehmer von damals. Solche Eindrücke bleiben. Seine Vorträge ließ Wojtyla in einem Buch zusammenfassen. Es erschien in Italien unter dem etwas provokanten Titel „Zeichen des Widerspruchs".

Wojtyla bezog sich selbst oft auf dieses sein Auftreten im Vatikan, so im September zwischen den beiden Papstwahlen, als er in Fulda vor deutschen Priestern redete. Er benutzte dabei einige Gedanken, „die ich das Glück hatte, in den Fastenexerzitien vor Papst Paul VI. vorzutragen . . . Wenn man Christus das Bürgerrecht verweigert, so verweigert man es auch den Menschen; wenn man den ‚Tod Gottes' verkündet, so bereitet man den Tod des Menschen vor . . ."

Worte, die auf die hohen Herren im Vatikan ebenso gewirkt hatten wie nun auf die deutschen Priester. Das geschah bei der historischen Versöhnungsreise der polnischen Bischöfe im September 1978 in die Bundesrepublik Deutschland. Und diese Pilgerfahrt Kardinal Wyszynskis und Kardinal Wojtylas erhielt im nachhinein auch für die Papstwahl große Bedeutung. Die polnischen Bischöfe nahmen an der Vollversammlung der deutschen Bischofskonferenz in Fulda teil und fuhren weiter nach Köln, München und Mainz. Im Kölner Dom zelebrierte Wojtyla das feierliche Amt, und Wyszynski predigte, ebenso in München, im KZ Dachau las der Primas von Polen die Messe, und die theologische Fakultät in Mainz empfing den Erzbischof von Krakau als ihren Ehrendoktor. Dieser Besuch wurde als großer Akt des Ausgleiches gepriesen, und durch die darauffolgenden Ereignisse erhielt er noch eine zusätzliche Dimension. Denn während dieser Tage war Zeit für viele intime Gespräche zwischen den Bischöfen. Die deutschen Kardinäle hatten die Gestalt Wojtylas, sein Wesen und sein Denken in unmittelbarer Erinnerung, als sie kurz darauf zum neuerlichen Konklave nach Rom fliegen mußten. Und wer sich den Sinn für die Geschichte bewahrt hat, wird wohl auch mit Genugtuung feststellen, daß zu diesem deutsch-polnischen Versöhnungswerk nach so viel Haß und Verbrechen und Mißverständnissen auch die Hilfe der deutschen Bischöfe bei der Wahl des ersten polnischen Papstes gehört.

So stimmte bei Wojtyla also alles zusammen. Beim Studium seiner Biographie konnten sich die Kardinäle kaum ein idealeres Papstbild ausmalen: sie wollten einen Hirten – einen Bischof mit intensiverer Seelsorgepraxis mußte man erst suchen. Auch kannte er sich in der Kurie wesentlich besser aus als Luciani. Und neben seiner Internationalität und Universalität imponierte ein ungewöhnlicher Lebenslauf. Nach dem schnellen Tod Lucianis hielten die Kardinäle auch nach einem jüngeren, gesunden Mann Ausschau – und in ihrem Kreis hätte sich kaum ein sportlicherer Typ finden lassen. Aber dieser Wojtyla hatte sich auch als Theologe und Philosoph einen Namen gemacht, und seine Bücher waren im Westen erhältlich. Als ein Bischof der kämpfenden Kirche, in ständiger Auseinandersetzung mit dem militanten Atheismus bewährt, verfügte er über ein besonderes Prestige. Für liberale und progressive Kardinäle war er ebenso wählbar wie für konservative. Die einen wußten um seine Verbundenheit mit dem Konzil, seine offene, scheuklappenfreie Einstellung zur Welt und seine illusionslose Beurteilung der Schwierigkeiten der Kirche, die anderen vertrauten auf das polnische Kirchenbild, in dem die Treue zur Tradition und die Disziplin einen wesentlich höheren Stellenwert haben als im Westen. Ebenso wie Luciani strahlte auch Wojtyla Frömmigkeit und Optimismus aus, dazu noch Kraft und Energie. Ein Mann also für jedermann, und auch ein Mann für unsere Zeit.

Obwohl der Antikommunismus des neuen Papstes die linke römische Tageszeitung „la Repubblica" hätte abschrekken müssen, zollte sie am nächsten Tag der Wahl der Kardinäle doch höchstes Lob: Während in Italien immer dieselben Persönlichkeiten nur die Plätze tauschten und die Kapazität für eine Erneuerung äußerst beschränkt sei, habe sich die Kirche durch die Wojtyla-Wahl als die jugendlichste aller bestehenden Institutionen erwiesen, trotz der 2000 Jahre Geschichte, die auf ihr lasten.

Im Apostolischen Palast wurde am Abend der Papstwahl nach dem letzten gemeinsamen Essen der Kardinäle Champagner serviert. Johannes Paul II. erhob sich und ging mit seinem Glas von Kardinal zu Kardinal, stieß mit jedem an und schließlich auch noch mit dem Personal und mit den Schwestern. Während sich die meisten Kardinäle dann in ihre Zellen zurückzogen, setzte sich Wojtyla hin, um seine Programmrede für den nächsten Morgen zum Abschluß des Konklaves in der Sixtinischen Kapelle zu konzipieren. Die Entwürfe, die ihm bereits vom Staatssekretariat vorbereitet worden waren, interessierten ihn nicht. Wojtyla wollte vom ersten Moment seines Pontifikates an in seiner eigenen Handschrift schreiben, in seiner eigenen Sprache sprechen. In diesem Falle war es ein geschliffenes Latein, das sofort Bewunderung erregte.

Der Papst dachte in dieser Nacht über ein Programm nach, das ganz und gar dem Konzil verpflichtet war. Es ginge nicht nur um die Erfüllung der Konzilsdekrete, es sei vielmehr nötig, daß sich „zuerst die Gesinnung dem Konzil anpaßt, damit seine Bestimmungen in die Praxis überführt werden können". Und er wies auch auf die Kollegialität hin, die „die Hirten der Kirche untereinander ‚mit Petrus und unter Petrus' verbindet". Die Kirche sollte auch sogleich erfahren, was Johannes Paul II. von der Disziplin hielt, indem er die Treue zur Kirche auch mit Gehorsam gleichsetzte, Gehorsam gegenüber dem Lehramt, „zumal angesichts der Schwierigkeiten, die man in unserer Zeit da und dort bestimmten Glaubenswahrheiten macht". Das war wohl als eine Mahnung an die Theologen gemeint. Und weiters: „Zur Treue gehört ferner die genaue Einhaltung der liturgischen Normen, welche die kirchliche Autorität erlassen hat. Abzulehnen ist daher auch jene Haltung, die willkürlich und ohne amtliche Billigung Neuerungen einführt, wie auch jene andere Haltung, die sich hartnäckig weigert, das, was für die heiligen Riten legitim festgelegt wurde und nun zu ihnen gehört, anzunehmen. Die Treue bezieht sich auch auf die große Disziplin der Kirche. Sie ist nicht von der Art, daß sie niederdrückt oder abtötet; sie will vielmehr die rechte Ordnung des mystischen Leibes Christi schützen und gleichsam bewirken, daß die Verbindung aller Glieder, aus denen er besteht, natürlich und normal ihren Aufgaben entsprechend funktioniert . . ." Eine Botschaft, die die Rebellen links und rechts vom Heiligen Stuhl vernehmen sollten.

Dann stellte er jene Frage, die wohl allen auf der Zunge lag: „Wie wird unser Pontifikat verlaufen? Welches wird das Schicksal der Kirche nach Gottes Fügung in den nächsten

Jahren sein? Welchen Weg wird die Menschheit am Ausgang dieses Jahrhunderts einschlagen, das sich dem Jahr 2000 nähert? Auf diese kühne Frage gibt es nur eine Antwort: Gott weiß es!" Der Papst blickte in eine ungewisse Zukunft, aber er schaute auch zurück auf seine Vorgänger und beklagte noch einmal den Tod Lucianis: ,,Es scheint uns, als wäre er erst gestern aus unserm Kreis gegangen, um das päpstliche Gewand, das schwerer wiegt, als man glaubt, anzulegen. Aber welch glühende Liebe, mehr noch, welch überströmende Liebe ist in den wenigen Tagen seines Pontifikates von ihm in die Welt ausgegangen!"

Beim Schreiben dieser Zeilen wird Wojtyla wohl auch bewußt gewesen sein, was dieser Mann für ihn bedeutete. Er mußte mit der Erinnerung an diesen lächelnden Papst konkurrieren, wenn er die Sympathien der Gläubigen und der Welt gewinnen wollte. Aber nach dem so einschneidenden Stilwandel in dem kurzen Pontifikat Lucianis konnte der Papst aus dem fernen Land nun wesentlich widerstandsloser seinen eigenen persönlichen Stil kreieren. Der schmächtige Venetianer hatte mit erstaunlichem Mut Türen und Fenster aufgestoßen. Als sein Herz stehenblieb, fragte sich eine fassungslose Welt, was das denn nun alles für einen Sinn gehabt hatte. Auch Katholiken zweifelten am Heiligen Geist, der die Kardinäle doch zu dieser Wahl inspiriert zu haben schien. Drei Wochen danach war alles wieder im Lot. Von Paul VI. über Johannes Paul I. führte ein direkter Pfad zu Johannes Paul II. Es hatte erst des Luciani-Opfers bedurft, daß das Kardinalskollegium das Wagnis Wojtyla riskierte. Dieses Kollegium aber war durch die Personalpolitik Pauls VI. auf einen solchen Schritt vorbereitet worden. Darum wölbte sich ein Bogen von dem Augenblick des ,,Habemus papam" an diesem Oktoberabend am Petersplatz bis zurück zu den Nachtstunden im August, als die Glocken Roms den Tod Papst Pauls VI. läuteten.

2. Kapitel

Das Leiden und das Lächeln

„Avanti, avanti." Murmelnd und flüsternd hielten die diskreten Herren im dunklen Anzug den Menschenstrom in Bewegung. Auf der breiten Treppe im Papstpalast von Castel Gandolfo wurde noch getratscht und geschwätzt und manchmal sogar gekichert. In lateinischen Ländern ist die Trauer eben keine leise Angelegenheit. Ein paar Nonnen mahnten jedoch mit einem heftigen „Psst" zur Stille. Die Leute verstummten. Nur das Scharren der vielen Füße auf den Marmorstufen war noch zu vernehmen. Im Saal wagte niemand mehr einen Laut, höchstens ein leises Gebet. Denn da lag der Papst in seiner ganzen Menschlichkeit. Sie hatten Paul VI. zwar ein tiefrotes Meßgewand angezogen und auf den Kopf die weiße Mitra gesetzt. Als ob er noch im Tode an seinem Kreuz zu tragen hätte, hielt die Beuge seines linken Armes den kreuzförmigen Bischofsstab. Ein Polster stützte sein Haupt. Aber wie er den Menschen nun so zum Abschiednehmen dargeboten wurde, das war erschütternd und makaber zugleich. So fordert es eben die römische Tradition: Kein schützender Sarg umgibt einen toten Papst. Er ist auf ein von violetten Tüchern verhülltes besseres Brett gebettet, er wird ausgestellt, zur Schau gestellt. Und mehr noch als das fahle Gesicht fesselten seine roten Pontifikalschuhe den Blick. Den Sohlen merkte man an, daß Paul darauf auch gegangen war, daß einmal sein ganzes Gewicht auf ihnen gelastet hatte. Nun schien er jedoch schwerelos zu sein. Er hatte seine Bürde abgegeben. Ein Hauch von Frieden wehte über sein Gesicht, nur der Mund war leicht geöffnet, als ob er im Sterben keine Zeit mehr für ein letztes Wort gefunden hätte.

Dabei war der Tod des Montini-Papstes ein sanfter, schöner Tod, ein friedvolles Hinüberschlummern, ein Moment, auf den Paul VI. bereits gewartet hatte. Und nicht ohne Sehnsucht. „Wir fahren weg, aber wir wissen nicht, ob wir zurückkehren werden . . . und wie wir zurückkehren werden“, sagte der Papst anfangs des Sommers zu Monsignore Caprio, bevor er aus dem Vatikan in die Sommerresidenz übersiedelte. Und von Caprio, dem Substituten des Staatssekretariates, wissen wir auch, wie der Papst von dieser Welt Abschied genommen hat, an diesem August-Wochenende, als sich Paul VI. plötzlich schlecht und krank fühlte.

Caprio wurde am Abend des 6. August nach Castel Gandolfo gerufen. Als er das Zimmer des Papstes betrat, wachten an seinem Bett Kardinalstaatssekretär Villot, seine beiden Sekretäre Monsignore Macchi und Pater Magee, mehrere Schwestern und zwei Ärzte. Caprio erzählte später in einem Interview: „Man sah, daß der Heilige Vater litt, da er nur mit Mühe atmen konnte; trotzdem folgte er den Gebeten, die an seinem Bett gesprochen wurden. Man bemerkte sogar, daß er die Lippen bewegte, um mitzubeten und sich im Gebet mit den anderen zu vereinen. Er hatte die Augen geschlossen, war jedoch bei Bewußtsein, und ich glaube, daß er das, was um ihn herum vor sich ging, wahrnahm. Kurze Zeit hofften die Ärzte, der Papst werde die Krise überstehen. Das Herz arbeitete noch sehr gut. Seine Körpertemperatur erreichte, auch wenn sie hoch war, noch nicht die höchsten Werte: sein Blutdruck stieg auf 170. Diese Hoffnung war aber nur von kurzer Dauer. Wenig später konnte man am Atmen des Heiligen Vaters hören, daß ihm die Krankheit keine Lebenschance mehr gab. Während wir weiter beteten, versuchte der Papst zu folgen und sich unseren Fürbitten anzuschließen. Man bemerkte, daß der Atem schwerer und schwächer wurde. Die Ärzte teilten uns mit, das Fieber steige und der Blutdruck sinke schnell. Kurz darauf, um 21.40 Uhr, verschied der Papst so ruhig, daß wir uns fragten, ob er noch lebe und atme. Sein Körper war noch so warm, daß es, als ich ihm zwei oder drei Minuten nach seinem Tod die Hand küßte, schien, als habe er noch die normale Körperwärme. Sein Gesicht behielt die natürliche Farbe. Die Ärzte erstellten ein Elektrokardiogramm, und dieses bestätigte leider, daß der Papst die Erde verlassen hatte, um ins Paradies einzugehen. Ich kann kaum die Bewegtheit in Worte fassen, die mich und alle Umstehenden in der letzten Minute ergriffen hatte; keiner konnte sprechen. Die anwesenden Priester sprachen über die sterbliche Hülle die erste Absolution . . .“

Paul VI. war ein qualvoller Todeskampf wie Pius XII. erspart geblieben. Und auch das lange Harren auf den Tod, wie es die Welt 1963 erlebte, als das starke Herz Johannes' XXIII. nicht zu schlagen aufhören wollte. Paul hatte schon zu Lebzeiten genug gelitten. Der große Reformer der äußeren Formen der Kirche schien Angst zu haben. Er litt an dieser Kirche, oder für diese Kirche, und Zeit und Welt quälten ihn. Die meisten seiner Ansprachen in der großen Audienzhalle oder vom Fenster des Apostolischen Palastes oder der Sommerresidenz waren Klagen, erfüllt von Pessimismus. In den letzten Monaten beschäftigte ihn auch oft der eigene Tod.

Zu dieser Stimmung passen auch jene Sätze Kardinal Königs, die wie ein Nachruf zu Lebenszeiten klingen. Sie sind 14 Tage vor dem Tod Pauls VI. in der deutschen Ausgabe des „Osservatore Romano“ erschienen. Der Kardinal verglich Paul mit seinem Vorgänger Johannes: „Die Liebe, die Verehrung, die Bewunderung sammelten sich in Johannes und werden auch noch in kommende Jahrzehnte hinüberstrahlen. Aber kommende Jahrzehnte werden auch einen gerechteren Blick für seinen Nachfolger haben. Er trägt ohne Zweifel die schwerere Last mit schwächeren Schultern. Der Wind der Zustimmung, der Johannes getragen hat, hat ihm zunächst ablehnend ins Gesicht geblasen. Trotzdem oder vielleicht gerade deswegen, weil er es unendlich schwer hatte, kann seine Arbeit, seine Leistung, sein Dienst an der Kirche heute nicht hoch genug eingeschätzt werden. Er hat das Konzil nicht einberufen, aber er hat es trotz mancher Widerstände zu Ende geführt. Er hat die Reform nicht begonnen, er hat sie aber allen Widerwärtigkeiten zum Trotz weitergeführt. Er hatte es auch als Mensch schwer. Er konnte nicht mit einem herzlichen Lachen Millionen Menschen begeistern. Er hat in scheuer Geste um die Liebe dieser Menschen geworben. Er hat nicht das umwerfende, mitreißende Wesen seines Vorgängers, aber er hat die Zähigkeit, die Ausdauer, den Willen durchzuhalten; und er hat auch die Stärke, die aus einer großen Demut kommt, zurücktreten zu können, sich kleinzumachen vor der Größe der Aufgaben. Unbekümmertheit war ihm nicht gegeben. Kummer, Schmerz und Leid sprechen aus seinen Zügen, klingen nicht selten in seinen Worten. Und doch, das große Werk der Kirchenerneuerung, so zögernd, so stockend, so gehemmt und behindert sie uns manchmal scheinen mag, wäre zerfallen, wenn nicht auf Johannes Paul gefolgt wäre. Was jetzt geschieht, geschieht nicht in großen Visionen, sondern in kleinen Schritten, manchmal zögernd unterbrochen. Die Richtung aber wird nicht geändert, das Ziel nicht aus den Augen verloren . . . Langsam beginnt sich das Bild des Papstes auch in der öffentlichen Meinung zu wandeln. Die Ablehnung weicht einer gerechteren Beurteilung, das Klischee vom Papst der Enzyklika „Humanae vitae" ist brüchig geworden. Die Liebe, die gerade dieser Mensch so notwendig braucht und die er so gesucht hat, schlägt ihm in steigendem Maße entgegen. Er ist der Papst des Schmerzes, des Leides. Wenn aber je das Bild von der stählernen Kraft in einem gebrechlichen Körper Berechtigung hatte, dann bei diesem Papst . . ."

Der Wiener Kardinal, als Präsident des Sekretariates für die Nichtgläubigen mit vatikanischen Geschäften und kurialer Politik vertraut, hat hier ein sehr realistisches Papstbild skizziert; und die meisten Menschen im Nahbereich des Papstes werden ihn am Ende seines fünfzehnjährigen Pontifikates ähnlich beurteilt haben.

Bevor Paul VI. am 26. September 1977 seinen achtzigsten Geburtstag feierte, gingen Gerüchte um, daß er zu diesem Datum zurücktreten würde. Zu oft hatte er vom Abschied gesprochen und seinen melancholischen Gefühlen freien Lauf gelassen. Als er vor zehn Jahren das Gesetz über die Pensionierung der Bischöfe mit 75 unterzeichnete, schrieb Paul mit eigener Hand auf die Mappe: „Was ist mit dem Papst?" Und von Experten ließ er alle theologischen, kirchenrechtlichen, praktischen und psychologischen Aspekte eines freiwilligen Rücktritts aus Altersgründen untersuchen. Kirchenrechtlich und theologisch war ein solcher Schritt durchaus zu vertreten. Im Vatikan riet man jedoch ab. Die technischen Probleme wären zu groß. Allein schon die Existenz eines pensionierten Papstes würde für seinen Nachfolger eine schwere Belastung bedeuten.

Damit war der Weg für Paul VI. vorgezeichnet. Solange er gesundheitlich in der Lage sein würde, sein Amt auszufüllen, solange würde er auf seinem Platz bleiben. Bis zum Schluß zeichnete er sich durch sein Pflichtbewußtsein und die eiserne Arbeitsdisziplin aus. Monsignore Caprio: „Er hatte keine Furcht vor Krankheiten, er hatte keine Furcht zu leiden. Er befürchtete nur, daß er an der Ausübung seiner Pflicht gehindert werden könnte . . ." Und als der Substitut Sonntag nacht nach dem Tod des Papstes wieder in den Vatikan zurückkehrte, hatte er ein paar Briefe in der Tasche, die von Paul noch am Samstag nachmittag unterzeichnet worden waren. „Mit seinen achtzig Jahren erfüllte er ein ähnliches Pensum wie ein moderner Manager", sagte man in der Umgebung Pauls. „Er nahm ungeheure Mengen an Information auf, empfing unzählige Besucher und verbrachte seine Nächte meist lesend, noch immer von der intellektuellen Neugier seiner Jugend gedrängt." Er kam mit wenig Schlaf aus und schöpfte vor allem aus der Siesta seine Kraft, aus einer Stunde Mittagsschlaf. Das körperliche Leiden merkte man ihm an, sobald er sich bewegte, sobald er ging. Da wurde Gebrechlichkeit sichtbar. Denn durch seine Gicht bereitete ihm jeder Schritt Schmerzen. Seine Begleitung war bemüht, ihm jedes Treppensteigen, jeden unnötigen Tritt zu ersparen.

Obwohl Paul seine physische Schwäche mehr und mehr spürte, schien er in den letzten Jahren psychisch wieder stärker geworden zu sein. Die Krise nach der Enzyklika „Humanae vitae" gegen moderne Methoden der Geburtenkontrolle, die Revolte so vieler Priester, all die Unruhe in der Kirche und die offene Kritik und Herausforderung der Autorität des Heiligen Stuhles, all das hatte er überwunden. Die Kirche fand trotz der konservativen Rebellion der Anhänger Erzbischof Lefebvres und ähnlicher Gruppen langsam ihre innere Ruhe. Hunderttausende feierten Heiligsprechungen am Petersplatz, und das Heilige Jahr mobilisierte 1975 gewaltige Pilgerströme. Rom war wieder Mittelpunkt der katholischen Christenheit. Und wie in der Gesellschaft die Studentenbewegung an Dynamik verloren hatte und traditionelle Werte wieder mehr Geltung gewannen, so ließ auch der Schwung der innerkirchlichen Opposition etwas nach, und die Mitte wurde wieder zum Maß aller Dinge.

Und diese seine Mittelposition verteidigte Paul VI. bis zum Ende. Als Beweis dafür, daß der Papst auch als Achtzigjähriger das Steuer noch fest in der Hand hielt, wurde immer wieder der Fall Benelli zitiert. In diesem Sommer und Herbst 1978 ist der Name des Erzbischofs von Florenz mit Recht noch oft genannt worden. Manche sahen in ihm schon den nächsten Papst. Zehn Jahre hindurch führte der Weg zum Papst nur über Giovanni Benelli. Als Substitut im Staatssekretariat kontrollierte er den Vatikan. Er managte seine Verwaltung, er hat sie gestrafft und modernisiert und von seinen Untergebenen härteste Disziplin verlangt. Bischöfe wurden von ihm oft wie kleine Kapläne abgekanzelt. Er bestimmte, welche Informationen der Papst erhielt und welche nicht. Und bald bekam „Benelli" in Kurienkreisen, aber auch in anderen Kirchenzirkeln fast einen bösen Klang. Aber selbst seine Gegner mußten ihm Organisationstalent, hohe Intelligenz, politische Begabung und einen untadeligen Lebenswandel zubilligen. Er war der eigentliche Herr des Vatikans. Bis zu jenem Konsistorium 1977, als Paul VI. Benelli zum Kardinal erhob und ihn als Erzbischof nach Florenz sandte – sicher einer der bedeutendsten Bischofssitze Italiens und für den geborenen Toskaner ein würdiger Platz. Manche meinten, Benelli könne sich dort nun als Seelsorger auf die Nachfolge vorbereiten. Für die Eingeweihten in der Kurie war diese Rangerhebung jedoch ein kühner Akt des Papstes, vielleicht auch inspiriert von seinem persönlichen Sekretär Monsignore Macchi. Benelli schien so unentbehrlich, daß man sich fragte, ob der Papst ohne ihn überhaupt noch auskommen könnte. Und dennoch versetzte er ihn in die Provinz. In der Vatikanbürokratie kehrte bald ein milderer Ton ein, das Klima wurde etwas freier, und allmählich waren sich die meisten Beobachter kirchlicher Politik darin einig, daß sich der Papst ganz bewußt von Benelli „befreit" hätte, weil ihm dieser über den Kopf zu wachsen drohte. „Und ein Mann, der solches riskiert, der eine solche Entschlossenheit zeigt, ist auch noch nicht amtsmüde, der will die Kirche noch immer selber regieren", kommentierte man damals in Rom.

Ja, Paul VI. wollte alles zu einem guten Ende führen und bis zum Schluß die volle Verantwortung tragen. Als er dann an diesem heißen Sommerabend die Augen für immer schloß, zeigte sich die Welt zwar überrascht, weil alles so schnell gegangen war. Dennoch wurde dieses Sterben eher als ein geschichtliches Ereignis denn als ein persönlicher Verlust empfunden. Darum trauerten die Menschen um Paul auch anders als etwa um Johannes XXIII. Damals, im Juni 1963, schluchzten die Leute an der Bahre des Papstes, und sie legten Blumen hin, und sie waren erschüttert, als ob ihnen ein Familienmitglied gestorben sei. Anders bei Paul. Da fühlten die Römer und die Bewohner von Castel Gandolfo und Umgebung wohl auch den Drang, sich dem Totenbett zu nähern, ihre Kinder mitzubringen und andächtig zu verharren. Aber sie hielten doch Distanz, waren eher Zeugen als Beteiligte oder Leidtragende.

Vor dem Tor des Palastes in Castel Gandolfo wurde die schwere Kette gespannt, als Zeichen, daß der Hausherr tot war. Schweizergardisten hielten Wache, in der Pfarrkirche wurde eine Messe gelesen und an der Tür klebte noch ein Plakat, das zu einem Festgottesdienst mit Paul VI. am 15. August einlud. Aber da ruhte der Montini-Papst bereits in seinem Flachgrab in den vatikanischen Grotten nicht weit von Johannes XXIII. und Pius XII.

Das Rom, in das der tote Papst zurückkehrte, war vom Sommer ausgetrocknet und seiner Bewohner beraubt. Die Römer hatten sich ans Meer geflüchtet, wie immer um die Mitte des Augusts. Viele Restaurants und Geschäfte blieben geschlossen, die Stadt gehörte den Touristen. Die wichtigsten Ankömmlinge waren jedoch die Kardinäle. Aus allen Teilen der Welt landeten sie am Flugplatz Leonardo da Vinci. Viele hatten ihren Urlaub abbrechen müssen. Sie waren nach Rom geeilt, um den alten Papst zu begraben und um einen neuen zu wählen. Die Einsegnung vor der Peterskirche wurde von der untergehenden Sonne in ein rosigbraunes Licht getaucht, die Farbe des barocken Roms. Der Goldglanz auf dem Holzsarg stammte jedoch vom kalten Strahl der TV-Scheinwerfer. Der Wind blätterte in dem auf dem Sargdeckel aufgeschlagenen Evangelienbuch, über 90 Kardinäle konzelebrierten die Messe, die Chöre lobten Gott und das Paradies. Man sang zwar „Requiem aeternam", aber die Gedanken waren mehr bei der Auferstehung als bei der ewigen Ruhe. Die Vollkommenheit des Schauspiels römischer Liturgie regte eher den Schönheitssinn an, als daß es Trauer oder Schmerz empfinden ließ. Wehmut und persönliche Gefühle wurden erst wach, als die starken Männer, die sonst den Papst auf der Sedia gestatoria getragen hatten, den Sarg auf ihre Schultern hoben und langsam der Basilika zuschritten. Da tönten auf einmal Rufe und ein leises Klatschen, und plötzlich rauschte der Beifall auf, und die Leute begannen mit Tüchern zu winken, und es würgte einen in der Kehle. So laut also pflegen die Römer ihren Päpsten Adieu zu sagen. Es wurde erst wieder still, als der Sarg im Inneren der Kirche verschwand. Von St. Peter aber dröhnten die Schläge des Glockenwerkes, einzeln und unregelmäßig, in jenem seltsamen Trauerrhythmus, so als ob sie das Zerfallen der Zeit hörbar machen wollten.

Papst Paul VI. war begraben. Das nun beginnende Vorkonklave und Konklave wurde jedoch noch von seinem Geist und von seinen Bestimmungen beherrscht. Von den 111 wahlberechtigten Kardinälen hatten nur 11 bereits ein Konklave erlebt, den übrigen 100 war der Kardinalshut erst von dem Montini-Papst verliehen worden. Und nur drei konnten sich noch an ihre Teilnahme an dem Konklave 1958 erinnern: Genuas Giuseppe Siri, der Primas von Polen Stefan Wyszynski und der Kanadier Paul Léger sind 1953 noch von Pius XII. kreiert worden. Paul VI. hatte die Wahlversammlung beschränkt, indem er alle Kardinäle über 80 davon ausschloß – eine Entscheidung, die viel Unmut und viel Kritik erregt hatte. Auch während der Konklavetage ließ so mancher der Alten seinem Groll freien Lauf. Sie durften zwar nicht wählen, blieben aber weiter wählbar. Und Carlo Confalonieri, der Kardinaldekan, hielt mit seinen 85 Jahren wohl die Predigt bei der Totenfeier, und auch im Vorkonklave war sein Einfluß nicht zu unterschätzen, die Sixtinische Kapelle blieb ihm jedoch verschlossen.

Und damit sind wir bei dem Dokument, das den Wahlvorgang regelt. Als Paul VI. in den frühen siebziger Jahren über die Problematik der Papstwahl nachdachte und nachdenken ließ, erwartete man sich von mancher Seite radikalere Reformen – eine größere Offenheit des Konklaves, eine Erweiterung der Wählerschaft, ein Ende der mittelalterlichen Folklore, die die Papstwahl umgibt. Die wesentlichste Neuerung war jedoch die Aussperrung der Alten. Sonst erwies sich das 1975 erlassene Dokument, die Apostolische Konstitution „Romano Pontifici Eligendo", nach der nun der neue Papst erkoren werden sollte, vom Geist der Tradition erfüllt.

„Das Recht, den Römischen Papst zu wählen, steht einzig

und allein den Kardinälen der Heiligen Römischen Kirche zu", heißt es da. „Die Höchstzahl der wahlberechtigten Kardinäle soll nicht mehr als 120 betragen, von denen keiner das achtzigste Lebensjahr überschritten haben darf." Ort des Konklaves ist herkömmlicherweise der Vatikan, Paul räumte jedoch die Möglichkeit ein, die Wahl „aus besonderen Gründen an einem anderen abgeschlossenen Ort" abzuhalten. Er lieferte auch eine genaue Konklavedefinition. Darunter wird „ein bestimmter, fest umschriebener Ort verstanden, sozusagen eine Stätte religiöser Einkehr, wo die wahlberechtigten Kardinäle nach Anrufung des Heiligen Geistes den Papst wählen und wo sie selbst und alle übrigen Beamten und Bediensteten Tag und Nacht bis zum Abschluß der Wahl verweilen ohne irgendeinen Kontakt mit außenstehenden Personen und Angelegenheiten . . ."

Die „religiöse Einkehr" hatte bei früheren Konklaven manchmal eher sehr erdverbundenen Gefangenschaftscharakter. Auch Papst Gregor X., der sich seine Konklaveordnung 1274 auf dem Konzil von Lyon bestätigen ließ, sah einige Druckmittel vor, um die Entscheidungsfreudigkeit der Kardinäle zu heben. Jeder Kardinal solle sich mit nur einem Diener in den Palast des verstorbenen Papstes begeben, hieß es da, in einen Raum, der zugemauert wurde, nur mit einer Durchreiche für die Speisen. Wenn sich die Kardinäle nach drei Tagen nicht einig seien, dürfe ihnen in den nächsten fünf Tagen nur mittags und abends eine Schüssel mit Nahrung vorgesetzt werden, und darauf nur noch Wein, Wasser und Brot. Jeder Verkehr mit der Außenwelt war bei Strafe der Exkommunikation verboten.

Gregor hatte sich zu diesen Maßnahmen durchgerungen, weil seiner eigenen Wahl eine fast dreißigjährige Sedisvakanz vorausgegangen war, parallel zum Interregnum im Heiligen Römischen Reich. Die achtzehn Kardinäle, die sich 1271 in Viterbo über den nächsten Papst stritten, konnten sich nicht einigen, ob sie einen Italiener oder einen Franzosen wählen sollten. Als sich dieser quälende Prozeß immer länger hinzog, entschlossen sich die Bürger von Viterbo – vermutlich unter französischem Druck – dazu, die Kardinäle zuerst einmal einzusperren. Da auch das nichts nützte, begannen sie ihnen die Rationen zu kürzen, und schließlich deckten sie das Dach des Papstpalastes ab, setzten die würdigen Herren aller Wetterunbill aus und überschütteten sie außerdem noch mit Unrat. So kam endlich eine Wahl zustande. Sie fiel jedoch auf einen Mann, der nicht in Viterbo anwesend war, auf Tebaldo Visconti. Er nannte sich Gregor X.

Unter diesen Umständen wurde also der Begriff Konklave geboren – lateinisch „con clave", mit dem Schlüssel. Ein grausiges Zwangskonklave hatten die Kardinäle jedoch bereits dreißig Jahre vorher erleben müssen. Nach dem Tod von Papst Gregor IX. bemächtigte sich 1241 der in Rom herrschende Senator Matteo Orsini mit Waffengewalt der zehn anwesenden Kardinäle und sperrte sie in ein altes römisches Gemäuer auf dem Palatin. In glühender Augusthitze, von Mücken und Skorpionen bedrängt, ohne Aborte, unter einem Dach, das den Gewitterregen nicht abhielt und von dem Jauche rann, hausten die „Kirchenfürsten" unter menschenunwürdigen Bedingungen. Mehrere erkrankten. Aber kein Arzt stand ihnen bei. Die Büttel des Senators verspotteten die Kardinäle; und als sie sich trotz allem nicht einig wurden, drohte Orsini, den toten Papst wieder auszugraben und in den Konklaveraum zu setzen. Ein Kardinal starb in dieser Gefangenschaft, und nach knapp zwei Monaten wurde ein todkranker Greis gewählt – Gottfried von Sabina, der als Coelestin IV. jedoch nur noch siebzehn Tage zu leben hatte und nicht einmal mehr gekrönt werden konnte.

Von Gewalt, politischem und militärischem Druck und mörderischem Ränkespiel waren auch spätere Konklave nicht immer frei. Und nur allzu oft schien der Heilige Geist durch totale Abwesenheit zu glänzen.

Auch vor fest versperrten oder versiegelten Konklavetüren lauerten oft die Botschafter der Kaiser und Könige, um durch die Löcher für die Speisendurchgabe mit ihren Konfidenten in der Wahlversammlung Kontakt aufzunehmen. Und wie heute prominente Theologen den Kardinälen einen Katalog ihrer Vorstellungen vom künftigen Papst übermitteln, so schrieb Dante 1314 klagend an die Purpurträger, die in der französischen Stadt Carpentras einen Papst suchten: „Sie, die Kardinäle, die gleichsam die Hauptleute der streitenden Kirche sind, haben den Wagen des Gekreuzigten aus dem Geleise gebracht und die Herde Christi zum Abgrund geführt." Bald wurde das Konklave jedoch gesprengt, als nach heftigem Zwist zwischen Franzosen und Italienern Bewaffnete in den Wahlsaal eindrangen und Feuer legten. Die Italiener flüchteten durch ein Loch in der Mauer.

Massive Einschüchterungsversuche werden auch aus dem Jahr 1378 vermeldet. Da randalierten die Römer vor dem Vatikanpalast, weil sie die Wahl eines Nichtrömers verhindern wollten. Der verstorbene Papst war nämlich eben erst aus dem Avignoner Exil zurückgekehrt, und nun verlangten die Römer eine Garantie dafür, daß auch sein Nachfolger wieder in der Stadt bliebe. Vor Sankt Peter stellten die Bürger einen drohenden Richtblock auf, in dem ein Henkersbeil steckte, und mit Lanzenschäften pochten sie von einem unteren Stockwerk auf den Boden des Konklavesaales. Wenn die Kardinäle aus den Fenstern schauten, erblickten sie zum Anzünden bereite Scheiterhaufen. Um das Volk zu beruhigen, steckten sie schnell einen uralten römischen Kardinal in die Papstgewänder. Als jedoch die tobende Menge in den Palast eindrang, schrie der arme Alte: „Ich bin nicht der Papst." Gewählt hatten die Kardinäle nämlich einen Neapolitaner, Urban VI.

Vor diesem historischen Hintergrund muß man die Konklavebestimmungen verstehen. In den langen Jahrhunderten der Kirchengeschichte hatte der Papst stets auch soviel weltliches Gewicht, daß es den verschiedenen staatlichen Mächten nicht egal sein konnte, wer nun auf dem Stuhle Petri saß. Erst von einem so aufgeklärten Monarchen wie Kaiser Josef II. wird berichtet, daß er bei einem Inkognito-Rombesuch 1769 zwar den Kardinälen im Konklave – so öffentlich war das damals – seine Aufwartung gemacht, aber keinerlei Versuch unternommen hatte, sie zu beeinflussen. Von einem seiner Nachkommen läßt sich so etwas jedoch nicht sagen. Der letzte massive politische Eingriff einer Großmacht bei einer Papstwahl geht nämlich auf das Konto eines Habsburgers, Kaiser Franz Josephs von Österreich.

Es war im Sommer 1903. Nach dem Tod Leos XIII. galt sein Staatssekretär Rampolla als Favorit. Österreich-Ungarn gehörte damals dem Dreibund mit dem Deutschen Reich und Italien an. Der junge italienische Staat stand im offenen Gegensatz zum Vatikan. Darum suchte Rampolla als Staatssekretär unter Leo XIII. eher Unterstützung bei den Franzosen. Außerdem wurde ihm Russen- und Slawenfreundlichkeit nachgesagt. Deshalb paßte Rampolla nicht ganz in das politische Konzept der Donaumonarchie. Franz Joseph fühlte sich noch immer als ein Schutzherr des Papstes und leitete daraus auch ein Vetorecht bei der Papstwahl ab. Der Kardinal von Wien, Gruscha, weigerte sich jedoch, im Namen des Kaisers Einspruch gegen Rampolla zu erheben. So erklärte sich ein Vorgänger Karol Wojtylas auf dem Erzbischofsthron von Krakau, Kardinal Puzyna, aus einem alten litauischen Adelsgeschlecht, bereit, das Veto auszusprechen. Puzyna war ein natürlicher Gegner Rampollas. Denn er strebte eine Latinisierung der ruthenischen Christen Polens an, Rampolla dagegen förderte die Liturgie nach dem ukrainischen Ritus. So wurde dem Polen dieses Veto wohl auch zu einer Herzensangelegenheit. Als Rampolla eine erkleckliche Stimmenanzahl beisammen hatte, erhob sich Puzyna am 2. August im Konklave und brachte die Einwände seines Kaisers gegen den Kandidaten vor. „Schämen Sie sich", soll ihm ein Kardinal daraufhin empört zugerufen haben. Puzyna antwortete jedoch: „Ich bin stolz darauf." Und das Veto hatte auch die gewünschte Wirkung. Rampolla wurde nicht gewählt, sondern an seiner Stelle Giuseppe Sarto, Pius X.

Das Echo auf diesen Schritt des Kaisers war nicht gerade

freundlich. Und Ludwig von Pastor, der große Papsthistoriker und damalige Leiter des Österreichischen Historischen Institutes in Rom, klagte in seinem Tagebuch: „Das Veto ist eine Schmach für das ‚katholische' Österreich ... die ‚Finis Austriae' ist vielleicht nicht mehr fern. Man zerstört die Grundlagen, auf denen die Macht des Kaisers ruht, seinen katholischen Glauben."

Von da an wurde verständlicherweise jede äußere Einflußnahme auf das Konklave mit der Strafe der Exkommunikation belegt; und auch die neue Konstitution verbietet jedem der wahlberechtigten Kardinäle, „von welcher weltlichen Autorität auch immer, gleich unter welchem Vorwand, den Auftrag zu übernehmen, von dem Veto- oder Aufschubrecht Gebrauch zu machen". Und um den Druck von außen von vornherein zu verringern, wurde in all den Jahrhunderten auch soviel Wert auf Geheimhaltung gelegt. Nach der neuen Konstitution ist es den Kardinälen auch ausdrücklich untersagt, sich durch „Abkommen, Verträge, Versprechen und sonstige Verpflichtungen" an einen Kandidaten zu binden. Ebensowenig darf ein Kardinal vor der Wahl durch Wahlkapitulationen, also durch Versprechungen und Verpflichtungen für den Fall seiner Wahl, seine Kandidatur fördern. Und schließlich ermahnt Paul die Kardinäle, „sich bei der Wahl des Papstes nicht von Sympathie oder Antipathie leiten zu lassen, sich weder durch Begünstigung oder Ergebenheit beeinflussen noch durch die Einwirkung angesehener Persönlichkeiten oder druckausübender Gruppen, vom Einfluß der sozialen Kommunikationsmittel, von Gewalt, Furcht oder vom Verlangen nach Popularität bestimmen zu lassen; vielmehr sollen sie einzig die Ehre Gottes und das Wohl der Kirche vor Augen haben und ihre Stimme unter Anrufung des göttlichen Beistandes demjenigen geben, den sie vor allen anderen für geeignet halten, die Gesamtkirche zum Segen und Nutzen aller zu leiten ..." Ein schweres Gepäck, mit dem das Gewissen jedes der Elektoren belastet ist.

Aber Paul dachte nicht nur an das Gewissen, sondern auch

an die Möglichkeiten der modernen Technik. Und darum bestimmte er, daß zu dem Personal des Konklaves auch zwei Elektroniker gehören sollen. Ihre Aufgabe ist es, das Konklave gegen die gängigen Abhörmethoden abzuschirmen. Diese beiden Experten müssen mit dem Kardinal-Camerlengo regelmäßig die Räume des Konklaves visitieren und „wenn nötig, unter Verwendung der geeigneten modernen Geräte" nach dem eventuellen Vorhandensein irgendwelcher verbotener technischer Einrichtungen oder Instrumente fahnden. In einem anderen Punkt der Konklaveordnung verbietet der Papst „grundsätzlich zum Schutz der wahlberechtigten Kardinäle gegen Unklugheiten anderer und gegen etwaige Einflußnahme, die gegen die Unabhängigkeit ihrer Urteilsbildung und gegen die Freiheit ihrer Entscheidung gerichtet werden könnten, daß, unter welchem Vorwand auch immer, irgendwelche technische Geräte ins Konklave mitgenommen werden, die zur Aufnahme, Wiedergabe oder Übermittlung von Ton und Bild dienen . . .".

Über allem steht jedoch der Eid, den Kardinäle und sämtliche Bedienstete ablegen müssen. Damit „versprechen und schwören" sie, „gewissenhaft Geheimhaltung über alles zu wahren, was sich in irgendeiner Weise auf die Wahl des Römischen Papstes bezieht; über das, was im Konklave oder am Wahlort geschieht; was direkt oder indirekt die Abstimmung betrifft, und dieses Geheimnis in keiner Weise weder während des Konklaves noch nach der Wahl des neuen Papstes zu verletzen . . .".

Die einzige Ausnahme von diesen Regeln kann der Papst selbst gewähren, indem er die Vollmacht zu einem Bruch des Geheimnisses erteilt. Doch solcher Spezialerlaubnisse hat es nie bedurft. Trotz aller Eide und verschlossener Türen und zugenagelter Fenster wurde, zumindest nachdem ein wenig Zeit vergangen war, der Verlauf der meisten Konklaven bekannt. Von dem Veto-Konklave 1903 existiert das Tagebuch eines Teilnehmers. Auch die Aufzeichnungen des Wiener Kardinals Piffl enthielten Erinnerungen an zwei

Papstwahlen. Über die Pacelli-Wahl 1939 kursiert folgende Anekdote: Ein paar wortgewandte Herren der Kurie plauderten mit dem greisen französischen Kardinal Henri Baudrillart. Der angesehene Historiker, bereits über achtzig, wurde von den Herren in ein Gespräch über das vergangene Konklave verwickelt. „Wie wunderbar, diese Einstimmigkeit, mit der Pacelli erkoren wurde", schwärmten sie. Denn es ging in Rom das Gerücht, daß von den 63 Stimmen 62 auf den Kardinalstaatssekretär gefallen waren. Da platzte der greise Kardinal heraus: „So ein Blödsinn, Einstimmigkeit. Pacelli hat niemals 62 Stimmen bekommen, das ist nicht wahr, es waren nur 48."

Auch von den beiden letzten Konklaven werden in Rom die Stimmenzahlen kolportiert. Wie wurde Angelo Guiseppe Roncalli gewählt? Das Kardinalskollegium zählte nach dem Tod des Amerikaners Edward Mooney unmittelbar nach der gemeinsamen Messe zu Beginn der Wahlversammlung am 24. Oktober 1958 51 Mitglieder. 18 Italiener standen 37 Ausländern gegenüber. Roncalli, der Patriarch von Venedig, erhielt das Kommandantenzimmer im Quartier der päpstlichen Nobelgarde als Unterkunft. „Na, ich werde bestimmt nicht Kommandant der ganzen Kirche", bemerkte er lächelnd. Die Stimmen eines Teiles der Ausländer soll der Armenier Agagianian gehabt haben. Die Italiener standen entweder hinter dem Camerlengo Masella oder hinter Roncalli. Auch die Franzosen waren für den Kardinal von San Marco. Und als nach drei Tagen und zehn Wahlgängen Masella sein Stimmenpaket der Roncalli-Partei zuführte, war dieser Papst – Johannes XXIII.

So erzählt man es zumindest in Rom. Zwei Stimmen sollen damals auch auf den Erzbischof von Mailand, Montini, gefallen sein. Er wurde aber erst von Johannes zum Kardinal erhoben. So betrat er am 19. Juni 1963 als der große Favorit das Konklave. Die 80 Kardinäle waren in zwei Gruppen gespalten. Die „Konservativen" warben für den Kurienkardinal Antoniutti und die „Liberalen" für Montini. In den ersten beiden Durchgängen am Vormittag des 20. Juni fielen auf Montini 30 Stimmen und je 20 auf den charismatischen Erzbischof von Bologna, Lercaro, und auf Antoniutti. Lercaro bewirkte, daß Montini am Nachmittag seine Stimmen erhielt. So stand es 50 : 20, und dabei blieb es auch in der vierten Abstimmung, also knapp unter der erforderlichen Zweidrittelmehrheit (plus eins). Am Morgen des 21. Juni demonstrierten die Konservativen noch einmal, daß sie eine Wahl Montinis zu verhindern vermochten. Dann erst, im sechsten Wahlgang, hatte er 57 Stimmen, drei mehr, als er brauchte. Aber die konservative Partei hatte Montini gezeigt, daß er ohne sie und gegen sie nur schwer würde regieren können.

Das hörte man also aus der römischen Gerüchteküche. Alle italienischen Zeitungen haben ihre „Vaticanisti", ihre Vatikanspezialisten, die Jahr und Tag über das Geschehen im Apostolischen Palast berichten. Und vor, während und nach dem Konklave schreiben die meisten von ihnen so, als ob sie es wären, die den Papst wählten, oder als ob sie zumindest mit in der Wahlversammlung säßen. Da sie auf Grund der Geheimhaltungsbestimmungen niemand dementiert, sind ihrer Phantasie und ihrer Spekulationslust keine Grenzen gesetzt. Trotzdem ließ sich aus der Fülle der Indiskretionen, die nach den beiden Papstwahlen 1978 die Zeitungen füllten, doch eine gewisse Linie des Konklaveverlaufes herauslesen. Das Konklave hat dünne Wände, wohl auch deshalb, weil immer mehr Kardinäle vom Sinn des Schweigegebotes nicht mehr so ganz überzeugt sind.

Die Welt reizt jedoch gerade dieser Hauch des Geheimnisvollen, der eine Papstwahl umgibt. Und als sich die Kardinäle in der letzten Augustwoche auf ihre freiwillige Gefangenschaft vorbereiteten, bemühten sich sämtliche Medien mit ungeheurem Aufwand, das Ereignis der Papstwahl in alle Kontinente zu tragen. Während Katholiken aus innerer Überzeugung um ein gutes und geeignetes Oberhaupt für ihre Kirche beteten, reagierte das nichtkatholische Publikum eher wie auf ein Sportereignis. Wetten auf einzelne Kandidaten waren durchaus üblich. Die „papabili" wurden auch von Londoner Buchmachern notiert. Überall fand das Spiel mit den Namen und Bildern statt. Und einige Kardinäle bewegten sich auch schon so, als ob sie sich ihren Papstnamen bereits ausgedacht hätten. Andere wieder, wie zum Beispiel Kardinal König, bekundeten in Interviews ganz offen, daß sie sich nicht geeignet fühlten, die Last des Papstamtes zu tragen.

Wer waren also nun die Kandidaten, die da von den Zeitungen gemacht oder auch in Vorkonklavegesprächen diskutiert wurden? Wer würde der ideale Mann als Nachfolger Pauls VI. sein? Die einen meinten, die Kirche brauche einen Hirten, einen Seelsorger; dem wurde wieder entgegengehalten, daß sich ein in der vatikanischen Bürokratie unerfahrener Papst gegenüber dem Apparat der Kurie nicht durchsetzen würde. Darum wurden die Listen der „papabili" vor allem in den italienischen Zeitungen doch von Männern der Kurie angeführt: Sebastiano Baggio (65), weltgewandt und welterfahren, ein Vatikandiplomat, der zwei Jahre lang Seelsorgepraxis als Erzbischof von Cagliari auf Sardinien gesammelt hatte und nun als Präfekt der Bischofskongregation einer der besten Kenner des internationalen Episkopats war. Um seine Kandidatur zu schädigen, wurde von seinen Gegnern ein Gerücht über Baggios Freimaurerverbindungen in Umlauf gesetzt. Aus der Kurie bot sich weiter Paolo Bertoli an, der 70jährige frühere Präfekt der Kongregation für die Heiligsprechungen. In allen Listen fand sich auch der Name des umgänglichen Sergio Pignedoli (68), der als Präsident des Sekretariats für die Nichtchristen über gute Beziehungen in alle Kontinente verfügte, besonders zum Islam, und außerdem Paul VI. persönlich nahestand wie kein zweiter Kardinal. Pignedoli wurde eher unter die „Liberalen" eingestuft. Die Konservativen hätten innerhalb der Kurie Pericle Felici bevorzugt: den 67jährigen Kronjuristen des Vatikans, der die Revision des kanonischen Rechts beaufsichtigt und als Konzilsekretär durch seine geschickten Manipulationen sehr oft in Gegensatz zu dem reformfreudigen Flügel der Bischöfe geraten war. Auch ein Ausländer in der Kurie schien nicht ohne Chancen: Eduardo Pironio, der 57jährige Argentinier italienischer Abstammung, Haupt der Ordenskongregation. Gegen ihn sprach neben seiner relativen Jugend der Vorwurf, daß er während seiner Zeit als Präsident der lateinamerikanischen Bischofskonferenz Marxisten nahegestanden sei und überhaupt für das Amt des Papstes „viel zu linke Ansichten" habe. Von den Ausländern hörte man auch noch die Namen des Holländers Johannes Willebrands (68) und des Österreichers Franz König (73). Als Seelsorgerkandidaten standen dazu die verschiedenen italienischen Diözesanbischöfe zur Auswahl – Salvatore Pappalardo (59) von Sizilien, Corrado Ursi (70) von Neapel, der Erzkonservative Giuseppe Siri (72) aus Genua, Antonio Poma (68) von Bologna, der Präsident der italienischen Bischofskonferenz, und Ugo Poletti (64), der Generalvikar von Rom, also der eigentliche Leiter der römischen Diözese.

Am besten qualifiziert schien so manchen jedoch Giovanni Benelli. Von seinem Wirken als Erzbischof von Florenz hörte man nur Gutes. Und die Kurie kannte ohnehin keiner besser als er. Aber auch er war erst 57 – in diesen Augusttagen meinte man noch, daß ein Mann unter sechzig doch noch zu jung für das Amt sei und vor allem zu lange regieren würde. Außerdem hatte sich Benelli durch seine Härte als Herr des Staatssekretariats viele Feinde geschaffen. Und das wird er wohl selber gewußt haben. Er hielt sich in den Tagen des Vorkonklaves demonstrativ zurück, blieb die meiste Zeit in Florenz und ließ seinen Einfluß höchstens telefonisch wirken. Blättert man nun in italienischen Nachrichtenmagazinen, so entdeckt man darin eine interessante Geschichte – unmittelbar vor Beginn des Konklaves taucht da auf einmal der Name des Patriarchen von Venedig auf, Albino Luciani (65). Seine Kandidatur sei von Benelli lanciert worden. Luciani sei für Benelli der Mann, der dem in Italien immer weiter vordringenden Kommunismus am entschiedensten Widerstand leisten würde, hieß es. Zu den großen Favoriten gehörte der

Venezianer jedoch nicht. Und wenn eine Zeitung nur vier oder fünf „papabili“ nannte, fehlte sein Name bestimmt.

Am Morgen des 25. August versammelten sich die 111 Papstwähler noch einmal zu einem Gottesdienst im Petersdom. Das gemeinsame Gebet sollte die Spannung etwas lösen und über alle Politik hinweg die einheitliche Absicht bekunden, Gottes Ratschluß über menschlichen Willen zu stellen. In seiner Predigt charakterisierte Kardinal Villot das Papstamt als ein „Amt der Liebe“, und Gläubige und Neugierige nahmen noch einmal die Gelegenheit wahr, die Versammlung jener Männer zu sehen, von denen einer in 24 oder 48 Stunden – oder noch etwas später – sich in den weißen Papstgewändern auf der Loggia der Basilika dem Volk zeigen würde. Als sich der feierliche Zug der Kardinäle durch das Mittelschiff bewegte, griffen mehrere Hände aus der Menge nach dem Argentinier Pironio. Sie suchten die Berührung mit einem Mann, der als „papabile“ galt. Sie deuteten auch auf die anderen, deren Namen und Gesichter ihnen nun vertraut waren. Und sie verglichen sie mit den Porträts in den Zeitungen. Auch nach der Messe entstand noch einmal Kontakt zwischen den Kardinälen und dem Volk. Es war ein seltsamer Anblick, wie die Kardinäle dicht gedrängt unter dem majestätischen Grabmal Pius' XI. nahe der Pietà Michelangelos ihre Meßgewänder ablegten; und dann wanderte jeder für sich durch den langen Gang in der Mitte der Basilika. Wie auf einem Laufsteg paradierten alle Kandidaten an ihrem Publikum vorbei. Manche lächelten und winkten, andere hatten noch Zeit für ein kurzes Gespräch. Und ganz zum Schluß klatschten auf einmal ein paar Leute, und der Beifall begleitete schließlich den Weg eines alten, aber ungebeugten Mannes durch die Basilika: die Leute ehrten auf diese Weise Stefan Kardinal Wyszynski, den 77jährigen Primas von Polen, und sie wollten damit wohl vor allem der kämpfenden Kirche im Osten Beifall zollen. Denn als Papstkandidat wurde Wyszynski von niemandem angesehen, genausowenig wie der andere Pole in der Reihe der Kardinäle, Karol Wojtyla.

Der dritte polnische Kardinal, Boleslaw Filipak, 77 Jahre alt und ständig in Rom lebend, lag schwerkrank darnieder, ebenso Indiens Valerian Gracias und der Amerikaner John Wright. Kurz vor Konklavebeginn war Paul Yü Pin, der Erzbischof von Nanking, in Rom gestorben. Damit hatte sich das ursprünglich 115 Köpfe zählende Kollegium der wahlberechtigten Kardinäle auf 111 reduziert. Und die zogen nun feierlich in die Sixtinische Kapelle ein. Zum erstenmal waren auch die Fernsehkameras dabei, und Millionen bewunderten die lockere, freundliche Art, mit der ein Monsignore das „Extra omnes" aussprach, so wie ein höflicher Wirt, der zu vorgerückter Stunde die letzten Gäste hinauskomplimentiert. Damit schlossen sich die Türen hinter den Wählern, und die einzige Verbindung mit der Außenwelt bildete die „Ruota", eine drehtürartige Durchreiche, durch die die „Gefangenen" mit frischen Lebensmitteln versorgt werden.

Die paar Kardinäle, die schon einmal dabei waren, mußten sich an ein neues Bild der Sixtinischen Kapelle gewöhnen. Die Thronsessel unter den Baldachinen waren ein Ding der Vergangenheit – und damit auch der schöne Brauch, daß nach der Wahl des Papstes alle Baldachine heruntergeklappt wurden, bis auf den einen über dem Platz des Erwählten. Solche Erinnerungen an den einstigen Fürstenstatus galten Paul VI. jedoch wenig. Er war für mehr Schlichtheit. Außerdem hätte für die Thronsessel auch der Raum kaum gereicht. So waren den Kardinälen angesichts von Michelangelos „Jüngstem Gericht" schlichte Sessel mit roten samtüberzogenen Sitzpolstern reserviert, mit Tischen davor – wie in einem Mönchschor.

Ein mönchischer Lebensstil erwartete die Kardinäle auch in ihren Quartieren. Manche hatten wohl das Glück, durch das Los in riesigen Prunkgemächern untergebracht zu sein. Andere wieder hausten in Büroräumen, die mit einem Bett, einem Stuhl und einem Kleiderständer in eine Unterkunft verwandelt worden waren. Von Luxus keine Spur. „Ein Hotel dritter Klasse ist besser", bemerkten die Journalisten nach der

Konklavebesichtigung. Und an diesen schwülen Sommerabenden herrschte dazu noch eine Saunahitze. Die Fenster nach außen waren mit Kalk verschmiert und mit einem Siegel „Konklave 78“ plombiert. Klimaanlagen fehlten. Ein paar Gemeinschaftsbäder standen zur Verfügung. Zum normalen Waschgerät gehörten ein Wasserkrug und eine Waschschüssel mit einem Stück Pariser Seife. Um seiner Bequemlichkeit willen ließ sich kein Kardinal im Vatikan einschließen. Für das leibliche Wohl sorgten die Schwestern von Santa Marta, dem Gästehaus der Vatikanstadt, kranke Kardinäle konnten vorher ihre Diätwünsche anmelden. Ein Chirurg und ein praktischer Arzt mit zwei Krankenpflegern waren ebenfalls mit ins Konklave eingezogen. Als gemeinsamer Speisesaal diente ein großer, von Pinturicchio ausgeschmückter Raum der Borgia-Appartements. Und unter der Opulenz der Renaissancemalerei, von Alexander VI. bestellt, der in der Geschichte als Paradebeispiel eines schlechten Papstes dasteht, fand wohl so manches Gespräch darüber statt, wer der beste Mann für die Kirche an der Schwelle des 21. Jahrhunderts sein könnte.

Man darf sich ein Konklave nicht als eine Wahlversammlung mit dramatischen Auftritten und werbenden Reden und lauten Debatten vorstellen. Ein Konklaveteilnehmer verglich die Atmosphäre eher mit der einer Tagung, bei der die Teilnehmer in den Pausen auf den Gängen diskutierend auf und ab wandern oder sich in ihre Zimmer zur intimeren Unterhaltung zurückziehen. Dabei geschah es oft, daß die hohen Herren auf einer Bettkante Platz nehmen mußten, weil in den Zellen keine andere Sitzgelegenheit vorhanden war. Die dramatischen Entscheidungen bereiteten sich in der Stille vor. Und wenn persönliche Rivalitäten oder kirchenpolitische Gegensätze Konfliktstoff lieferten, so hatten die Papstwähler doch immer einen Schlüsselsatz aus der Konstitution Pauls VI. im Gedächtnis, nämlich, daß die Kirche „das neue Oberhaupt von Gott als Geschenk seiner Güte und Vorsehung erflehen“ müsse.

In diesem Sinne wurde in den katholischen Kirchen in aller Welt gebetet. Und auch andere christliche Glaubensgemeinschaften schlossen sich diesem Gebet an. Denn ein Papst geht nicht nur die Katholiken etwas an. So pilgerten am späten Vormittag des 26. August, eines strahlenden sommerlichen Samstages, Zehntausende von Menschen zum Petersplatz, aller Rassen, aller Sprachen, aller Religionen. Die meisten richteten sich darauf ein, daß ihre Geduld wohl noch auf eine Probe gestellt würde. Die Prognosen deuteten auf ein längeres Konklave hin – zu groß war die Teilnehmerzahl, zu verschieden die Herkunft der Kardinäle; außerdem würden sie wohl noch einige Zeit brauchen, um sich besser kennenzulernen. So meinte man.

Gegen elf Uhr vormittags hatte sich der Petersplatz schon gefüllt. Eine friedliche Menge starrte zu dem schmalen Rauchfang über dem Dach der Sixtinischen Kapelle hinauf. Unmittelbar vor dem 12-Uhr-Geläute ging plötzlich Bewegung durch die Massen. Ein Aufschrei: die „Fumata", der Rauch. Und dunkler Qualm stieg aus dem Schornstein auf. Und wieder und wieder. Da konnten keine Zweifel aufkommen. Die ersten beiden Wahlgänge am Vormittag waren negativ verlaufen. Und die mit dem Verbrennen der Stimmzettel und aller anderen Papiere beauftragten Kardinäle sorgten für das traditionelle schwarze Rauchsignal. Sie hatten gemäß der Vorschrift sämtliche Stimmzettel, auf denen nach dem lateinischen „Eligo . . ." der Name des Gewählten (mit verstellter Schrift) stand, gelocht, auf eine Schnur gefädelt, diese zusammengeknüpft und so in den Eisenofen geworfen. Weil der alte Ofen jedoch nicht so funktionierte, wie er sollte, erfüllte plötzlich schwarzer Rauch auch die Kapelle, und die erste Sitzung endete damit, daß die Kardinäle hustend und mit tränenden Augen schließlich zwei Fenster öffneten.

Der schwarze Rauch hatte niemanden überrascht. Auch die Zehntausenden, die am frühen Abend wieder zum Petersplatz gepilgert waren, rechneten kaum damit, nun schon einen Papst am Balkon zu sehen. Ja, jedermann wunderte sich, als kurz nach sechs der Rauchfang wieder zu qualmen anfing. Da jauchzten ein paar Leute auf, und sie patschten in die Hände wie kleine Kinder, denen eine neue Puppe geschenkt worden ist, „Bianco, bianco . . .“ Der Rauch war weiß, aber nur für ein paar Sekunden, und dann verdunkelte er sich wieder, vielleicht war er aber nicht ganz so schwarz wie am Vormittag. Er schien jedoch die Erwartungen zu bestätigen – wieder negativ. Auf einmal begann ein seltsames Spiel. Da paffte es wieder etwas weißlich, und die Leute schrien und klatschten, und wenn sich die Wolken wieder verdunkelten, ertönte ein Aufschrei der Enttäuschung, als ob ein Mittelstürmer fünf Meter vor dem Tor den Ball in den Himmel dresche. Die untergehende Sonne, die genau hinter dem Dach der Sixtinischen Kapelle stand, erschwerte es noch, die Farbe des Rauches klar zu erkennen. Wer aus seinem Transistorradio Klarheit erhalten wollte, konnte sich lediglich am Rätselraten der Reporter beteiligen. Die Fernsehleute waren ebenso hilf- und ratlos. Und der vereinbarte Telefonanruf aus dem Konklave, der Radio Vatikan den weißen Rauch bestätigen sollte, der kam nicht durch. Und da immer wieder undefinierbare Schwaden gegen Himmel pufften, waren die Menschen zwischen Freude und Enttäuschung hin- und hergerissen, als ob die ganze Unsicherheit des modernen Menschen und des modernen Christen in diesem Mysterienspiel am Petersplatz vorgeführt werden sollte. Manche machten sich langsam auf den Heimweg, die Mehrzahl wartete jedoch geduldig, in der Ahnung, daß da noch etwas passieren würde. Ein vatikanischer Radiosprecher definierte die Rauchzeichen vorsichtig als ein weißlich schimmerndes Grau. Die Menschen reckten die Köpfe und richteten Kameras und Ferngläser zur Fassade des Petersdomes. Plötzlich hörte man aus den Lautsprechern eine Stimme, und oben hinter der Loggia bewegten sich in den Fenstern Gestalten, ein Raunen ging durch die Menge, ein Zittern, das Unfaßbare schien Wirklichkeit zu werden: Die Kardinäle hatten nicht einmal 24 Stunden gebraucht, um einen Papst zu finden. Und dann öffneten sich die Türen der

Loggia, und überbordender Jubel brauste auf. Alle fieberten dem großen Moment entgegen, da Pericle Felici, selbst als „papabile" zitiert, seine Stimme erhob, um den 263. Papst der katholischen Kirche zu verkünden: „Habemus papam!" Als er den Vornamen Albino nannte, rief da und dort einer schon „Luciani". Sonst ging eher ein Raunen durch das inzwischen auf gute Hunderttausend angeschwollene Menschenmeer. Das „Luciani" ließ zwar ungeheuren Beifall aufbrausen, aber viele in diesem Publikum konnten mit dem Namen des Patriarchen von Venedig nicht viel anfangen – nach Pius X. und Johannes XXIII. der dritte Bischof von San Marco in diesem Jahrhundert auf dem Stuhle Petri. Als das „Johannes" erklang, da dachten schon alle an einen neuen Roncalli. Das dazugehörige „Paulus Primus" ging in dem Begeisterungstaumel fast unter.

Das Warten war jedoch noch nicht zu Ende. Jetzt mußte sich der neue Heilige Vater erst zeigen. Zuerst erschienen die Kardinäle. Sie winkten und grüßten und strahlten und schienen so fröhlich und entspannt, erfüllt von der Befriedigung, ein großes Werk rasch und erfolgreich hinter sich gebracht zu haben. Endlich war es soweit – zuerst tauchte das Kreuz auf, und schließlich auch dieser Mann, dessen Bild man sich erst einprägen mußte, und von dem die wenigsten wußten, wer er war. Da beugte er sich nun über den Balkon, seine Hände halb in winkender, halb in segnender Geste, das weiße Käppchen saß ihm schief und keck am Kopf, und über sein Gesicht ging ein Lächeln und Lachen, das zu seinem Markenzeichen werden sollte. In diesem Augenblick empfand man, daß dieser Mann wohl niemals daran gedacht hatte, dieses Konklave als Papst zu verlassen, sich aber nun, da er gewählt worden war, aus ganzem Herzen darüber freute. Und von dieser Freude wollte er soviel wie möglich an die Menschen am Petersplatz und an die Millionen an den Fernsehapparaten weitergeben. An diesem Abend sprach Johannes Paul I. nur den Segen „Urbi et orbi". Trotzdem hatte er die Menschen, und nicht nur die Katholiken, mit dieser so offen zur Schau getragenen Herzlichkeit für sich eingenommen und ihre Sympathien gewonnen.

Mit einem Lächeln allein wird man jedoch nicht Papst. Was hatte die Kardinäle zu dieser Wahl veranlaßt? Wie kam es, daß sich die Voraussagen so vieler wissender und gescheiter Leute als falsch erwiesen hatten? „Die Konklavisten haben es als ein moralisches Wunder empfunden, daß sie sich schon nach 24 Stunden auf einen neuen Papst geeinigt hatten", sagte nachher Kardinal König. „Der Heilige Geist hat uns geführt", bemerkte der niederländische Kardinal Alfrink. Und Kardinal Hume von Westminster meinte: „Es war, als hätte man den Heiligen Geist mit der Hand greifen können." Euphorisch, und glücklich über ihre Entscheidung, feierten die Kardinäle an diesem Abend die Wahl. Auf Ersuchen des Papstes verließen sie das Konklave noch nicht. Sie hielten das gemeinsame Abendessen, und Luciani, schon in den Papstgewändern, nahm auf seinem gewohnten Sitz zwischen Portugals jungem Kardinal Ribeiro und dem Niederländer Alfrink Platz; und in der Nacht arbeitete er mit Herren des Staatssekretariates seine Antrittsbotschaft aus.

Aber wie war er gewählt worden? Warum Luciani? Bald nach dem Ende des Konklaves kursierten bereits die ersten Zahlen von den einzelnen Wahlgängen. Sie sind jedoch mit Vorsicht zu genießen. Aus all den Indiskretionen, die noch bei keiner Papstwahl zu verhindern waren, läßt sich folgender Wahlverlauf rekonstruieren: im ersten Wahlgang waren die Stimmen noch ziemlich zersplittert. Da die Konservativen jedoch einen festen Block bildeten, führte zuerst ihr Kandidat, Siri von Genua, und knapp hinter ihm lag überraschend Luciani. Nach Meinung italienischer Journalisten soll diese gute Anfangsposition auf eine intensive telefonische Werbekampagne Benellis im Vorkonklave zurückzuführen sein. Beide hatten noch keine dreißig Stimmen. Eines deutete sich jedoch bereits an – eine Kerngruppe von Kardinälen der Mitte, die einen pastoralen Papst, also einen Diözesanbischof wollten, forcierte den Venezianer. Und dadurch wurde der

Kardinal aus Venedig für viele interessant. In der Mittagspause holte sich so mancher Lucianis Biographie und studierte sie erst einmal. Oder er erkundigte sich bei den Kardinälen, die Luciani besser kannten – bei Lorscheider zum Beispiel, dem Brasilianer, und bei Volk aus Mainz, die beide den Patriarchen bei sich zu Gast gehabt hatten. Auch Kardinal Willebrands diente als ein geeigneter Informator und Fürsprecher. Denn unter dem Patronat Lucianis waren in Venedig mehrere ökumenische Treffen veranstaltet worden – und Willebrands ist Präsident des Sekretariates für die Einheit der Christen. So bildete sich also langsam eine Meinung über Luciani. Und weil Siri für alle aufgeschlosseneren Kardinäle unwählbar war, konzentrierten sie sich auf den Mann, den sie sich in ihrer Mehrheit zu Beginn des Konklaves wohl kaum als Papst vorgestellt hatten. Im vorletzten Wahlgang dürfte Luciani schon überlegen geführt haben, und schließlich war die Entscheidung fast plebiszitär. Die Wahlhelfer, die die Stimmzettel prüften, lasen immer nur „Luciani, Luciani, Luciani . . .“. Wahrscheinlich gab es nur einige leere Stimmzettel und eine Stimme für Lorscheider – von Luciani. Der Beifall nach der Wahl war so laut und das Tedeum so kräftig, daß vatikanische Monsignori in ihren Büros nahe der Sixtinischen Kapelle etwas davon zu hören bekamen. Sie dachten in ihrer Aufregung allerdings nicht daran, Radio Vatikan zu benachrichtigen, daß es mit der Papstwahl geklappt hatte.

In der allgemeinen Freudenstimmung war danach so mancher Kardinal bereit, ein wenig vom Konklavegeschehen auszuplaudern. Den Anfang damit hatte Johannes Paul I. selber gemacht, als er seine Ansprache Sonntag mittag auf dem Petersplatz mit „Ieri . . . gestern“ begann . . .

3. Kapitel

33 Tage

„Ieri . . .“ Die dünne hohe Stimme, in die man sich erst einhören mußte, erhielt durch die Lautsprecher etwas mehr Gehalt. Noch ehe das erste Wort verklungen war, gab es bereits Applaus – um den Papst noch einmal zu begrüßen, oder vielleicht auch, weil keiner seiner Vorgänger seine erste Ansprache vom Balkon der Peterskirche mit einem „Gestern“ angefangen hatte, weil die Leute sofort merkten, daß Johannes Paul I. nicht in kunstvollen feierlichen Phrasen zu ihnen reden wollte, sondern von Mensch zu Mensch. „Gestern morgen bin ich in die Sixtina gegangen, um in aller Ruhe meine Stimme abzugeben. Nie hätte ich mir vorgestellt, was dann passieren sollte. Als die Sache für mich gefährlich wurde, flüsterten mir meine Nachbarn Worte der Ermutigung zu. Der eine sagte: ‚Nur Mut, wem der Herr eine Last auflegt, dem hilft er auch, sie zu tragen.‘ Und der andere sagte: ‚Nur keine Angst, in der ganzen Welt beten so viele Leute für den neuen Papst.‘ Als es dann soweit war, habe ich ja gesagt . . .“ Die 200.000 auf dem Petersplatz waren fassungslos. So hatte noch kein Papst gesprochen, auch der so verehrte und geliebte Johannes XXIII. nicht. Albino Luciani erzählte ihnen einen Tag nach seiner Wahl beim Angelus, beim traditionellen Engel-des-Herrn-Gebet zur sonntägigen Mittagsstunde, von seinem Konklave-Erlebnis, wie er es zu Hause seinen Freunden erzählen würde. Er verkündete kein großes Programm, dazu hatte er vorher in der Sixtinischen Kapelle vor den Kardinälen Zeit gehabt. Nein, er vertraute ihnen vielmehr seine innersten

Gefühle an, seine Ängste, seine Überraschung und sein Erstaunen darüber, daß die Kardinäle ausgerechnet auf ihn verfallen waren. Und er ließ sie durch einen Türspalt in das verborgene Konklavegeschehen hineinschauen.

Als Johannes Paul I. seine Amtseinführung vorbereitete, verzichtete er auf alle Zeichen weltlicher Herrschaft. Paul VI. war noch gekrönt worden. Aber er war der letzte Papst, der die Tiara getragen hatte. Und das nur ein einziges Mal. Nach der Zeremonie verschenkte Paul die von der Mailänder Diözese gestiftete kostbare dreifache Krone an die Armen. Johannes Paul I. bannte den Begriff Krönung sofort und beseitigte damit den letzten Rest vom weltlichen Herrschertum der Päpste. Den hohen Thron des Papstes hatte er von Anfang an nicht bestiegen, auch wenn er manchmal auf einem Thronsessel Platz nehmen mußte. Das war die erste klare und eindringliche Botschaft dieser Begegnung mit den Massen. Paul VI. hatte viel zur Modernisierung des Papsttumes beigetragen. In den fünfzehn Jahren seines Pontifikates ist Erstaunliches geschehen. Er war aber von kurialem Geist durchdrungen – und höfisches Gehaben, die kunstvolle Vornehmheit seiner Diktion, die intellektuell durchgeistigten Diskurse, deren blumigen Wendungen man nicht immer mühelos zu folgen vermochte, all das hatte für Distanz gesorgt. Dieser neue Mann hingegen stellte sich mit seinen Worten, mit seiner Art zu reden mitten unter die Leute. Die päpstliche Monarchie nach dem Modell mittelalterlicher weltlicher Regierungssysteme hatte spätestens an diesem Tag endgültig zu bestehen aufgehört.

Die Menschen auf dem Platz nahmen auch sofort zur Kenntnis, daß Luciani auf ein wichtiges verbales Signum der Papstwürde verzichtet hatte, auf den „Pluralis majestatis“. Johannes Paul I. hob sich nicht durch ein „Wir“ von der übrigen Menschheit ab, er sagte ganz einfach „ich“ und „mir“ und „mich“, wie Menschen das heutzutage eben zu sagen pflegen. Und noch einmal erlaubte er einen tiefen Blick in sein Innenleben und in seine Gedanken unmittelbar nach der schicksalhaften Wahl: „Man fragte mich auch, welchen Namen ich annehmen wolle, und ich hatte darüber wenig nachgedacht . . ." Ein Hinweis, wie unvorbereitet Luciani war. Andere hatten sicher schon ihren Papstnamen parat und auch genaue Vorstellungen davon, was sie bei ihrer Antrittsrede sagen würden. Er mußte dagegen erst einmal den Schock der Wahl überwinden und sich langsam zurechtfinden: „Mir kam die folgende Überlegung: Papst Johannes hat mir mit seinen eigenen Händen die Bischofsweihe erteilt, hier in St. Peter; dann wurde ich unverdienterweise sein Nachfolger auf dem Stuhl des heiligen Markus, in Venedig . . . Dann Papst Paul: Er hat mich nicht nur zum Kardinal erhoben, sondern er ließ mich – ein paar Monate vorher, auf dem Landungssteg am Markusplatz – vor 20.000 Menschen erröten: er nahm seine Stola und legte sie mir auf die Schultern. Noch niemals bin ich so rot geworden! Anderseits hat dieser Papst in den fünfzehn Jahren seines Pontifikates nicht nur mir, sondern der ganzen Welt gezeigt, wie man liebt, wie man dient, wie man arbeitet und leidet für die Kirche Christi. Deshalb habe ich mir gesagt: ‚Ich nenne mich Johannes Paul!'" Luciani verzichtete auf ambitionierte Erklärungen von geistiger Erbschaft und programmatischen Verpflichtungen. Luciani schilderte den Menschen schlicht und ehrlich, was in diesen Augenblicken in ihm vorgegangen war und aus welch zutiefst menschlichen Regungen heraus er zu diesem Namen gefunden hatte. Daß er dabei der erste Papst seit dem frühen Mittelalter, seit Marinus I. (882–884), mit einer römischen Eins im Namen war, dürfte ihm dabei wahrscheinlich gar nicht aufgefallen sein. Zu sehr fühlte er sich den beiden Päpsten, die seine Karriere bestimmt hatten, verbunden. Und die Geschichte vom Rotwerden, dieses Eingeständnis der Schüchternheit, stellte sofort eine direkte Beziehung zwischen dem Papst und den Massen her. Den Mann mußte man ja lieb haben, der empfand ja genauso wie jedermann Angst, und er hatte auch Gehemmtheit oder Verlegenheit zu überwinden. Dabei schien er von unbefangener Fröhlichkeit zu sein, und er bezauberte alle mit seinem Lächeln. Zum Schluß präsentierte er sich noch einmal als der Priester und Bischof, der voll Demut und Scheu nun an seine kaum zu bewältigende Aufgabe heranging: „Verstehen wir uns richtig: ich besitze nicht die Herzensgüte von Papst Johannes; auch fehlt mir die Gelehrsamkeit und die Kultur von Papst Paul, aber ich bin nun einmal an ihre Stelle getreten und will versuchen, der Kirche zu dienen. Ich hoffe, ihr alle helft mir mit eurem Gebet . . ." Die Leute wollten nicht aufhören zu jubeln. So schnell hatte sich noch selten ein Papst in die Herzen der Römer geredet. Aus der ersten Welle der Sympathie wurden Zuneigung und Liebe. Und ein etwa zehnjähriges Mädchen sagte vor der Fernsehkamera auf die Frage, warum ihr der neue Papst so gut gefalle: „Weil er so normal spricht."

Dieses Normalsein wollten ihm später manche auch zum Vorwurf machen. Er sei zu einfach für dieses Amt gewesen, zu wenig intellektuell, zu wenig Politiker, zu sehr von seinen Gefühlen geprägt; ja sogar seine Ehrlichkeit und seine undiplomatische Art, wie er mit den Leuten verkehrte, wurden ihm von kurialen Kritikern als Fehler angekreidet. Doch das war das Geheimnis dieses 66jährigen Bischofs: wie ein guter Katechet, der seine Glaubenswahrheiten durch Anekdoten und bildhafte Beispiele verlebendigt, wollte auch Johannes Paul I. der Welt den Glauben nahebringen. Die Welt war empfänglich dafür. So viel wurde in dieser bösen Zeit in Frage gestellt, und da kam nun dieser Priester daher, lächelte, erzählte seine Geschichten und verbreitete Freude und Zuversicht.

In diesen Tagen, da sich Johannes Paul I. im Vatikan erst zurechtfinden mußte – als er, nach dem Ende des Konklaves die Privaträume des Papstes betreten wollte, waren sie noch versiegelt –, in diesen Tagen brach eine Heerschar von Journalisten aus aller Welt über ein winziges Bergnest in Venetien herein, über Canale d'Agordo, den Geburtsort Albino Lucianis. Denn jeder wollte wissen, woher dieser Papst eigentlich gekommen war, in was für einem Milieu ein solcher

Mann groß werden konnte. Seine Laufbahn hatte ihn konsequent aus einem der hintersten Bergtäler zuerst in die nächste Stadt, nach Belluno, als Priester und Professor am Seminar geführt, dann weiter als Bischof nach Vittorio Veneto, von dort als Patriarch nach Venedig und schließlich als Papst nach Rom.

Dabei scheint in Canale d'Agordo, in diesem Dolomitenkessel hinter Belluno, alles aufzuhören. Da wachsen nur noch ein paar kaum begehbare Wiesenhänge in die Höhe, steile Wälder drohen nach unten zu kippen, und schroffe Felswände engen den Horizont ein; den Menschen dort bleibt gar nichts anderes übrig, als die Augen zum Himmel zu richten. Einen anderen Ausblick haben sie nicht. Es sind harte, schroffe Typen, venetische Bergler, denen ein Neapolitaner oder ein Sizilianer fast so fremd ist wie einem Deutschen. Und die meisten Familien waren schon immer da; wer läßt sich in einem so kargen Bergland auch noch nieder? Obwohl die breiten Dächer der Häuser, die Blumen vor den Fenstern, die grünen Läden und die windschiefen Scheunen mit den Ornamenten der Holzstapel fast tirolerisch wirken, ist die Bauerntradition eher schwach. Die Leute im Agordo waren Bergleute oder Schmiede. In Canale wurden einmal Schwerter erzeugt. Man fährt auch noch an den Ruinen von Schachtanlagen, Schmelzöfen und Hammerwerken vorbei. Als dann der Bergsegen versiegte, wanderten die Männer aus, und die Frauen blieben daheim. Ein Schicksal, das auch die Luciani traf. Dabei gehören sie zu den Ureinwohnern von Canale, ihr Name steht in den ältesten Kirchenbüchern aus dem 16. Jahrhundert. „Unser Vater ist bereits mit elf Jahren mit dem Großvater nach Innsbruck gegangen", berichtete Edoardo Luciani, der Bruder des Papstes. „Sie sind zu Fuß über die Berge nach Südtirol und von dort mit dem Zug nach Innsbruck. Es war im Winter und bitterkalt, und weil unser Vater so erfroren ausgeschaut hat, schenkte ihm eine Frau im Zug ein Halstuch." Der Bub schleppte auf der Baustelle, auf der der alte Luciani als Maurer arbeitete, schwere Holzbutten mit

Kalk. Fast 30 Jahre lang verdiente sich der Vater des Papstes sein Geld als Fremdarbeiter in Österreich und Deutschland. Und dort stieß er auch zur Gewerkschaft und zur SPD. Dieser linke Familienhintergrund Johannes' Paul I. wurde von den italienischen Zeitungen anfangs hoch bewertet. Aber Edoardo, der Bruder, selbst 15 Jahre lang christdemokratischer Bürgermeister von Canale, schwächte etwas ab: „Unser Vater war kein Kirchenfeind. Und nach dem Zweiten Weltkrieg hat er auch DC gewählt, das hat er mir selber gesagt."

Nun, in der Abwesenheit des Vaters hatte die Mutter alle Hände voll zu tun, ihre beiden Söhne aufzuziehen und zu ernähren. Sie sorgte auch dafür, daß sie als fromme Ministrantenbuben aufwuchsen. Doch Albino Luciani war bereits als Zweijähriger dem Tode nahe. In den Kriegstagen, als Canale dicht hinter der Front lag, erkrankte der kleine Albino an einer Lungenentzündung, und niemand glaubte mehr an sein Aufkommen. Da rettete ihn ein Militärarzt mit einer Spritze. Gekränkelt hat er seitdem jedoch immer. Und seine dünne Stimme ist ihm davon geblieben, weil seine Lungen durch die Krankheit so angegriffen wurden. Der Bruder des Papstes berichtete auch von einer Reihe von Operationen, denen sich Albino in den letzten Jahren hatte unterziehen müssen. Von kerngesund konnte also keine Rede sein. In jenen Tagen nach seiner Wahl schenkte man diesem Umstand jedoch kaum Bedeutung. Canale war wie im Delirium, jedermann plauderte irgendeine Luciani-Anekdote aus und stellte sich als Freund Albinos vor. Der Pfarrer hatte die Lesebuchgeschichte vom Hüterjungen Albino parat, der auf der Wiese immer in seinen Büchern schmökerte. Trotzdem ließ sich von den Leuten in Canale einiges über den Charakter dieses Mannes erfahren. Wie paßte es zu seinem so freundlichen liebenswerten Wesen, daß er sich auch den Ruf eines sehr harten, eher konservativen Bischofs erworben hatte? „Er ist unendlich freundlich und liebenswürdig, voller Humor, aber in den Prinzipien des Glaubens und der Moral kennt er keinen Kompromiß. Da ist er nicht aus Eisen, sondern aus Diamant", sagte sein Bruder.

Und auf die Frage, ob der Papst wohl noch einmal in sein Dorf zurückkommen werde, antwortete Edoardo Luciani: „Wenn er kommt, dann wohl zu meinem Begräbnis . . .“ Das sagte er auf den Tag genau einen Monat vor dem Tod Johannes' Paul I.

Die Chronik der 33 Tage Lucianis enthält mit wenigen Ausnahmen fast nur Freudiges und Positives. Erst im Rückblick ortet man Zeichen der Angst, der Verlassenheit und der Einsamkeit – Hinweise auf das Drama dieses zarten Mannes im großen Vatikan.

Am Abend nach der Wahl, als das Telefon im Hause Luciani fast immer besetzt war, kam irgendwann auch ein Anruf aus Rom durch. „Ich bin es, Albino“, hörte Edoardo. „Da schau', was mir passiert ist . . .“ Und zu den Kardinälen sagte Luciani, nachdem er die Wahl angenommen hatte: „Was habt ihr mir angetan! Gott möge es euch verzeihen.“ Er gestand, daß er zuerst einmal das päpstliche Jahrbuch studiert habe, um überhaupt die ganze Organisation des Heiligen Stuhles kennenzulernen. Und bei seinem Freund, dem Bischof von Belluno, Monsignore Ducoli, läutete am Abend des 28. August das Telefon. „Hier spricht der Papst.“ Der Bischof: „Heiliger Vater, Canale und Belluno sind voller Freude.“ Luciani: „Ja, aber ich habe die ganze Nacht nicht geschlafen, solche Skrupel sind mir erwachsen . . .“

Man konnte diese Äußerungen für Bescheidenheit halten. Sie verrieten jedoch Lucianis innere Zweifel daran, ob er wohl befähigt sei, das Amt auszufüllen. Bald merkte er auch die ersten Zeichen des Widerstandes: wenn der Papst in seinen Reden „ich“ sagte, stand am nächsten Tag im „Osservatore Romano“ wieder das alte majestätische „Wir“. Das Vatikanblatt zeigte gewisse Ansätze, die Reden des Papstes „in die richtige Form“ zu bringen. Anscheinend fehlten Luciani auch die verläßlichen Vertrauten und Berater. So griff er am Abend, wenn er allein war, immer wieder zum Telefon und überraschte seine vielen Freunde in Venetien. Er wollte einfach mit ihnen reden, sein Herz ausschütten und bekannte

Stimmen hören. Seine Tage aber waren voller Aktivität. Am 30. August empfing Johannes Paul I. die Kardinäle, am 31. August die Diplomaten. Die Kompetenzen von Staat und Kirche dürften nicht vermischt sein, sagte er dabei. Die Kirche solle in der Welt für „die Achtung vor dem Nächsten, vor seinem Leben und seiner Würde" eintreten und sich „für seinen geistigen und sozialen Fortschritt" einsetzen.

Am 1. September stellte sich der Papst rund tausend Journalisten aus aller Welt, und er begegnete ihnen fast wie ein Kollege. Denn er selbst hatte einmal davon geträumt, Journalist zu werden, und seine „Illustrissimi", diese imaginären Briefe an historische Gestalten (Goethe, Maria Theresia, Andreas Hofer usw.), an Figuren der Literatur (an die Pickwicks, an Pinocchio, Penelope) und auch an Jesus zeugten für sein journalistisches Talent. Man kann diese Briefe, die regelmäßig in einer weitverbreiteten katholischen Monatszeitschrift erschienen, als eine sehr moderne, sehr lesbare und wirkungsvolle Kolumne bezeichnen. Luciani hatte die große Gabe, religiöse Wahrheiten und Gedanken in eine sehr farbige einprägsame Alltagssprache zu übersetzen. Seiner Meinung nach wäre auch der Apostel Paulus, wenn er heute gelebt hätte, zu den Journalisten gegangen, wahrscheinlich zu einer Nachrichtenagentur, sagte Luciani.

Am 2. September begrüßte der Papst die vielen Sonderdelegationen der nichtkatholischen religiösen Gemeinschaften, die zu seiner Amtseinführung nach Rom gekommen waren. Und aus dem Vatikan wurde kolportiert, daß er seine Umgebung gebeten hatte: „Nennt mich doch nicht Heiligkeit." Der 4. September, dieser schöne Spätsommersonntag, lockte 200.000 Menschen auf den Petersplatz. Bei dieser ersten Papstmesse, bei der Luciani das Pallium als Zeichen seiner Würde als Bischof von Rom umgelegt wurde, war keine Krone mehr da, dafür aber die Majestät einer großen Stunde. Der Papst verzichtete auf allen Pomp, und dennoch erlebten Millionen über das Fernsehen Momente ergreifender Feierlichkeit. Die Unterwerfungsgeste des Ringkusses durch die

Kardinäle verwandelte Johannes Paul durch seine Herzlichkeit in einen Freundschaftsakt, und nicht die anwesenden Könige, Präsidenten und Kirchenfürsten empfingen die Kommunion aus seiner Hand, sondern seine einfachen Landsleute aus Canale d'Agordo. ,,Gestern war ich nichts weiter als ein Priester und Provinzbischof, der alle seine Talente dem Apostolat geweiht hatte, und siehe, heute wurde ich auf den Stuhl des Apostel Petrus gerufen'', bekannte Luciani bescheiden vor den Staatsgästen nach der Inaugurationsfeier.

Am 5. September fiel zum erstenmal ein dunkler Schatten über dieses Pontifikat. Während der Audienz brach der Metropolit von Leningrad und Nowgorod, Nikodim, der ,,Außenminister'' der russisch-orthodoxen Kirche, plötzlich zusammen und starb in den Armen des Papstes. Der knapp Fünfzigjährige erlag einem Herzinfarkt. Johannes Paul I. war tief erschüttert, zum erstenmal verschwand das Lächeln von seinen Lippen. Doch am nächsten Tag, dem 6. September, zeigte Luciani wieder die gewohnte Form. 15.000 in die Audienzhalle gezwängte Pilger riß er durch seine lebendige und anschauliche Erzählweise mit, ohne Manuskript, so als ob ihm alle seine einprägsamen Beispiele eben erst in den Sinn gekommen wären, redete er drauflos, verglich Gott mit einem Autoverkäufer, holte einen Ministranten aus Malta zu einem kurzen Dialog zu sich herauf, und betete schließlich für ein Gelingen der Nahost-Konferenz von Camp David.

Mahnende Worte zur ,,großen Disziplin'' richtete Luciani am 7. September an den römischen Klerus, und am 8. sah er in einer Botschaft an den deutschen Katholikentag in dieser Versammlung in Freiburg ein ,,Zeichen der Zuversicht''. Aktiv in die Politik schaltete sich Luciani am 9. September ein, indem er sich als Vermittler im Konflikt zwischen dem Diktator von Nikaragua, Somoza, und der Befreiungsbewegung anbot. Beim Angelus am Sonntag, dem 10. September, waren die Gedanken des Papstes wieder in Camp David, und vom Fenster seines Appartements definierte er auch Gott auf eine sehr eigenwillige Weise: ,,Wir wissen, daß Gott seine offenen Augen stets auf uns ruhen läßt, auch wenn es Nacht zu sein scheint. Er ist Vater. Noch mehr ist er Mutter, er will nichts Schlechtes tun, er will für alle einzig das Gute."

Im Vatikan erregte diese eigenwillige Gottesauffassung ein gewisses Stirnrunzeln. Die Leute auf dem Petersplatz dagegen waren begeistert. Zu Beginn der dritten Woche seines Pontifikates wurde das Wappen Johannes' Paul I. im „Osservatore Romano" abgebildet – der Löwe von San Marco, drei fünfeckige Sterne, die auf seinen Namen anspielen (Luciani – lateinisch lux – Licht), und das Symbol der Berge, wie es schon Montini in seinem Wappen hatte, denn sein Nachfolger ist in den Bergen geboren.

Am Dienstag, dem 13. September, nahm sich Luciani Zeit für ein stilles Gebet am Grab Pauls VI. in den Grotten von St. Peter. Und am 14. September bei der zweiten Generalaudienz ließ sich Luciani zum erstenmal wieder auf der Sedia gestatoria hereintragen, auf dem Tragstuhl, den er zuerst entschieden abgelehnt hatte. Auf die Vorstellungen seiner Zeremoniäre gab er jedoch widerwillig nach. Sie hatten ihm klargemacht, daß der Papst dadurch von den Massen besser gesehen werden könne. Der Rest der Woche verging mit ein paar Audienzen und den Bemühungen des Heiligen Vaters, sich zuerst einmal einzuarbeiten. Am Samstag empfing der Papst den Präsidenten Somalias, Mohammed Siad Barre. Und an diesem Tag mußte Luciani die Angestellten des Vatikans enttäuschen, weil er den Sonderbonus anläßlich der Papstwahl, der Tradition gemäß ein zusätzliches Gehalt, auf 200.000 Lire pro Beamten reduzierte. Der Grund: die schlechte Finanzlage des Vatikans, Probleme, die dem Seelsorger Luciani völlig fremd und unangenehm waren. Am Sonntag – es war der Tag vor Schulbeginn – klagte Johannes Paul I. einmal mehr über seine mangelnde Vorbereitung auf das Papstamt: „Auch ich war einmal Schüler. Aber niemand hat mir gesagt: ‚Du wirst eines Tages Papst.' Wenn ich das gewußt hätte, dann hätte ich mehr studiert. Jetzt bin ich alt und habe keine Zeit mehr . . ."

Und die Zeit rannte ihm davon, ohne daß er es wußte. Zwei nach außen hin ruhige Tage folgten. Dann überraschte Luciani bei der mittwöchigen Generalaudienz am 20. mit einigen sehr politischen Gedanken. Im Hinblick auf die damals noch für Oktober in Mexiko geplante Lateinamerikanische Bischofskonferenz fühlte sich Luciani zu einer Absage an die marxistische Unterwanderung der Kirche durch die „Theologie der Befreiung" veranlaßt. „Ich bin der Meinung, daß das Lehramt der Kirche gar nicht genug zur Lösung der großen Probleme der Freiheit, der Gerechtigkeit, des Friedens und der Entwicklung anbieten kann . . . Es wäre jedoch ein Irrtum zu behaupten, daß die politische, wirtschaftliche und soziale Befreiung mit dem Heil in Jesus Christus zusammenfalle, daß das Reich Gottes identisch sei mit dem Reich des Menschen, etwa nach der Formel ‚Ubi Lenin ibi Jerusalem' – wo Lenin, da Jerusalem . . ."

Das war eine sehr klare, eindeutige Erklärung eines überzeugten Antikommunisten, dem der Machtzuwachs der äußersten Linken in Italien große Sorgen bereitete. Auch in den folgenden Tagen hörte man von Luciani Kommentare zum aktuellen Geschehen. Er beklagte die Zustände im Libanon, und privat soll er dabei sogar den Wunsch geäußert haben, sich selbst nach Beirut zu begeben, wenn es dem Frieden nützte. Er warnte die Jugend vor dem Drogengebrauch, und am Samstag, dem 23. September, verließ er zum erstenmal den Vatikan, um von der Lateranbasilika Besitz zu ergreifen. Auf dem Weg dorthin wurde er am Fuß des Kapitols vom kommunistischen Bürgermeister Roms Giulio Argan begrüßt, und Luciani erwähnte dabei die Probleme dieser Stadt und die damit oft verbundenen menschlichen Tragödien. In der Laterankirche, wo er auf dem Papstthron Platz nahm, legte Johannes Paul I. seine Ansichten über Kirchendisziplin noch einmal sehr deutlich dar: Rom müsse in der Liturgie ein gutes Beispiel geben, „in Frömmigkeit und ohne unpassende ‚Kreativität'. Manche Mißbräuche auf liturgischem Gebiet könnten als Reaktion Haltungen fördern, die zu unhaltbaren, dem Evangelium widersprechenden Einstellungen führten . . .“ Da meinte Luciani einerseits die kühnen Experimentierer und andererseits die Traditionalisten um Erzbischof Lefebvre, und dann verlangte er noch, daß „jede liturgische Regelwidrigkeit sorgfältig vermieden“ würde. Da kam der andere Luciani zum Vorschein, der harte, der eiserne.

Was Johannes Paul I. an seinem letzten Sonntag, am 24. September, zu Mittag von seinem Fenster aus verkündete, klingt heute wie ein Testament, wie ein Vermächtnis, das die ganze Menschheit beherzigen sollte: „Man hört die Leute oft sagen: ‚Wir leben in einer völlig kaputten, völlig ehrlosen Gesellschaft.‘ Das stimmt nicht. Es gibt noch so viele gute, ehrenhafte Menschen. Trotzdem, wie kann man diese Gesellschaft bessern? Ich würde sagen, jeder von uns sollte versuchen, selbst gut zu sein und die anderen mit einer Güte anzustecken, die ganz von der Freundlichkeit und Liebe, die uns Christus gelehrt hat, durchtränkt ist. Nicht die Gewalt kann alles, sondern die Liebe kann alles. Bitten wir den Herrn um die Gnade, daß eine neue Welle der Liebe zum Nächsten diese arme Welt durchströme . . .“ Das war die Botschaft, die die Leute hören wollten. Da mochten einige gescheite Herren vielleicht die Nasen rümpfen und Lucianis blumige Reden als simple Katechetenweisheit oder Readers-Digest-Philosophie abtun. Die Menschen reagierten auf Luciani, als ob sie schon lange auf ihn gewartet hätten, egal, ob sie sich nun Katholiken nannten oder nicht. Das waren eben Worte, mit denen sie etwas anfangen konnten, die ihnen Glauben und Hoffnung gaben.

Der Montag und der Dienstag waren mit Amtsgeschäften, Diskussionen über die Kirchenführung, langen Gesprächen mit Staatssekretär Villot und Aktenstudium ausgefüllt. Am Mittwoch, dem 27. September, sollte sich der Papst zum letztenmal vor einem größeren Publikum zeigen, wieder bei der Generalaudienz, die er zur Tribüne für seine schlichte Glaubenslehre machte. Zuerst bejubelten 5000 deutschsprachige und niederländische Pilger Johannes Paul I. im Petersdom, dann warteten mehr als 10.000 auf ihn in der Nervi-Halle. Giampaolo, wie ihn die Römer bereits in einem liebevollen Kürzel riefen, war dabei wie immer. Er zitierte ein Gebet, das ihn seine Mutter gelehrt hatte. Er sprach von der totalen Hingabe an Gott: „In der Politik ist der Totalitarismus eine schlimme Sache. In der Religion dagegen ist unser Totalitarismus Gott gegenüber etwas ganz Hervorragendes." Und zum Schluß holte er sich noch einen Buben aus der Menge. Anscheinend wollte er ihn als Beispiel für menschliche Strebsamkeit und Aufstiegswillen hinstellen, und er fragte Daniele, ob er lieber in seiner fünften Volksschulklasse bleiben oder in eine höhere Schule aufsteigen möchte. Aber Daniele stand unter keinem Karrieredruck, und kein Ehrgeiz quälte ihn. Er wollte eigentlich lieber in seiner Klasse bleiben, weil er dann seine Lehrerin behalten könne. Der Papst war überrascht, die Leute in der Halle lachten. Und Luciani lachte mit.

Dann der letzte Tag, der 28. September, ein ruhiger Tag, ein normaler Tag – nur ein paar Audienzen standen auf dem Programm: der Apostolische Nuntius in den Niederlanden Erzbischof John Gordon, eine Gruppe von Bischöfen von den Philippinen. Einem vatikanischen Fotografen gelang ein Bild, wie der Papst am Nachmittag ins Gespräch vertieft mit Staatssekretär Villot in den Gärten hinter dem Apostolischen Palast spazieren ging. Am Abend telefonierte Luciani mit dem Erzbischof von Mailand, Kardinal Giovanni Colombo. Weil Colombo das Ruhestandsalter erreicht hatte, wird der Papst mit ihm wohl noch die Nachfolgefrage diskutiert haben. Kurz vor zehn klopfte der irische Sekretär John Magee – Luciani hatte ihn von Paul VI. „geerbt" – noch einmal an und brachte die letzten Neuigkeiten. In Rom war wieder ein junger Bursche aus politischen Gründen ermordet worden. Dann sagte er dem Papst „Gute Nacht". Und Albino Luciani blieb allein . . .

Die Straßenkehrer, die in der Morgendämmerung den Petersplatz fegten, registrierten, daß oben im dritten Stock des

Papstpalastes Licht brannte. Und sie werden sich vielleicht Gedanken darüber gemacht haben, wieviel dieser Papst zu tun habe, daß er jetzt noch immer oder schon wieder bei der Arbeit saß. Wie jeden Morgen stellte eine Schwester Luciani den Frühstückskaffee vor die Tür. Als sie nach einer halben Stunde – es war um 5 Uhr 30 – wieder kam, um das Geschirr wegzuräumen, fand sie es noch unberührt. Sie wagte nicht, selber nachzuschauen und holte Pater Magee. Der öffnete und sah Johannes Paul in seinem Bett halb sitzend, unbeweglich, tot. Am Boden waren einige Blätter verstreut, der Entwurf für eine Ansprache. Auf dem Nachttisch lag „Die Nachfolge Christi" von Thomas von Kempen. Ein Arzt wurde gerufen. Dieser stellte den Tod durch Herzinfarkt fest. Luciani sei etwa um 23 Uhr gestorben.

Die Schreckensnachricht verbreitete sich im erwachenden Vatikan. Einer der Bewohner des päpstlichen Palastes erinnerte sich, wie er in seiner Privatkapelle gerade die Messe gelesen hatte, als er plötzlich Lärm hörte und ein Diener ihn mitten im Gebet unterbrach. „Il papa è morto." Und die unfaßbare Kunde ging in alle Welt. Dem Sprecher der Londoner BBC hörte man die persönliche Anteilnahme und Bewegung an, als er um sieben Uhr meldete: „Eben erhielten wir eine sehr, sehr traurige Nachricht. In Rom ist heute Nacht Papst Johannes Paul I. plötzlich verstorben . . ." Es war eine jener Nachrichten, die man zuerst nicht wahrhaben will, die man zweimal hören muß, bis man sie glaubt. Kardinal Wojtyla saß im Krakauer Erzbischöflichen Palais beim Frühstück. Als ihm sein Kanzler den Tod des Papstes mitteilte, wurde er blaß und murmelte nur „Jesus und Maria". Dann zog er sich in seine Kapelle zurück, um zu beten.

Die ersten Reaktionen waren alle von tiefer Erschütterung und Trauer geprägt. In erstaunlich kurzer Zeit hatte es Luciani, den vorher außerhalb Italiens kaum jemand gekannt hatte, geschafft, die Welt zu bezaubern und für sich zu gewinnen. Es war, als ob sich die Menschen reicher und sicherer fühlten, weil dieser freundliche, gute Mann als Papst in Rom saß. Und niemand konnte und wollte verstehen, daß das nun alles wieder vorbei sein sollte; und die Frage, die dann auch in der deutschen Ausgabe des „Osservatore Romano" formuliert wurde, stand allen auf den Lippen: „Lieber Gott, warum denn nur?"

Mit erstaunlicher Schnelligkeit rüstete der Vatikan für die Trauerfeierlichkeiten. Schon gegen Mittag wurde der Papst in der Sala Clementina aufgebahrt, und nun begann der endlose Zug von Hunderttausenden, nein von Millionen Menschen, die den toten Papst noch einmal sehen und so von ihm Abschied nehmen wollten. Zuerst im päpstlichen Palast und dann in der Peterskirche. Obwohl es zeitweise in Strömen regnete, ließen sich die Menschen nicht abhalten. Und die Atmosphäre war völlig anders als damals im August nach dem Tode Pauls VI.

Montini hatte sein Leben bereits abgeschlossen, eine große Laufbahn neigte ihrem Finale zu, und oft schien es, als ob er dieses Ende seines schweren Amtes auch herbeibetete. Bei Luciani war dagegen alles noch Anfang, Erwartung, Hoffnung. Und die Menschen hatten das Bedürfnis, ihre Trauer zu zeigen. Sie weinten an der Bahre, die Erschütterung und Wehmut war ihnen in die Mienen geschrieben. Und die endlose Schlange riß nicht ab. Aber der da lag, das war nicht der Luciani, den sie kannten. Dieses Gesicht wie aus grauem Marmor hatte nichts mit dem so lebendigen, heiteren Mann gemein. Ohne sein Lächeln waren seine Züge fremd, dieses Totenantlitz schien nicht ihm zu gehören, und angesichts dieses Leichnams empfand man die große Leere, die Luciani hinterlassen hatte, mehr denn je. Über Rom ballten sich dunkle Wolken, es war kalt, und der Himmel schüttete Wassermassen auf die Stadt.

Jetzt erhielt auch die bei jeder Papstwahl wieder hervorgeholte Prophezeiung des Malachias ihren Sinn. „Mezza luna" hatte die Weissagung als Kennwort für diesen Papst geprägt – ein Papst des Halbmondes. Die verschiedenen Exegeten mußten ihre Phantasie übermäßig strapazieren, um irgendwelche Bezüge auf den lebenden Luciani herzustellen. Beim toten hatten sie es leichter. Der Halbmond leuchtete über Rom, als Luciani gewählt wurde, und als wieder Halbmond war, stand sein Herz still. Dabei hatten sich die Päpste der Neuzeit immer durch ihre Langlebigkeit ausgezeichnet. Paul VI. regierte 15 Jahre und wurde 81, der Pontifikat Johannes' XXIII. war mit nur 5 Jahren relativ kurz, aber Roncalli zählte bereits 82 Jahre, als er 1963 starb. Auch Pius XII. (1958) und Pius XI. (1939) erreichten genau dieses Alter, der eine nach 19 Jahren als Papst, der andere nach 17. Benedikt XV. (1922) wurde 86 und regierte 8 Jahre, Pius X. (1914) stieß ebenfalls an die Achtzigergrenze (11), Leo XIII. (1903) ist mit 93 der älteste Papst (25), Pius IX., 86 (1878), herrschte mit 32 Jahren am längsten. Gregor XVI. (1846) wurde nach 15 Jahren 81jährig begraben, und einzig Pius VIII. verschied Ende November 1830 nur 20 Monate nach seiner Wahl 69jährig. Um ähnlich kurze Pontifikate wie den Lucianis zu finden, muß man bis ins 16. Jahrhundert zurückgreifen. Pius III. starb 1503 nach 36 Tagen auf dem Throne Petri, 1555 Marcellus II. nach 22 und 1590 Urban VII. nach 13 sowie Leo XI. 1605 nach 27 Tagen.

Daß das auch heute passieren konnte, wollte die Öffentlichkeit nicht begreifen. Kaum ein Mensch war in den letzten Wochen mehr im Scheinwerferlicht gestanden als Luciani. Jeder seiner Schritte wurde reportiert und kommentiert. Und nun hatte er diese Welt verlassen, ohne daß irgend jemand dabei war, ohne daß ihm jemand helfen konnte, ohne Zeugen und ohne Ärzte. Gleich vernahm man die ersten Gerüchte. Die Römer haben nie große Scheu gezeigt, wenn sie vom Vatikan und von den Päpsten redeten. Nun hieß es auf einmal: „Sie haben ihn umgebracht." Wer waren *sie?* Die Bürokraten der Kurie, die um ihre Machtstellung fürchteten. Sie hätten die unkonventionelle Art dieses Papstes nicht ertragen und seien auf seine Beliebtheit eifersüchtig gewesen, sagten die Leute. Und der Volksmund brachte Lucianis Tod auch mit dem Nikodims in Zusammenhang und mit dem am

Vorabend des Konklaves im Vatikan verstorbenen chinesischen Kardinal Yü Pin. Zuerst ein Chinese, dann ein Russe, und nun der Papst, das mußte ja etwas zu bedeuten haben. Langsam begannen auch die Zeitungen Fragen zu stellen. Warum der Leichnam so schnell einbalsamiert und zur Schau gestellt worden sei? Ob es wahr sei, daß der venezianische Privatsekretär Lucianis vergeblich versucht hatte, dessen früheren Arzt aus Venedig nach Rom zu holen? Warum denn keine Autopsie durchgeführt würde, um die genaue Todesursache zu finden und alle Zweifel zu beseitigen? Dazu führten die Zeitungen auch verschiedene Widersprüche in den Berichten über das Auffinden der Leiche an. Gierig stürzten sich die Leser auf diese Sensationsmeldungen. Im päpstlichen Haushalt konnte man sich mit der Bestimmung verteidigen, die die Obduzierung eines Papstleichnams verbietet – damit war nämlich auch dem traditionellen Brauch, das Herz des Papstes separat zu bestatten, ein Ende bereitet worden. Das Kardinalskollegium, das sich nun langsam wieder in Rom einfand und von Tag zu Tag mehr Teilnehmer bei seinen Beratungen zählte, mußte auch dieses Problem diskutieren. Ein Arzt erläuterte den versammelten Kardinälen die Umstände von Lucianis Tod und wies darauf hin, daß die behandelnden Ärzte sich von einer Obduktion keine wesentlichen Aufschlüsse erwarteten. Das Kardinalskollegium kam zu dem Schluß, daß, egal wie es auch immer entschied, ein negatives Echo hervorgerufen würde. Denn eine Autopsie in diesem Klima des Mißtrauens würde bei den Leuten nur den Eindruck erwecken, daß auch die Kardinäle einen Verdacht hegten. So wurde die Obduktion in einer Abstimmung mit ziemlich klarer Mehrheit abgelehnt.

Um die wahren Todesursachen Lucianis herauszufinden, brauchte man jedoch keine Ärzte an seinen Leichnam zu lassen. Am klarsten hat sie ein Zeichner vom Pariser „Le Monde“ bereits am 30. September diagnostiziert. In seiner Karikatur liegt der schmale Körper des Papstes auf der Erde, erdrückt oder erschlagen von einer gewaltigen Tiara. Nun,

Luciani ist zwar ohne die Krone ausgekommen, aber deswegen lastete nicht weniger auf ihm. Die hohe Verantwortung, die Fülle von Aufgaben, die das Papstamt mit sich brachte, die inneren Zweifel, ob er wohl genügend Kraft dafür habe, und die ständige Anspannung, die dieses Leben in dem so völlig anderen Vatikanmilieu erzeugte, all das hatte ihm das Herz gebrochen. Und ein in Rom lebender österreichischer Lyriker, Karl Lubomirski, schrieb in diesen Trauertagen dazu:

Ein Hauch
Ein Duft von Mensch
und war vorüber –
Weil ihm der Herr
Ein leises „komm!“
geboten hatte. Vielleicht
aus Angst
Er könne an der Welt
verzweifeln. –

Manche meinten, Johannes Paul I. sei an der Kurie verzweifelt. Es ist Mode geworden, Kurie fast wie ein Schimpfwort zu gebrauchen. Denn alle Konflikte, die die Weltkirche mit der römischen Zentrale hat, werden der Kurie zur Last gelegt; an allen Mißverständnissen ist immer „Rom“ schuld. Ja, man kann sich in Rom und im Vatikan mit nichtitalienischen Priestern unterhalten, die im Schatten der Peterskirche „Rom“ sagen, als ob das irgendeine fremde, weitentfernte Macht wäre und sie selber in Deutschland, Holland oder Frankreich säßen. Und dieses „Rom“, das ist natürlich wieder die Kurie, dieser mehrere tausend Köpfe, und darunter viele besonders kluge, zählende Apparat, der die Kirche verwaltet, und dem Glauben einen juristischen und organisatorischen Überbau liefert. Manche sagen, zum Schaden des Glaubens. Aber oft und oft wurde die Kirche auch von Nichtkatholiken um dieses Instrument beneidet. „Man soll die Kurie nicht immer verteufeln“, sagte Kardinal König einmal. „Ich habe in der Kurie viele bedeutende Männer kennengelernt, und auch sehr fromme Männer." Da hat er sicher recht. Denn diese imponierende Ansammlung von Kirchenbeamten mit all den Kongregationen, Kommissionen und Sekretariaten ist ein sehr lebendiger Organismus von großen Stärken, aber auch mit menschlichen Schwächen. Durch Papst Paul wurde die Kurie gründlich internationalisiert, der römische Geist ist jedoch ansteckend. Und wer einmal in der Kurie arbeitet, der beginnt auch kurial zu denken und Welt und Kirche aus der sehr eigenen Sicht seines Amtsbereiches zu betrachten.

Darum erwachsen immer wieder Meinungsverschiedenheiten zwischen dem Klerus und den Bischöfen draußen in den einzelnen Ländern und der vatikanischen Bürokratie. Auch ein neuer Papst wird meist auf Widerstand stoßen. Selbst ein eher konservativer Verteidiger der Kurie im Vatikan gesteht das ein: „Die Kurie hat wie jedes Ministerium, wie jeder Hof, wie jede Institution, die nicht nur von heute auf morgen lebt, ihren eigenen Stil; und wenn nun einer kommt und diesen Stil ändern will, dann ergeben sich eben Spannungen."

Taucht nun also ein neuer Mann auf, so bemühen sich die verschiedenen Herren, ihn in die von ihnen gewünschte Richtung zu lenken. Luciani bot dazu viel Griffläche. Immer wieder gestand er seine Unsicherheit ein, fühlte sich überfordert und verlangte Unterstützung und Beistand. „Er hat so oft um Hilfe gerufen, daß ihm vielleicht zu viel geholfen und er von dieser Hilfe zugedeckt wurde", charakterisiert ein junger Priester aus dem Vatikan die Situation. Und ein anderer meinte: „Luciani war ein guter Mensch, aber er konnte nicht nein sagen und seine Meinung gegenüber anderen durchsetzen." In seiner Unerfahrenheit hat sich der neue Papst gleich eines wichtigen Druckmittels begeben. Er bestätigte sofort alle Kurienbeamten, -präsidenten und -sekretäre in ihren Positionen. Das heißt, jeder von ihnen wußte, daß er nach den römischen Regeln weiterhin für fünf Jahre auf seinem Posten bleiben würde – es sei denn, er erreiche vorher die

Altersgrenze. Niemand brauchte mehr um seine Stelle zu bangen. Und von Anfang an versuchten mehrere hohe Herren im Namen des Papstes zu regieren. Man merkte auch sofort, welche Reden von Luciani waren und welche ihm das Staatssekretariat vorbereitet hatte. Auch die Entscheidung, sich nun doch auf die Sedia gestatoria zu setzen, auf den Thronsessel, den er so gar nicht mochte, war ein Zeichen seiner Nachgiebigkeit.

In dieser 33-Tage-Periode wurde Kardinal Felici von den spitzen Zungen innerhalb der Kurie bereits als „zweiter Papst" bezeichnet. Felici, dieser eminente Kirchenrechtler und Lateiner, sehr autoritär und sicherlich einer der einflußreichsten konservativen Kardinäle, war der Wunschkandidat vieler eingesessener Kurienherren. Doch schon als Konzilsekretär hatte sich Felici Sympathien verscherzt, als er den Lauf der Debatten und Abstimmungen oft gegen die Absichten der liberalen Bischofsmehrheit zu dirigieren und zu manipulieren versuchte. Auf Luciani dürften sein sicheres Auftreten und seine Allwissenheit in vatikanischen Angelegenheiten großen Eindruck gemacht haben. So wurde Felici sofort zu einem der wichtigsten Berater von Johannes Paul I. Er hatte fast unbeschränkten Zutritt beim Papst, und dementsprechend soll sich Felici in diesen Tagen auch im Apostolischen Palast bewegt haben.

Luciani aber war in einem Zwiespalt. Er merkte, wie sehr sein Benehmen, seine völlig neue und andere Art, Papst zu sein, die Menschen gefangennahm und faszinierte. Er war glücklich darüber. Gleichzeitig aber quälten ihn die Vorwürfe und Ermahnungen der erfahrenen und von ihm respektierten Monsignori, die ihn in dieser „Lehrzeit" zu einem Papst nach ihrem Geschmack formen wollten. So litt Luciani unter ständigem Streß, und dem ist er nach 33 Tagen erlegen.

Hätte man ihm anmerken müssen, daß er litt? Wäre er noch zu retten gewesen? Prüft man nun im nachhinein die Bilder vom lachenden Papst, so fällt auf, daß dieses Lachen oft sehr stereotyp, auswechselbar, auf jedem Bild, egal ob er nun mit Kanzler Schmidt, mit dem spanischen König oder irgendeinem unbekannten Priester fotografiert wurde, immer völlig gleich ist, fast ein wenig maskenhaft, so als ob Luciani damit seine Unsicherheit und seine Befangenheit hätte tarnen wollen. Vielen Freunden wurde nach seinem Tod erst bewußt, daß sie echte SOS-Rufe von ihm empfangen, aber sie nicht in ihrem vollen Ernst verstanden hatten. Man müsse sich überlegen, wie die Belastung des Papstes durch Teilung der Aufgaben auf ein menschenerträgliches Maß reduziert werden könne, meinte Kardinal König in einem Interview. Auch die anderen Kardinäle, die zum Begräbnis und zur Vorbereitung des Konklaves nach Rom eilten, stellten ähnliche Überlegungen an. Da verbraucht ein Papst einen Großteil seiner Energien durch Repräsentationsverpflichtungen und die Notwendigkeit des Kontaktes mit dem Volk. Denn so wollen es die Gläubigen, und so braucht es die Kirche. Der Papst möchte und soll jedoch auch geistlicher Führer und Seelenhirte sein, er muß den Klerus der gesamten katholischen Kirche leiten, er soll an der Spitze des vatikanischen Staates und der vatikanischen Diplomatie stehen und sich als eine Art weltweiter Friedensgarant zwangsweise auch um die internationale Politik kümmern. Er soll auf alle Beschränkungen der Religionsfreiheit reagieren, mit vatikanischen Hausintrigen fertig werden, bei seiner Zeitung, dem „Osservatore Romano", nach dem Rechten sehen und sich auch noch von den Finanzsorgen des Kirchenstaates belasten lassen. Er will aber auch seine eigenen Reden verfassen und seinem Pontifikat den Stempel seiner Persönlichkeit aufdrücken. Er ist nun Bischof von Rom und Bischof der ganzen Welt. Er soll alle Sprachen sprechen und alle Probleme der Kirche und der Welt verstehen. Er soll möglichst viel Zeit für Audienzen mit Bischöfen usw. aufbringen, er soll, er soll, er soll, er soll ... Von einem Papst wird heute wesentlich mehr gefordert als von jedem Staatsmann. Denn alle Qualitäten eines Spitzenpolitikers werden bei ihm als selbstverständlich vorausgesetzt, und daneben möchte man auch noch, daß er Seelenhirte oder gar ein Heiliger ist, der Wunder vollbringt und Hoffnung und Frieden spendet. Wer von den Kardinälen sollte in diesen Rahmen passen, welcher Kardinal würde diesem Phantombild am ehesten entsprechen?

Die Kardinäle waren etwas mutlos. Ein Luciani-Mirakel schien nicht wiederholbar zu sein. Und die Tage vor dem Konklave waren so, als ob der Film vom August noch einmal gespielt würde, aber nur in einem anderen Tempo und statt in Farbe in Schwarz-weiß. Das Luciani-Begräbnis fand bei strömendem Regen statt. Es war kalt, und die Betenden hatten klamme Finger. Während die meisten Menschen schon ihre Regenschirme aufgespannt hatten, mußten die Kardinäle noch eine Weile warten, bis auch sie vor dem Regen geschützt wurden. Man sorgte sich dabei mehr um die Lebenden, als daß man an den Toten dachte, denn die meist älteren Herren wurden gründlich durchnäßt. Die Predigt Kardinal Confalonieris war viel persönlicher als im August beim Trauergottesdienst für Montini. Luciani „zog vorbei wie ein Meteor, der unversehens am Himmel aufflammt und entschwindet und uns betroffen und staunend zurückläßt", und der Redner warnte davor, von einem Papst als Menschen zuviel zu verlangen: „Ist nicht unsere Zeit oft so unmündig, daß sie alles von einem Menschen erwartet, alles . . . so als ob die Kirche angewiesen wäre, daß ein ‚Supermensch' gewählt würde?" Confalonieris Predigt enthielt auch einen Hinweis auf die Tragik Lucianis: „Papst Luciani hat die Einsamkeit des Papstamtes wohl am stärksten erfahren. Auch hatte er nicht Zeit, sich jemanden zum Freund zu machen . . ." Außer den Hunderttausenden oder Millionen, die von Johannes Paul I. hingerissen waren, hätte er noch hinzufügen müssen.

All das hatte Kardinal Wojtyla miterlebt und mitempfunden. Zu der allgemeinen Sorge um die Papstnachfolge kam für ihn in diesen Tagen noch eine persönliche: einer seiner besten polnischen Freunde in Rom, der 54jährige Monsignore Andreas Deskur, der Präsident der päpstlichen Medienkommission, war unmittelbar vor dem Konklave nach einem

Schlaganfall gelähmt in eine Klinik eingeliefert worden. Wojtyla suchte ihn im Spital auf und war tief bewegt. Vorher hatte der Erzbischof von Krakau noch eine Wallfahrt, einen Pilgerausflug zum Marienheiligtum der Madonna delle Grazie della Mentorella, 70 Kilometer von Rom, auf einen etwa 1000 Meter hohen Berg unternommen. Schon als Student war Wojtyla dort hinaufgewandert. Jetzt stieg er wieder zum Gipfel, um Sammlung zu finden, um dem römischen Trubel zu entkommen und sicher auch, um eine gute Papstwahl zu erbeten. Als alter Freund wurde er auf dem Berg von den fünf polnischen Mönchen, die das Heiligtum hüten, begrüßt. Keiner von ihnen ahnte, daß Wojtyla schon bald wiederkehren würde, als Papst mit dem Hubschrauber und bejubelt von Tausenden von Menschen, die zu Fuß den Berg zu dem Kirchlein hinaufkeuchen, nur um Johannes Paul II. aus der Nähe zu erleben.

Doch zu diesem Zeitpunkt war der „Schockpapst" aus Polen bereits auf dem besten Weg, auch ein Papst der Italiener zu werden. Und die Angst und Zweifel vor dem Konklave hatten sich nach der ersten Überraschung in Freude und Bewunderung aufgelöst. Im Vatikan residierte zwar kein zweiter Luciani – Wojtyla ist ein völlig anderer Mensch –, aber das durch Luciani zumindest in seiner äußeren Erscheinungsform gewandelte Papstbild wird sich noch weiter verändern. Johannes Paul II. ließ keine Zeit verstreichen, um seine eigene Art der Menschlichkeit zu offenbaren. In all den aufregenden Stunden nach seiner Wahl, trotz der Programmrede und den vielen Gesprächen mit den Kardinälen, hatte er den kranken Deskur nicht vergessen. Schon zu Mittag des 17. Oktober, nachdem das Konklave offiziell beendet war, sagte er zu einem polnischen Priesterfreund: „Ich muß Andreas unbedingt sehen." Als die vatikanischen Sicherheitsleute den Wunsch vernahmen, rauften sie sich die Haare. Auch die italienische Polizei war entsetzt. Denn die Gemelli-Klinik liegt außerhalb des Vatikans – und der Papst wollte bereits am ersten Nachmittag seines Pontifikates im offenen Wagen dorthin fahren. Wojtyla setzte seinen Willen durch, wie er ihn fortan immer wieder durchsetzen würde. Die Menschen auf den Straßen verfielen in einen wahren Begeisterungstaumel, als da so völlig unerwartet der Papst auftauchte. Die stille Begegnung mit dem bewußtlosen Freund hatte den Papst tief bewegt. Er küßte ihn auf die Stirn und betete den Rosenkranz. Als er jedoch den anderen Patienten der Gemelli-Klinik gegenüberstand, lachte er wieder und verbreitete tröstende Fröhlichkeit. Weil er in dem Trubel beim Abschied beinahe den päpstlichen Segen vergessen hätte, und von einem Begleiter daran erinnert wurde, sagte Wojtyla lachend: „Ja, als Papst muß ich noch viel lernen."

Doch von Anfang an war Wojtyla päpstlich im positiven Sinne des Wortes – von einer Hoheit, die ihn von den anderen nicht trennt, sondern mit ihnen verbindet. Seine Freunde bemerkten bereits auf dem Balkon der Peterskirche am ersten Abend eine neue Geste an ihm, die sie vorher bei dem Kardinal nie beobachten konnten: er kreuzte die Hände vor der Brust. „Da wußten wir, daß er nun anders empfand, daß er von der ersten Minute an total in sein Amt integriert war." Denselben Polen wurde bald von Römern die Frage gestellt: „Wo habt ihr Wojtyla auf die Papstschule geschickt, er ist ja kein Schüler mehr, und auch kein Absolvent, sondern ein Praktiker, er wirkt, als ob er schon immer Papst gewesen wäre." Und wer seinen Spuren in Polen folgte und all die enthusiastischen Zeugnisse vernahm und sein Leben und seine Reden und Schriften studierte, gelangte zwangsläufig staunend zu der Einsicht: Es hätte ein negatives Wunder geschehen müssen, wenn dieser Mann nicht Papst geworden wäre. Dabei war es doch wie ein Wunder, daß dieser Mann aus Polen gewählt worden ist. Aber die kleine Stadt Wadowice, in der Karol Wojtyla vor 59 Jahren das Licht der Welt erblickte, liegt an der Europastraße E 7, und diese uralte Route führte schon immer von Warschau über Krakau, Brünn und Wien direkt nach Rom.

4. Kapitel

Sie nannten ihn Lolek

„Lolek war schon immer etwas Besonderes." In einer gemütlichen Krakauer Wohnung denkt eine Schauspielerin an eine Jugendfreundschaft zurück. Dann verbessert sie sich: „Ich meine Karol, ich meine natürlich den Papst." Für sie bleibt Karol Wojtyla immer Karol und Lolek, obwohl ihn die Welt heute Johannes Paul II. nennt und er für seine Landsleute Jan Pawel II. ist. Man erzählt sich auch die Geschichte von der Begegnung eines Schulkollegen mit Kardinal Wojtyla. Jerzy Kluger, ein jüdischer Mitschüler Wojtylas, lebt heute in Rom und ist mit einem großen Straßenbauunternehmen reich geworden. Irgendwann wollte er seinen Freund aus den Jugendjahren wiedersehen. So rührte er sich im Polnischen Kolleg, als Wojtyla wieder einmal in Rom war. Er bekam seinen Termin. Dann stand er vor dem Kardinal und wußte nicht recht, wie er ihn anreden sollte. Er murmelte verlegen: „Eure Eminenz . . .", da packte ihn Wojtyla bei den Schultern und sagte: „Jurek, bist du verrückt, ich bin doch der Lolek."

Der Lolek ist Karol Wojtyla nur für einen relativ kleinen Kreis von Menschen. Sie haben einen gemeinsamen Nenner – Wadowice, die Geburtsstadt des Papstes. Zwischen den jungen Leuten, die dort in den Vorkriegsjahren aufgewachsen sind, besteht noch immer eine starke Bindung. Der Krieg hat sie dezimiert oder in alle Welt verstreut. Sie haben die unterschiedlichsten Karrieren gemacht. Sie leben in Krakau und in Rom, in Warschau und in Kanada oder in Chikago, und ein paar sind auch noch in Wadowice zu Hause, in diesem Städtchen mit seinen 14.000 Einwohnern, dessen Namen außerhalb Polens kaum jemand kennen würde, wenn dort nicht am 18. Mai 1920 Karol Wojtyla geboren worden wäre.

„Die unansehnliche, aber freundliche Bezirksstadt Wadowice", heißt es in dem 1898 erschienenen Galizienband des Monumentalwerkes „Die österreichisch-ungarische Monarchie in Wort und Bild". Das große Meyer-Lexikon von 1909 verrät unter dem Stichwort Wadowice etwas mehr: „Stadt in Galizien, an der Skawa und den Staatsbahnlinien Bielitz–Kalwarya und Sucha–Siersza Wodna gelegen. Sitz einer Bezirkshauptmannschaft, eines Kreisgerichts und einer Finanzbezirksdirektion, hat ein polnisches Staatsobergymnasium, Krankenhaus, Kunstdüngerfabrik, Ziegelei und 1900 6328 polnische Einwohner."

Der Neue Brockhaus hat Wadowice nicht mehr für bemerkenswert genug befunden. Wer heute mit dem Auto von Wien über Preßburg oder Brünn und Olmütz nach Krakau fährt, passiert 70 Kilometer nach der Grenze zwischen der ČSSR und Polen die kleine Stadt. Von dort hat er noch 40 Kilometer nach Krakau. Die geographische Lage Wadowices läßt sich auch noch durch eine unheilvolle Nachbarschaft bestimmen: Wadowice liegt 30 Kilometer von Auschwitz entfernt.

Aus Krakau geht mindestens jede Stunde ein Autobus nach Wadowice. Die Wadowicer fühlen sich der großen Stadt verbunden, und viele arbeiten auch dort. Die Straße schlängelt sich durch ein hügeliges grünes Bauernland an den Ausläufern der Beskiden. Der Horizont gehört den Bergen. Einfache Barockkirchen markieren die Dörfer, wie in Niederösterreich oder in Böhmen. Auf den schmalen Ackerstreifen geht der Bauer noch hinter dem Pflug, vor den ein Pferd gespannt ist. Im Herbst sitzen oft Frauen am Straßenrand und bieten Kohl- oder Krautköpfe feil. 83 Prozent der landwirtschaftlich genutzten Fläche in Polen wird immer noch von privaten

Einzelbauern bearbeitet. Aber die meisten Bauern besitzen nur zwischen 0,2 und fünf Hektar. Reich kann dabei keiner werden. Für die Bauern war und ist Wadowice Verwaltungszentrum und Schul- und Marktstadt. Nach der Papstwahl wurde Wadowice von Reporterschwärmen aus aller Welt überfallen. Auf Schritt und Tritt begegnete man TV-Teams. Und die Leute produzierten ihre Wojtyla-Anekdoten schon völlig automatisch und routinemäßig zum fünften, zehnten oder zwanzigsten Mal. Ein paar Wochen später, an einem Samstagnachmittag, ist wieder die gewohnte Verschlafenheit eingekehrt. Der weitgedehnte Rynek, oder Ringplatz, liegt auf einer Anhöhe über dem Fluß, der Skawa. Aufs erste fällt einem nur auf, daß sämtliche Häuser einen frischen Anstrich haben. Daran ist jedoch nicht der Papst schuld. Die Stadt feierte 1977 ihr Jubiläum – sie wurde 1327, also vor 650 Jahren, von einem lokalen Fürsten gegründet. Wadowice profitierte schon damals von der wichtigen Handelsstraße aus der Königsstadt Krakau nach dem Westen. Dieses mittelalterliche Wadowice hält sich jedoch verborgen. Die Stadt zeigt sich heute im wesentlichen so, wie sie Karol Wojtyla aus seiner Kindheit im Gedächtnis hat. Und dieses Bild wurde von der österreichisch-ungarischen Monarchie geprägt: ein typisches Beamten- und Garnisonsstädtchen mit jenen ärarischen Fassaden, wie sie das franko-josephinische Ordnungssystem in jedem Winkel des großen Reiches errichtet hat, in Niederösterreich ebenso wie in Kroatien, in Slowenien, in Böhmen, im Banat oder in Siebenbürgen oder sonstwo im Habsburgerreich. Die meisten Häuser haben ihr Gesicht schon in den Biedermeierjahren erhalten, oder zu Franz Josephs Zeiten. Sie kommen mit einem Stockwerk aus, nur ein paar wollen noch höher hinaus, so das einstige Schulhaus neben Kirche und Pfarrhof. Jeder Lehrer, der einmal im altösterreichischen Schuldienst gestanden hat, würde sich hier sofort zurechtfinden. Die Volksschule, in der vor 50 Jahren Karol Wojtyla Zeugnisse mit lauter Einsern ausgeschrieben worden sind, dient heute als Rathaus. Aber zumindest optisch ist das

Universum des kleinen Karol noch intakt – die Schule, der Pfarrhof, die Maria geweihte barocke Kirche. Ein Jahr nach dem Stadtjubiläum gedachte Wadowice im November 1978 der 600 Jahre des Gotteshauses. Der Erzbischof von Krakau hatte diesen Termin für den nächsten Wadowice-Besuch auf seinem Kalender vermerkt. Denn zu dieser Kirche gehört er. Hier ist er getauft worden, hier hat er die erste Kommunion und die Firmung empfangen, hierher kehrte er zurück, um im November 1946 die Primiz zu feiern, seine erste öffentliche Messe. Ja, und im Schatten dieser Kirche ist Karol Wojtyla auch aufgewachsen. In einem Fenster des Eckhauses Koscielna Nr. 7 (Kirchengasse 7) ist das Bild des Papstes von rotweißen Girlanden und bunten Lämpchen gerahmt. In den meisten Berichten wurde dieser unansehnliche einstöckige Bau auch als Geburtshaus vorgestellt; geboren ist Karol zwar in einer anderen Straße in Wadowice, die Eltern übersiedelten jedoch bald nach seiner Geburt in die Koscielna. Und dort war auch 18 Jahre lang sein Zuhause.

Wer einen Film über die Kindheit des Papstes drehen wollte, braucht hier keinerlei Requisiten herbeizuschaffen. Der schmale Hof ist noch immer so, wie er damals war: ein holpriges Pflaster, die Stange zum Teppichklopfen, ein Abfallkübel von ehrwürdigem Alter, die metallene Wendeltreppe mit ihrem glatten Geländer, über das der Bub, der einmal Papst werden sollte, bestimmt heruntergerutscht ist. Ein offener balkonartiger Gang zum Hof sorgt als wichtigste Kommunikationsebene dafür, daß in einem solchen Haus nichts geheim bleibt. Die jetzigen Bewohner können keine Wojtyla-Reliquien vorweisen. Aber sie öffnen den Journalisten trotzdem die Tür, als ob sie ein Museum oder ein Heiligtum zu verwalten hätten. Sie wissen ähnliche Anekdoten und Geschichten wie alle Leute in Wadowice. Nach dem Rummel der letzten Oktoberwochen sind sich die Bürger von Wadowice auch nicht mehr so ganz sicher, ob sie das, was sie da berichten, selber erlebt oder nur gehört oder durch ihre Phantasie noch ausgedehnt, erweitert, ergänzt und gefärbt haben. Durch die ständige Wiederholung gewinnt jedoch auch das Erfundene einen Realitätsgehalt, und die Grenzen zwischen Dichtung und Wahrheit verschwimmen. So entsteht ein liebliches Heiligenbildchen, ohne harte Kontraste und grelle Akzente.

Karol sei sehr fromm gewesen, heißt es. Jeden Morgen vor der Schule huschte er noch in die Kirche, und zu Mittag, wenn er nach Hause kam, kniete er noch einmal vor dem Marienhochaltar zu einem kurzen Gebet nieder. Sein Porträt hängt nun neben der Kanzel, und im Pfarrhaus liegt das Taufbuch aufgeschlagen auf dem Tisch in der Kanzlei Pfarrer Edward Zachers. Immer wieder wurden diese Zeilen fotografiert und gefilmt – auf der Seite 549, unter der Matrikelnummer 71: „18. Mai 1920 Carolus Joseph Wojtyla." Daneben sind später noch einige Eintragungen dazugekritzelt worden. Das Datum der Priesterweihe am 1. November 1946, das der Bischofsweihe am 28. September 1958, die Ernennung zum Erzbischof am 30. Dezember 1963, die Erhebung zum Kardinal am 29. Mai 1967. Und bereits außerhalb des gedruckten Liniensystems an den untersten Rand des Buches hat Prälat Zacher noch die letzten Zeilen geschrieben: „Diae 16-10-1978, summum pontificem electus imposuit sibi nomen Johannes Paulus II." (Am 16. Oktober 1978 wurde er zum höchsten Pontifikat gewählt und gab sich den Namen Johannes Paul II.)

Als Eltern sind in dem Buch Karol und Emilia Wojtyla, geborene Kaczorowska, eingetragen. Die Mutter dürfte litauische Ahnen gehabt haben, weil Wojtyla vor kurzem seine verwandtschaftliche Bindungen nach Litauen erwähnte. Der Vater ist 1879 in Lipnik im Bezirk Biala, also nahe der heutigen Grenze zur ČSSR und nicht weit von Wadowice, geboren. Die Fotos, die die Journalisten in diversen Familienalben aufgestöbert haben, zeigen ihn als strammen Soldaten, einmal in österreichischer Uniform, so auf dem Hochzeitsfoto, mit den drei Sternen eines Unteroffiziers; aus seinen späteren Jahren fand sich ein Porträt in polnischer Leutnantsuniform.

Um ein wenig über die Person des Vaters zu erfahren, schaut man am besten im Wiener Kriegsarchiv nach. Dort schlummerte seit vielen Jahren unberührt ein Personalakt Karl Wojtyla, der von 1900 bis 1916 reicht. Es ist keine aufregende Soldatenkarriere. Wojtyla ist auch nie vor dem Feind gestanden. Die Akten stellen ihn uns als einen korrekten altösterreichischen Militärbeamten vor, der sich langsam, und wahrscheinlich durch den Kriegsausbruch begünstigt, in den untersten Offiziersrang emporgearbeitet hat.

Der Vater des Papstes kam als Sohn eines Schneiders zur Welt, und er selbst hat zuerst das Schneiderhandwerk erlernt. Im Herbst 1900 wurde er jedoch eingezogen und dem in Wadowice stationierten k. u. k. Infanterieregiment Graf Daun Nr. 56 zugeteilt. Nach einem Jahr zum Gefreiten befördert, tat er Dienst als „Aufsichtscharge" in der Infanteriekadettenschule in Lemberg. Wojtyla hatte anscheinend wenig Neigung zur Schneiderei und sah seine Zukunft eher in einer Soldatenlaufbahn. Als Zugsführer versetzte man ihn 1904 von Lemberg wieder zurück zu seinem Stammregiment nach Wadowice, und dort sollte er auch bleiben. 1906 wurde Wojtyla als Rechnungsunteroffizier geführt, und am 10. Februar dieses Jahres heiratete er Emilia Kaczorowska. Am 28. August gebar sie ihm den ersten Sohn, Edmund.

In dieser Zeit diente Wojtyla in den Schreibstuben des Ergänzungskommandos. Das Kriegsarchiv besitzt eine Schriftprobe von ihm, und die Konduiteliste bescheinigt ihm, daß er Deutsch und Polnisch in Rede und Schrift beherrscht. Weiters verrät dieses soldatische Betragensregister, daß Wojtyla „Konzepte sehr gut, Reinschriften sehr korrekt" verfaßt und außerdem „ein flinker Maschinenschreiber" ist. Unter der Rubrik „Eigenschaften des Gemütes und Charakters" heißt es 1908: „Äußerst gut entwickelt, biederer Charakter, ernst, sehr gesetzt, bescheiden, ehrliebend mit stark entwickeltem Pflichtgefühl, sehr gutmütig und unverdrossen." Ein paar Jahre später unterstrich der Vorgesetzte Wojtylas diese positive Meinung: „Ein in jeder Beziehung korrekter, vollkommen verläßlicher Unteroffizier, der im Kanzlei- und Konzeptfach hervorragend entspricht. Ist jeder Bevorzugung würdig." Und der Herr Oberst bestätigt diese Beurteilung, indem er sein „Einverstanden" darunter setzte und bekräftigend ergänzte: „Ein äußerst tüchtiger, sehr verwendbarer und braver Unteroffizier." Sein „geselliges Benehmen" wurde mit „sehr nett, anständig mit sehr guten Umgangsformen" eingestuft und darum „besitzt er alle für einen kk Staatsbeamten erforderlichen Qualitäten". Nach 12jähriger Militärdienstzeit strebte Wojtyla eine Übernahme in den zivilen Staatsdienst an. Von seinem Regiment wurden diese Bemühungen auch gefördert. Es stellte Wojtyla das beste Zeugnis aus. Diesem Gesuch läßt sich auch entnehmen, daß Wojtyla die Volksschule und drei Gymnasialklassen besucht hat. Seine Pläne wurden jedoch durch den Krieg zerstört. In den Mobilmachungstagen und in den folgenden Wochen, da Wadowice und Krakau nach dem ersten russischen Durchbruch den Geschützdonner vernahmen, muß sich Wojtyla in seiner Schreibstube sehr bewährt haben. Er wurde dafür auch belobigt und mit dem Eisernen Verdienstkreuz mit Krone ausgezeichnet. 1915 durchbrach er die Barriere zwischen Unteroffiziers- und Offiziersstand. Wojtyla wurde zum Militär-Evidenzbeamtenaspiranten befördert, und damit zählte er zum Offizierskorps. Die Beförderungseingabe hob auch Wojtylas „Würdigkeit in außerdienstlicher Beziehung" hervor. Zum letztenmal wird Wojtyla noch 1916 in den Wiener Akten erwähnt. Dann schweigt das Kriegsarchiv über diesen musterhaften Militärbürokraten. Die neue polnische Republik übernahm Karol Wojtyla als Leutnant in ihre Armee. Er blieb weiter in Wadowice und ließ sich nach einigen Jahren, vermutlich aus Gesundheitsgründen, relativ früh pensionieren.

Kann man nach diesem Aktenporträt des alten Wojtyla ein lebendiges Bild skizzieren? Er war für den Sohn lange Zeit die wichtigste Bezugsperson. Seine Korrektheit und Ehrlichkeit, das Pflichtbewußtsein und die ruhigen, gesetzten Umgangsformen, die wird Karol wohl vom Vater haben. Obwohl

Wojtyla in tiefster Seele seinem Polentum verhaftet ist und erst unter der polnischen Republik geboren wurde, darf das mitteleuropäische Erbe, das allen Bewohnern der untergegangenen Donaumonarchie und deren Nachfahren zugefallen ist, nicht unterschätzt werden. Noch heute erkennt jeder, der mit offenen Augen durchs Land fährt, die Grenze zwischen dem österreichischen Galizien und Russisch-Polen. Dieses kulturelle Gefälle war in den Zwischenkriegsjahren noch viel stärker spürbar. Und die ganze Lebenssphäre, in der der junge Karol aufwuchs, war von einem Hauch von k. u. k. durchweht. Ein wenig lebt dieser Geist auch heute noch in Krakau und Wadowice.

Nicht nur Wojtyla, auch mehrere italienische Päpste der Neuzeit hatten Bindungen zum Habsburgerreich: Pius X., Giuseppe Sarto, wurde 1835 im venetischen Riese als Sohn eines österreichischen Briefträgers geboren. Auch Pius XI. kam 1857 als Untertan Kaiser Franz Josephs im lombardischen Desio zur Welt. Johannes XXIII. hatte noch Eltern, die in Bergamo unter der Herrschaft des Doppeladlers gelebt haben, und die Großeltern Albino Lucianis waren bis 1866 als Veneter österreichische Staatsangehörige. Karol Wojtyla stammt zwar aus einer ganz anderen Ecke des Reiches, der altösterreichische Sinn für Ordnung und Ehrlichkeit, für eine verläßliche Verwaltung und auch ein gewisser Geist der Toleranz sollten ein allen gemeinsames Legat sein. Im zerstückelten Polen vermochte sich die polnische Kultur unter der österreichischen Herrschaft auch viel besser zu entfalten als in den von den Preußen und Russen verwalteten Landesteilen.

Als Karol Wojtyla in Wadowice über das Taufbecken gehalten wurde, war diese Welt bereits zerstört. So schien es zumindest, ihre Lebenskraft hat sie dennoch bewahrt. Und der kleine Lolek wuchs in das Koordinatensystem streng reglementierten ärarischen Denkens hinein: da galt materielle Beschränktheit als vornehme Bescheidenheit, und das Erkennen der eigenen Grenzen, die Vorausberechenbarkeit der Zukunft in der Laufbahn eines Berufsoffiziers oder Beamten und der Respekt vor allen staatlichen und kirchlichen Ordnungsinstanzen wurden zur Basis eines alle Grenzen sprengenden Aufstiegs in scheinbar unerreichbare Höhen.

Die ersten Lebenserfahrungen des kleinen Wojtyla sind jedoch vom tragischen Zerfall der Familie in der Koscielna überschattet. Denn dieser nette aufgeweckte Ministrant, kahlgeschoren wie ein Rekrut und mit abstehenden Ohren, mußte schon mit neun Jahren erfahren, was es heißt, die Mutter zu verlieren. Emilia Wojtyla starb 1929. Und nur drei Jahre danach traf Wojtyla ein zweiter Schlag. Der Bruder Edmund hatte Medizin studiert. Als junger Praktikant infizierte er sich im Spital mit Scharlach. Er konnte nicht mehr gerettet werden. Auf dem Krakauer Militärfriedhof hat Karol Wojtyla heute seine Familie wieder beisammen, in einem festen gruftartigen Grab liegen die Mutter, der Bruder und der 1941 verstorbene Vater.

Der Vater dürfte lange Zeit hindurch die Schlüsselfigur im Leben des Schülers und Gymnasiasten Karol gewesen sein. Alle seine Freunde von damals bezeugen das gute, das innige Verhältnis zu dem immer freundlichen, etwas stillen, verschlossenen Mann mit dem kleinen Bärtchen über der Oberlippe, dem militärisch kurzen Haarschnitt und dem Zwicker auf der Nase. Eine alte Frau sorgte für den Haushalt. So versuchten Vater und Sohn, ein Familienleben zu führen. Man sah sie oft miteinander auf der Straße. Und Karol war stolz auf seinen Vater. Trotzdem kam ihm ein militärischer Lebensweg niemals in den Sinn. Karol begeisterte sich für die polnische Literatur und für das Theater. Bald kannten die Bürger von Wadowice seinen Namen als Hauptdarsteller bei Schüleraufführungen. Und jeder, den man heute danach fragt, sagt: „Lolek war so begabt."

Die Bäume vor dem Gymnasium an der Straße nach Bielsko, dem alten Bielitz, sind inzwischen um einiges gewachsen. Zu Wojtylas Zeiten wird der Fassade dieses Grün gefehlt haben. Vom Ringplatz hatte er nur ein paar Minuten zu gehen – das gelbe Haus in der Kirchengasse, die Kirche, das Gymnasium, drei Gebäude, in denen der heutige Papst geformt wurde, und alle sind sie so wie damals, als Wadowice in seiner Kleinstadtgemütlichkeit dahindämmerte. Die Beamten der Kreisverwaltung, die Richter vom Kreisgericht und ein paar Anwälte und Notare, die Herren Professoren vom Gymnasium, die Ärzte des Spitals und die Offiziere der Garnison waren die angesehenen Leute, die Honoratioren. Sie und ihre Frauen bildeten in der Zwischenkriegszeit die Gesellschaft des Städtchens mit seinen damals 8500 Einwohnern.

Jeder kannte jeden. Der Kanzler der erzbischöflichen Kurie in Krakau stammt ebenfalls aus Wadowice. Er ist älter als Wojtyla. Bevor er zum Priesterberuf fand, arbeitete er als Jurist in einer Anwaltskanzlei: „Natürlich erinnere ich mich an den jungen Karol Wojtyla, aber er hat mich nicht sonderlich interessiert. Er war ein Bub, und ich war schon erwachsen. Ich weiß nicht, ob ich es auch damals so gesagt hätte, aber wenn ich jetzt zurückdenke, so war er wohl ein gutes Beispiel dafür, wie sich ein junger Mann benehmen sollte."

Das Gymnasium hat durch den Krieg viele Dokumente verloren. Wojtylas Zeugnisse wurden vom Direktor jedoch wieder ausgegraben. Sie sind eher eintönig, da liest man fast nur „bardzo dobry" – sehr gut. In der siebenten Klasse 1937 hat er nur zwei „gut" – in Geschichte sowie Physik und Chemie, sonst lauter „sehr gut". „Aber er war kein Streber, er hat uns einfach in allem überragt, er war körperlich und geistig größer als wir." In diesen Tagen mußte Zbigniew Silkowski diese Personsbeschreibung oft wiederholen. Der hochgewachsene bärtige Endfünfziger ist einer der besten Freunde Wojtylas aus der Schulzeit. Er bewohnt noch das Haus seiner Jugend am Ringplatz. Karol kam oft zu ihm. Sie waren ja fast Nachbarn. Bei der Amtseinführung Johannes' Paul II. gehörte Silkowski zu jenen Landsleuten, denen der Papst die Kommunion spendete. „Karol hat sich nicht abgesondert; aber wenn wir wieder irgendeinen Blödsinn ausheckten, dann machte er wohl mit, aber man hatte dabei oft das Gefühl, daß ihm die Zeit dafür zu schade sei.“ Diese Aussage deckt sich mit der eines anderen Schulkameraden, des Arztes Dr. Piotrowski, so als ob sich die beiden abgesprochen hätten: „Man empfand bei Karol, daß er niemals seine Zeit vertrödeln wollte. Das hat er von seinem Vater gelernt. Er war lustig wie wir, aber nie auf Kosten anderer. In der Schule hat Karol fast nie gefehlt. Ich weiß nur, daß er einmal mit einem dicken Umschlag um den Hals gekommen ist und kaum sprechen konnte . . .“

Im Gymnasium spricht auch der Schuldiener von Karol: „Lolek war ärmlich, aber immer anständig gekleidet. Er trug gewöhnlich eine Jacke aus Militärstoff, die sicher aus einer Uniform seines Vaters geschneidert war, und dazu dunkelblaue Hosen und ein weißes Hemd. Er trug immer eine Mütze auf dem Kopf. Man sah, daß man bei ihm zu Hause nicht in Geld schwamm. Ich habe damals Frühstücksbrote an die Schüler verkauft, und Wojtyla hat mir geholfen, die Kasse in Ordnung zu halten, weil er der ordentlichste und ehrlichste von allen war.“

Erinnerungsfetzen, verschwommene, verklärte Bilder. Bei den Ministranten der Pfarre war Karol Wojtyla Präses, bei uns würde man Oberministrant sagen. Und sein alter Katechet und Ministrantenkaplan, der heutige Kanonikus Figlewicz, kramt in seiner Wohnung am Krakauer Wawel einige Bilder von Ausflügen mit den Buben hervor. Sie haben sich auf einer Wiese postiert wie eine richtige Fußballmannschaft für ein offizielles Gruppenbild. Und Karol hält den Ball unter den Arm geklemmt. Er stand immer im Tor – beim Fußball und beim Handball.

Mehr als die meisten anderen Dinge begeisterte ihn jedoch bald das Theater. Unter dem rührigen Direktor des Gymnasiums Jan Krolikiewicz bildete sich ein dramatischer Zirkel. Dem gehörten die Buben der Oberklassen an, aber auch einige begabte Mädchen. Jeder Wadowicer von damals erinnert sich an die Schüleraufführungen. Sie waren das kulturelle Ereignis in der Stadt. Und jetzt sind auch wieder ein paar Programme von damals zum Vorschein gekommen. Da steht neben dem Namen Karol Wojtylas auch der Halina Krolikiewiczs, der Tochter des Direktors. Wenn Karol den Prinzen spielte, war sie die Prinzessin. Als den talentiertesten der jugendlichen Schauspieler gehörten den beiden stets die Rollen des positiven Protagonistenpaares. Und in Krakau zählt heute Karols Partnerin von damals als Halina Kwiatkowska zu den bekanntesten Darstellerinnen des berühmten „Stary Teatr“.

Die Kollegen Wojtylas sind noch immer von seinem guten Gedächtnis beeindruckt. Das Rollenstudium bereitete ihm überhaupt keine Mühe. Als einmal der Bösewicht in einem Märchendrama plötzlich erkrankte, sprang Wojtyla sofort ein. Nicht nur, daß er seine Wandlungsfähigkeit bewies, indem er in einer Aufführung sowohl den reinen Helden als auch den Halunken verkörperte, er sprach die zweite Rolle ohne ein Textbuch in der Hand. Nur durch die Proben konnte er fast das ganze Stück auswendig. Neben den großen nationalen polnischen Dichtern des frühen 19. Jahrhunderts, Adam Mickiewicz, Julius Slowacki, Zygmunt Krasinski, und den Komödien Aleksander Fredros hatten die Schüler auch antike Klassiker wie „Antigone“ von Sophokles im Repertoire. Karol Wojtyla rezitierte außerdem voll Leidenschaft die großen Balladen und Versepen der polnischen Romantik. Und sein Lieblingsdichter war Cyprian Kamil Norwid (1821–1883); fast unbekannt in der Emigration verstorben, wurde Norwid um die Jahrhundertwende wiederentdeckt und als der bedeutendste Neuerer der polnischen Lyrik gepriesen. Wie die meisten polnischen Dichter sah Norwid in seinem Werk auch eine erzieherische und nationale Mission. So übte er an der Gesellschaft des ausgehenden 19. Jahrhunderts scharfe Kritik vom Standpunkt der christlichen Ethik, eine Position, die Wojtyla, der einmal Moraltheologe werden sollte, tief beeinflußte. In vielem seiner Zeit voraus, nahm Norwid eine Haltung ein, die auf einen die Welt entdeckenden und erkennenden jungen Menschen in den dreißiger Jahren stark wirken mußte. „Der Dichter prangerte einerseits die leere

Konvention an, insbesondere die Scheinwelt der eleganten Salons, das billige Pathos der romantischen Gefühle und der patriotischen Entrüstung, das sinnentleerte Christentum, das sich mit untätigem Mitleid oder sozialer Gleichgültigkeit paart." So charakterisiert die Literaturwissenschaft sein Werk. „Andererseits kritisierte Norwid die neuesten Tendenzen der zeitgenössischen Kultur und Zivilisation – die sozialistische und nationalrevolutionäre Illusion von einem ‚endgültigen' Umsturz sowie die blinde Wissenschafts- und Fortschrittsgläubigkeit, Industrialismus und Kapitalismus." Bei dem jungen Wojtyla, der voller Ideale war, dabei von tiefer Gläubigkeit, enthusiastisch für die Lyrik, mit einem Gefühl für Sprache und Vers und Rhythmus, mußten diese Gedanken auf fruchtbaren Boden fallen, Verse etwa wie diese:

Wenn Tränen fließen: Fromme tupfen sie ab,
Wenn Blut rinnt, kommen mit Tüchern sie,
Wenn aber der Geist vom Druck der Qualen sickert,
Eilen sie nicht mit der freundlichen Hand,
Bis Gott selber es trocknet im Glanz der Blitze,
Erst dann . . .

Da geht es um heuchlerische Frömmigkeit, und die war und ist einem Wojtyla immer fremd. Das Um-Ecken-Reden und -Denken, das mit dem Begriff „klerikal" im schlechtesten Sinne des Wortes verbunden wurde, all das kannte er nie. Und Norwid blieb ihm bis heute ein Vorbild, ein Modell, sein Echo klingt aus den Gedichten, die Wojtyla später selber schrieb, und auch aus vielen seiner Reden und Schriften über die moralische Existenz des Menschen.

Warum hat der begeisterte junge Christ Karol Wojtyla nicht schon in seinen letzten Wadowicer Jahren daran gedacht, dieses Christentum als Priester zu praktizieren? Er habe schon als Bub gerne Messe gespielt, heißt es heute. Das ist kein so besonderes Merkmal. In katholischen Ländern wurde solcher erbaulicher kindlicher Zeitvertreib gefördert, und die Spielwarenindustrie lieferte auch kleine Altäre, Kelche, Meßkleider und alles, was zur Nachahmung kirchlichen Geschehens für die Kinder nötig war. Wojtylas Freunde von damals wollen wissen, daß er beim gemeinsamen Soldatenspiel meist in die Rolle des Militärkaplans geschlüpft war. Und auch Zbigniew Silkowski sah eine priesterliche Laufbahn für den Freund voraus: „Wir haben oft unter uns gesagt, daß Karol ein idealer Priester würde. Nur er selbst hat nie davon gesprochen . . ." Und dann kam 1937 die Visitation der Pfarre durch den damaligen Erzbischof von Krakau, Sapieha. Weil Karol von allen am besten sprechen konnte, begrüßte er den Bischof im Namen der Mittelschüler. Der war von dem jungen Mann angetan, und er fragte Karol, ob er nicht Priester werden wollte. Wojtyla antwortete jedoch, daß er lieber Philosophie und Polonistik studieren möchte. „Das ist aber schade", bedauerte Sapieha. „Für uns war es ein ehrlicher Schock", erinnert sich Silkowski. „Ich habe bis zur Matura eigentlich noch immer damit gerechnet, daß Karol in der theologischen Fakultät inskribieren würde." Sein Ministrantenkaplan, der greise Prälat Figlewicz, hegte jedoch keine solchen Hoffnungen: „Wojtyla hatte so viele andere Interessen. Daß er schließlich doch noch zum Priesterstand fand, war für mich eher wie ein Mirakel."

Denn in eben jenen letzten Wadowicer Jahren lernte Karol Wojtyla einen Mann kennen, der ihm Vorbild und neben dem Vater bald zur wichtigsten Persönlichkeit seiner Jugend wurde: Mieczyslaw Kotlarczyk. Der junge Professor an einer Klosterschule in Wadowice war selbst durch und durch Theatermann, und er erkannte sofort das außerordentliche Talent Karols. Das gemeinsame Interesse für die Literatur und die Schauspielerei brachte die beiden zusammen. „Man sah sie oft auf der Straße in intensives Gespräch vertieft", sagte ein alter Wadowicer. „Und Karol hing an Kotlarczyk wie der Schüler an seinem Meister." In diesen letzten Jahren vor der Matura fuhr Karol mit seinen Freunden des öfteren zu Theateraufführungen nach Krakau. Die jungen Leute lasen miteinander und gingen ins Kino und lebten in einer höheren Sphäre, inspiriert von den großen Geistern der polnischen Literatur.

Die Matura bestand Karol 1938 mit ausgezeichnetem Erfolg, und dann begann die Wadowicer Gymnasiastengemeinschaft zu zerfallen. Die meisten gingen nach Krakau, um dort zu studieren. Der Krieg sollte allen ihren Plänen bald ein Ende bereiten. Und für viele aus dieser Klasse wurde er zum Schicksal. Von den 36 des Maturajahrganges 1938 sind bereits 18 tot, davon zwölf gefallen, drei kamen im KZ ums Leben, und drei starben eines natürlichen Todes. Als die Deutschen Polen besetzten, gliederten sie Wadowice an das „Reich" an. Das Städtchen gehörte als Wadowitz zum Reichsgau Oberschlesien, und der Fluß Skawa bildete die Grenze zum Generalgouvernement. Viele Kameraden Wojtylas zogen die Uniform an. Silkowski geriet in Kriegsgefangenschaft, floh aus Deutschland und lebte die letzten Kriegsjahre im Untergrund. Andere kämpften in der polnischen Anders-Armee in Nordafrika und Italien. Und einige schlugen sich in Krakau durch. Nach dem Krieg war es Wojtyla, der immer wieder Treffen organisierte. Alle paar Jahre kam die Maturaklasse zusammen. Erst vor kurzem hatte der Kardinal noch angeregt: „Wir werden immer älter, da sollten wir uns auch öfters sehen."

Das kleine Wadowice hat Karol Wojtyla immer wieder angezogen. Er schätzte jeden Anlaß, der ihn in seinen Heimatort brachte. Als er nach der Ernennung zum Kardinal in der Kirche von Wadowice festlich empfangen wurde, sagte er dem alten Pfarrer Zacher, seinem Religionsprofessor im Gymnasium: „Mein lieber Lehrer, jetzt verspreche ich dir, es ist nun zum letztenmal, daß ich dir solche Mühe bereite." Wojtyla sollte sich gründlich getäuscht haben. Von der Stunde an, da die Glocken der Marienkirche durch ihr Sturmgeläut verkündeten, daß der Lolek aus Wadowice, daß Karol Wojtyla zum Papst erkoren worden war, hatte Prälat Zacher nur noch wenige ruhige Minuten. Die Wadowicer lagen eine Nacht lang im Freudentaumel. Das Tedeum in der Kirche dröhnte über den Ringplatz, Fackeln leuchteten, die Leute tranken Wodka auf das Wohl ihres Papstes, sie sangen das alte polnische Glückwunschlied „Hundert Jahre sollst du leben . . .“ Und als schon am nächsten Tag die ersten Reporterteams über sie hereinbrachen, erfuhren sie, daß Wadowice auf einmal berühmt geworden war, durch diesen Lolek, von dem sie schon immer sehr viel gehalten hatten.

5. Kapitel

Der vom Theater kam

Das Heim eines Menschen, der schreibt, Bücher an allen Wänden, Schränke voll mit Archivmappen, der Geruch von Papier und jene etwas altertümliche Eleganz, die sich das polnische Bürgertum bewahrt hat. Dem Salon dieser Wohnung in der Krakauer Altstadt haben die gesellschaftlichen Wandlungen der letzten vierzig Jahre kaum etwas anhaben können. Daß hier jemals Theater gespielt worden ist, würde niemandem einfallen. Aber dieser Salon diente einmal als Bühne und gleichzeitig auch als Zuschauerraum. Während Krakau von den Deutschen besetzt war und Hans Frank als Herr des Generalgouvernements in der polnischen Königsburg am Wawel thronte, wurden in diesem Haus und in vielen anderen Krakauer Bürgerhäusern oder in Palais, Pfarrhöfen und Kellern, und wo es sonst noch möglich war, die Dramen und Versdichtungen eines Mickiewicz und der anderen Größen der polnischen Literatur aufgeführt. Im Geheimen, weil die Deutschen das polnische Kulturleben zerstören wollten und alle solchen Veranstaltungen untersagt hatten. Etwa 30 Leute versammelten sich hier. Die Beginnzeit mußte so gewählt werden, daß sie alle noch vor dem nächtlichen Ausgehverbot wieder nach Hause gelangen konnten. Und wenn sie kamen oder gingen, dann einzeln oder in kleinen Gruppen, damit kein Gestapospitzel etwas von dieser illegalen Vorstellung merkte. Die polnische Sprache sollte leben, obwohl die Deutschen versuchten, sie auszuradieren. Und einer der Schauspieler der Untergrundbühne, die in diesem geistigen Widerstand engagiert waren, hieß Karol Wojtyla.

„Ja, hier in unserer Wohnung ist damals viel geschehen", sagt Juliusz Kydrynski, Schriftsteller, Übersetzer, Kritiker, ein Jahr jünger als der heutige Papst, einer seiner besten Freunde aus den ersten Kriegsjahren und damals selbst einer der Aktivsten der kulturellen Résistance. Sie hatten sich noch im friedlichen Krakau kennengelernt. Im Herbst 1938 auf der Philosophischen Fakultät der Jagellonen-Universität. Karol kam aus Wadowice und hatte Polonistik belegt. Das Jahr 1938 war bereits von politischer Spannung erfüllt. Die jungen Leute empfanden das nicht so, sie betraten eine neue Welt und ahnten nicht, daß ihr Ende schon am Horizont geschrieben stand. Sie wollten studieren, sie genossen das geistige Klima einer der angesehensten und ehrwürdigsten Universitäten Europas. Sie ist bereits 1364 gegründet worden – 16 Jahre nach der Prager und eines vor der Wiener Universität. Die Studenten versenkten sich in die polnische Literatur, und sie wollten nicht nur abstrakt lernen, sondern das Wort aktivieren, Lesungen abhalten, Stücke aufführen wie in Wadowice. Mit Karol studierte auch Halina Krolikiewicz an der philosophischen Fakultät. Eine andere Kommilitonin, Danuta Michalowska, ist heute ebenfalls ein großer polnischer Bühnenstar. Zusammen mit Kydrynski gründeten sie ein Studententheater, das „Studio 39". Halina bewahrt ein Plakat von damals mit all diesen Namen. Kydrynski gerät noch heute ins Schwärmen, wenn er daran zurückdenkt: „Wir haben geschrieben, inszeniert und gespielt. Karol dichtete bereits, und irgendwo müßte ich auch noch ein biblisches Drama von ihm liegen haben – ‚Hiob'." Sie waren Amateure, aber als sie an einem Abend 15 Zloty einnahmen, organisierten sie ein fröhliches Wodka-Fest. Wojtyla dagegen sparte die paar Zloty, die auf ihn abfielen. Er brauchte sie zum Leben. Karol bestand seine ersten Prüfungen mit „sehr gut", selbst bei den gefürchtetsten Professoren. Und im Frühsommer 1939, als schon viel vom Krieg geredet wurde, setzte das „Studio 39" mit Wojtyla und seinen Freunden im stimmungsvollen Renaissancehof des Collegium Maius, des mittelalterlichen Universitätsgebäudes, eine alte polnische Legende, „Der Ritter im Mond", in Szene. Kydrynski hat noch ein Foto davon. Die Darsteller kommen in pittoresken Tiermasken eine Treppe herunter. Wojtylas Gesicht ist nur schwer zu erkennen. „Wir hatten wirklich Erfolg." Da brach der Krieg aus. Wojtyla, Kydrynski und die anderen kamen nicht mehr dazu, einzurücken. Die Ereignisse überstürzten sich. Kydrynski: „Ich erinnere mich noch, wie uns meine Mutter in den ersten Kriegstagen mit einem Handwagen voller Wertsachen losgeschickt hat. Wir sollten sie irgendwo am Stadtrand in Sicherheit bringen. Karol begleitete mich. Auf einmal brausten deutsche Flieger über uns hinweg, und wir erlebten einen fürchterlichen Bombenangriff. Wir suchten in einem Hausflur Zuflucht und standen und warteten und redeten uns Mut zu. Ich glaube nicht, daß wir uns gefürchtet haben. Es war alles so unwirklich, so unfaßbar, wir begriffen gar nicht, was da wirklich geschah, und was uns noch alles drohte und erwartete."

Schon Ende der ersten Kriegswoche marschierten die Deutschen in Krakau ein. Die Stadt wurde nicht verteidigt. Die 14. Armee unter General List hatte, vornehmlich mit Gebirgsjägern über die Karpatenpässe aus der Slowakei vorstoßend, die Polen an dieser Südfront völlig überrascht und ihre Gegenwehr schnell überwunden. Krakau selbst blieb von Kriegshandlungen verschont. Es war auch dazu bestimmt, die Hauptstadt des Generalgouvernements zu werden, dieses Restpolens, das nach der offiziellen Definition zwar „Gebiet der deutschen Machthoheit, aber nicht Bestandteil des Deutschen Reiches" war. Und etwas später ließ Hitler das Generalgouvernement als „Nebenland des Deutschen Reiches" einstufen. Der Starjurist des NSDAP, Hans Frank, wurde zum Generalgouverneur ernannt, zu einer Art Vizekönig. Und bald prangte an allen Anschlagsäulen in Krakau seine deutsch-polnische Proklamation: „Polnische Männer und Frauen! . . . Ihr sollt getreu den von Euch seit geraumen

Zeitläufen gepflegten Sitten Euer Leben führen. Ihr sollt in allen Ausstrahlungen der Gemeinschaft Eure polnische Eigenart beibehalten dürfen. Allein das durch die verbrecherische Schuld Eurer bisherigen Machthaber völlig zerstörte Land bedarf der entschiedenen organisatorischen Heranziehung Eurer gemeinschaftlichen Arbeitskraft. Befreit von dem Zwang der Abenteurerpolitik Eurer intellektuellen Regierungsschicht werdet Ihr unter dem starken Schutz des Großdeutschen Reiches in der Erfüllung einer allgemeinen Arbeitspflicht hierfür Euer Bestes tun. Unter einer gerechten Herrschaft wird jeder durch Arbeit sein Brot verdienen ... Jeder Versuch einer Widersetzlichheit ... wird mit den starken Waffen des Großdeutschen Reiches und mit rücksichtsloser Schärfe vernichtet ..." Spätestens nach der Lektüre dieses schwulstigen Textes wußten die Polen, woran sie waren. Hitler hatte ihnen die Rolle von Arbeitssklaven zugeteilt. Und der Hinweis auf die „intellektuelle Regierungsschicht" deutet schon an, daß zu der deutschen Polenpolitik auch die Ausrottung oder totale „Neutralisierung" der polnischen Intelligenz gehörte. Hans Frank definierte seine Aufgabe vor Parteileuten klar und brutal: „Ich erhielt den Auftrag, die Verwaltung der eroberten Ostgebiete aufzunehmen, mit dem Sonderbefehl, diesen Bereich als Kriegsgebiet und Beuteland rücksichtslos auszupowern, es in seiner wirtschaftlichen, sozialen, kulturellen und politischen Struktur sozusagen zu einem Trümmerhaufen zu machen." Und Hitler sagte am 17. Oktober 1939 in einer Besprechung mit höheren Militärs: „Es muß verhindert werden, daß eine polnische Intelligenz sich als Führerschicht aufmacht. In dem Lande soll ein niederer Lebensstandard bleiben; wir wollen dort nur Arbeitskräfte schöpfen. Eine nationale Zellenbildung darf nicht zugelassen werden. Der Generalgouverneur soll der polnischen Nation nur geringe Lebensmöglichkeiten geben ..."

Das war also das Konzept, nach dem das Generalgouvernement verwaltet und die Bevölkerung behandelt werden sollten. Karol Wojtyla dürfte den Einmarsch der Deutschen in Krakau miterlebt haben, sein Freund Kydrynski war mit seinen Eltern aufs Land geflüchtet. Nach einiger Zeit kehrte er wieder in die besetzte Stadt zurück. Die Studenten hofften noch immer, ihr Studium fortsetzen zu können. Der Termin des Semesterbeginns rückte näher, und der war stets ein festliches Ereignis. Karol, Halina und einige andere Kollegen hatten sich an diesem Tag in der ersten Novemberwoche in der Universität versammelt, weil sie wissen wollten, was nun geschehen würde. Sämtliche Professoren waren von den Deutschen zu einer „Besprechung" eingeladen worden. Als sie alle beisammen waren, erklärten sie Gestapo-Beamte für verhaftet. In ohnmächtigem Zorn mußten die Studenten zuschauen, wie ihre Lehrer in Polizeiautos verfrachtet und abtransportiert wurden. Sie kamen alle ins KZ Sachsenhausen.

So sah also die „Kulturpolitik" der neuen Herren in der Praxis aus. Diesem Programm gemäß wurden die Theater geschlossen und alle anderen kulturellen Manifestationen verboten. Die Polen sollten auf einer niedrigen Entwicklungsstufe gehalten werden und lediglich Schwerarbeit leisten.

Für die Studenten stellte sich das Problem, wie sie sich weiter durchschlagen konnten. Mit dem Studium war es vorbei. Und bald hörte man von Deportationen zu Arbeitseinsätzen ins Reich. Wer keine feste Arbeit nachweisen konnte, war gefährdet. Jeder Pole benötigte eine Kennkarte, die bestätigte, daß er in einem kriegswichtigen Betrieb tätig war. Karol und Juliusz fanden im Kalksteinbruch der chemischen Fabrik Solvay Unterschlupf. Was besseres ließ sich nicht auftreiben. „Wir waren jung, aber es war nicht leicht. Die beiden ersten Winter waren eisig kalt, und jeden Tag haben wir acht Stunden lang im Freien Steine geklopft", erinnert sich Kydrynski. Auch Wojtyla erwähnt heute noch diese Jahre härtester körperlicher Arbeit, eine Erfahrung, die nur wenige führende Männer der Kirche mit ihm teilen.

Wojtyla und seine Freunde führten also nach außen hin das Leben, das ihnen die Deutschen zugedacht hatten. Sie und die ganze übrige Intelligenz sollte durch Schwerstarbeit vor lauter Müdigkeit gar nicht mehr zum Denken kommen. Auf der Wawelburg aber residierte Hans Frank, „dem theatralischen Zug seines Wesens folgend" und „sich dreist romantisierend als von Hitler über Polen gesetzter Lehnskönig" betrachtend, wie der Zeithistoriker Martin Broszat urteilt. Und nach Joachim C. Fests Meinung schien dieses Amt „wie geschaffen für den pathetischen Geltungsdrang Franks" und seinen „prahlerischen Anspruch eines orientalischen Despoten ... Herr über Leben und Tod, unberechenbar in Großmut und Grausamkeit, ein patriarchalisches Willkürregiment führend, dessen Grundsätze offenbar aus eher zufälligen Lesefrüchten über Herrenmenschenart, Weltmachtstil, deutsches Sendungsbewußtsein und billiger Literatur über slawische Psychologie sehr subjektiv zusammengesetzt waren".

Das Priesterseminar am Fuß des Burgberges wurde beschlagnahmt. Hier rückte die Leibwache Franks ein. Für Polen war der Wawel gesperrt. Um jedoch den Schein zu wahren und sich den Vorwurf zu ersparen, daß er auch die Kathedrale mit den Gräbern der polnischen Könige und Nationalhelden völlig ihrem kirchlichen Zwecken entziehe, gestattete Frank, daß dort oben zweimal in der Woche die Messe gelesen würde. Und diese Aufgabe fiel dem einstigen Ministrantenkaplan Wojtylas aus Wadowice, dem Pfarrer Figlewicz zu. Jeden Mittwoch und jeden Sonntag wurde ihm die Kathedrale aufgesperrt. Nur ein Küster und ein Ministrant durften ihn begleiten. Und eine SS-Wache. Sonst war bei diesen Gespenstermessen niemand anwesend.

Eine solche Atmosphäre herrschte damals in Krakau: Angst, Hunger, Armut, Mißtrauen, Unterdrückung. Die Menschen litten unter dem ständigen Terror. Die Juden wurden systematisch verschleppt und umgebracht, katholische Priester wanderten in Konzentrationslager, und auch viele andere Polen, die aufzumucken wagten oder auch nur als potentielle Gegner betrachtet wurden. Diese totale Demütigung und Verneinung nationaler polnischer Ansprüche förderte jedoch die Entstehung eines Untergrundstaates im Generalgouvernement, einer funktionierenden Gegengewalt mit illegalen Schulen und Universitäten, kirchlichen Institutionen, einer Untergrundliteratur und -journalistik, einer regulären Untergrundarmee, die auf den Tag X wartete – und auch illegale Theater wurden gegründet. Die Polen brauchten sich in diesen tragischen Monaten und Jahren nur ihrer Geschichte zu besinnen, jener Zeiten, als Polen seine Eigenstaatlichkeit verloren hatte und in ein russisches, preußisches und österreichisches Territorium aufgeteilt war. Damals hatten solche geheime Aktivitäten vor allem in Russisch-Polen das Nationalgefühl und die eigene Kultur gerettet. Die polnische Literatur der Romantik ist voller Widerstandsgeist, und die patriotischen Texte eines Mickiewicz oder eines Slowacki klangen so, als ob sie zur gegenwärtigen Situation geschrieben worden wären. Und Wojtyla und sein Kreis wußten bald, wie sie auf ihre Weise kämpfen und die polnische Kultur verteidigen konnten.

Sie waren ja zusammen geblieben. Ihre Professoren hatten sie verloren. Aber aus den an das Reich angegliederten Städten wie etwa Posen wurden Universitätsprofessoren nach Krakau deportiert. Und die erklärten sich bereit, die Krakauer Studenten heimlich zu unterrichten. Bald fanden in Privatwohnungen Vorlesungen statt, die nötigen Bücher wanderten von Hand zu Hand, Seminare wurden abgehalten, ja sogar Prüfungen und Zeugnisse vergeben. Die Universität hielt so ihren Betrieb aufrecht, ohne daß die Deutschen etwas dagegen zu unternehmen vermochten. Wojtyla beschäftigte sich neben seinem strapaziösen Tagwerk im Steinbruch wieder mit Polonistik, mit polnischer Sprache und Literatur, und dazu brachte er auch noch die Kraft auf, Französisch zu lernen. Bald hatte sich die Gruppe vom „Studio 39" auch wieder zum Theaterspielen entschlossen. Denn das Bedürfnis nach Kultur und Tradition und nach den polnischen Klassikern war stärker denn je. „Ja, nach den acht Stunden im Steinbruch hat das Leben erst begonnen, obwohl wir todmüde waren", erinnert sich Kydrynski. „Mit dem Theater, den Proben, dem Schreiben, dem Diskutieren.“

Unter dem Druck der Verhältnisse entwickelte die Truppe einen eigenen Stil: eine kostspielige Ausstattung konnte sich das Theater nicht leisten, auch keine Massenszenen. Der einzelne Schauspieler, seine Sprechkunst und Persönlichkeit allein mußten wirken. Und als 1941 Mieczyslaw Kotlarczyk aus Wadowice nach Krakau übersiedelte, tat er sich mit Wojtyla zusammen, und formte die Truppe nun in seinem Sinne. Es entstand das legendäre „Teatr Rapsodyczny“, das „Rhapsodische Theater“, ein Theater des Wortes. Mit Kotlarczyk, Wojtyla, Halina Krolikiewicz und Danuta Michalowska.

Für die heutigen polnischen Theaterhistoriker ist diese Aktivität der jungen Krakauer Studentenschauspieler „ein Element des Kampfes; und das Wort, die literarische Widerspiegelung von Gedanken und Gefühlen des Menschen, die inmitten des von den Nazis geschaffenen Infernos lebten, gehörte zu den wichtigsten Formen des Kampfes . . .“, so 1975 die Monatsschrift „Polen“. Das Wort als Waffe. Und das Arsenal der Worte war reich. Denn Mickiewicz und Slowacki hatten die nationale Identität Polens in jenen Jahren, da nach dem unglücklichen Warschauer Aufstand von 1830/31 Russen und Preußen die letzte Spur einer staatlichen Souveränität getilgt hatten, in ihren Versepen bewahrt. Und mit „Krol–Duch“ („Geist–König“) von Juliusz Slowacki startete das „Rhapsodische Theater“ auch am 1. November 1941 – mit verteilten Rollen sprachen die Künstler dieses gewaltige Werk, in dem Slowacki davon ausgeht, „daß jede Nation von einem auserwählten Geist geführt werde . . . Polen steht unter dem Schutz des ‚Geist–Königs‘, der das Land seiner ruhmreichen Bestimmung entgegenführt“. Das Epos um Herrschergestalten aus dem Mittelalter besteht aus fünf Rhapsodien, daher wohl auch der Name des Theaters. Die Schauspieler nutzten das vaterländische Pathos, um in der Stunde tiefster Erniedrigung den Glauben an Polen hochzuhalten.

Auch die populärste Versdichtung Adam Mickiewicz’,

„Pan Tadeusz“ (Herr Tadeusz), war voll Beziehungen zur Gegenwart, denn sie richtete sich gegen die fremde Besatzung, auch wenn der Dichter die Russen meinte, Karol Wojtyla war wie meistens die männliche Hauptrolle zugefallen, die des Mönches Robak. Und während Wojtyla in einer Wohnung der Krakauer Altstadt in einer grandiosen Sterbeszene eben zum dramatischen Höhepunkt gelangt war, dröhnte plötzlich draußen ein Lautsprecher und verkündete einen Erlaß des Generalgouverneurs. Da erhob Wojtyla seine Stimme und wurde noch intensiver, noch packender, und alle spürten, wie diese Szene auf einmal zu einem Duell zwischen dem deutschen Besatzer und dem polnischen Geist wurde. Der Lautsprecher plärrte weiter, kam näher, schien alles zu übertönen. Doch Wojtyla konnte sich noch steigern, und auf einmal hörte das Publikum nur noch ihn. Er hatte den Zweikampf gegen die technischen Mittel der Okkupationsmacht gewonnen. Und Juliusz Osterwa, einer der größten und populärsten Schauspieler und Regisseure Polens, der dieser Vorstellung beiwohnte, redete nachher nur von diesen Augenblicken und von der bewundernswerten Leistung des jungen Mannes.

Neben seiner Schauspielerexistenz führte Wojtyla jedoch sein Arbeiterleben. Von acht bis vier jeden Tag im Steinbruch, die zwei ersten so besonders bitteren und kalten Kriegswinter hindurch, und ebenso in der Sommerhitze. Dann erst schafften er und Kydrynski es endlich, unter ein Dach zu kommen. Sie erhielten Hilfsarbeiterjobs in der Speisesodafabrik, die auch den Steinbruch betrieb. Das Werk, ein brüchiger Kasten am Stadtrand von Krakau, ist noch immer in Betrieb, und einige alte Arbeiter haben die Studenten nicht vergessen. Wojtyla mußte schwere Laugenkanister schleppen und umleeren. In Schichtarbeit, entweder von sechs bis zwei, von zwei bis zehn oder von zehn bis sechs. Einmal, als er in der Nacht zu Fuß nach Hause wanderte, stieß ihn ein Lastwagen nieder, man sagt, daß es ein deutsches Militärfahrzeug war. Eine Frau fand Wojtyla nach ein paar Stunden bewußtlos im Straßengraben, glücklicherweise jedoch nicht ernstlich verletzt.

In den ersten Kriegsjahren wohnte Karol mit seinem Vater zusammen. Als Wadowice ans Reich angegliedert wurde, verließ der pensionierte Offizier die Stadt – vielleicht wurde er auch dazu gezwungen. Denn die deutschen Behörden germanisierten die neugewonnenen Gebiete mit eisernem Griff und siedelten die polnischen Einwohner massenweise ins Generalgouvernement um. Es war so arg, daß der Erzbischof von Krakau, Adam Stefan Sapieha, am 5. November 1940 sogar ein Protesttelegramm an Hitler sandte: „Tausende Leute aus den Bezirken Saybusch, Bielitz, Wadowitz, Chrzanow usw., welche zu meiner Diözese gehören, werden ausgesiedelt ohne die Möglichkeit, ihre Habseligkeiten mitnehmen zu dürfen mit Ausnahme eines Bündels und einigen paar Groschen. Im Namen dieser armen Unglücklichen, welche politisch unschuldig sind und dem Großdeutschen Reich keinerlei Schaden bringen können, möge es mir erlaubt sein, an die Gnade und menschlichen Gefühle Eurer Exzellenz zu appellieren mit der innigen Bitte, die Verfügung annullieren zu wollen, oder zumindest ihre Ausführung zu lindern . . ." Hitler ließ sich durch Sapieha nicht rühren. Kurz vorher hatte sich der „Führer" noch darüber beschwert, daß deutsche Offiziere bei dem Erzbischof in seinem Krakauer Palais zu Besuch waren. Und er proklamierte einen „harten Volkstumskampf, der keine gesetzlichen Bindungen gestattet".

Der alte Wojtyla, etwas gebrechlich und kränkelnd, mußte sich nun also in einer neuen Umgebung zurechtfinden; er wurde von seinem Sohn versorgt. „Zwischen Karol und dem Vater bestand ein echtes Freundschaftsverhältnis", sagt Juliusz Kydrynski. „Der eine hing an dem anderen." Und wie war Karol damals? „Er war einer von uns, aufs erste hat er sich auch nicht von uns unterschieden, aber wir hatten doch alle Respekt vor ihm. Er konnte lachen wie wir und war doch viel ernsthafter. Er hatte etwas Außergewöhnliches an sich. Man hätte vor ihm zum Beispiel niemals einen zotigen Witz erzählt."

In diesen Krakauer Untergrundjahren suchen manche

Autoren auch die geheimnisvolle große Liebe des künftigen Papstes. Daß Karol, ein fescher, intelligenter junger Mann, einmal verliebt war, nun, das wäre alles andere als abnormal. Wenn aber eine feste Bindung bestanden hätte, so hätten die politischen Gegner des Erzbischofs diesen Umstand schon längst an die Öffentlichkeit gebracht, um Wojtylas Image bei den Gläubigen zu schaden. Die Freunde von damals wissen nichts oder wollen nichts wissen. Eine seiner Kolleginnen spricht eher von seiner Frömmigkeit, und daß er öfters und länger in der Kirche betete als die anderen. Kydrynski sagt zu all diesen Gerüchten: „Das ist lächerlich. Ich kann mich an keinerlei erotische Beziehungen Karols erinnern. Darin war er sehr zurückhaltend.“ Und Juliusz Kydrynski stand zu Karol fast so wie zu einem Bruder.

Das Jahr 1941 wurde für Wojtyla jedoch schicksalshaft. Am 18. Februar starb sein Vater im Alter von 62 Jahren. Kydrynski: „Es hat Karol sehr, sehr hart getroffen. Wir hielten damals eine ganze Nacht lang gemeinsam am offenen Sarg Totenwache.“ Die Einsegnung auf dem Krakauer Militärfriedhof nahm Pfarrer Figlewicz vor. Dann überredete Kydrynski Karol, zu ihm zu ziehen. Er stand ja nun völlig allein da. „So wohnte er einige Zeit bei uns, und meine Mutter war auch seine Mutter ...“ Die alte Wohnung überließ er dagegen Kotlarczyk, der ebenfalls von Wadowice nach Krakau übersiedelt war. Doch nach einigen Wochen entschloß sich Karol, wieder in sein altes Heim zurückzugehen, um mit Kotlarczyk das Konzept für das neue Theater zu entwickeln. In diesen Monaten nach dem Tode des Vaters muß in Karol Wojtyla jedoch trotz seiner Theaterarbeit die Neigung zum Priesterberuf gereift sein. Wie es wirklich gekommen ist? Kydrynski weiß es nicht mehr. „Der Verlust des Vaters hat ihn doch sehr verändert.“

Eines Tages Anfang 1942 betrat Karol Wojtyla das Erzbischöfliche Palais in der Franciszkanska 3. Einen Teil des Gebäudes hatten die Deutschen beschlagnahmt. Aber Erzbischof Sapieha, einem der vornehmsten polnischen Fürstengeschlechter entstammend, behauptete sich in seinen Privaträumen. Und bei ihm meldete sich der Student: vier Jahre waren vergangen, seitdem der Erzbischof in Wadowice bedauert hatte, daß sich der begabte Bursche nicht für das Theologiestudium gewinnen ließ. Nun stand er wieder vor ihm und sagte schlicht: „Ich möchte Priester werden."

Es gehörte schon eine Portion Mut dazu, sich zu diesem Zeitpunkt die Priesterlaufbahn zu erwählen. Denn die Kirche war eines der Hauptziele der nationalsozialistischen Polenpolitik. Schon Ende 1939 saßen etwa 1000 polnische Priester und Ordensleute in Konzentrationslagern. Die Hierarchie in den an das Reich angeschlossenen Gebieten wurde völlig zerschlagen, der Primas von Polen Kardinal Hlond mußte ins Ausland flüchten. Zwischen 1939 und 1945 kamen in deutschen Gefängnissen und KZs 1996 polnische Geistliche, vier Bischöfe, 113 Priesterstudenten und 238 Nonnen ums Leben.

Nur in Krakau verteidigte Fürst Sapieha seine Stellung. Und er sorgte auch dafür, daß sich die von den Deutschen nach Hause geschickten Seminaristen und Theologiestudenten weiterbilden konnten. Auf kirchlicher Ebene entfaltete sich ein ähnlich blühendes Untergrundleben wie im weltlichen Bereich. Sapieha sandte 1941 die Theologiestudenten auf verschiedene Pfarreien. Dort taten sie als Beamte Dienst. Damit war vorerst ihre legale Existenz gesichert. Nebenbei setzten sie jedoch ihr Studium fort. Sie wurden Professoren zugeteilt, mit Lehrbüchern versorgt und studierten auf diese Weise. Sie waren Kryptokleriker, die am Vormittag als zivile Angestellte der Pfarren Schreibkram erledigten, Friedhofsregister führten usw., und sich am Nachmittag in ihre Bücher vertieften. Ein ehemaliger Rektor des Seminars hatte die Oberaufsicht, die Professoren entwarfen Lehr-, Erziehungs- und Lebensprogramme. Und zweimal im Jahr wurden die angehenden Priester in aller Heimlichkeit auch zu Exerzitien in Krakau zusammengeholt. Da hatte auch Erzbischof Sapieha Gelegenheit, ihre Fortschritte zu kontrollieren.

Diese verborgene Klerikergemeinschaft nahm nun auch Karol Wojtyla auf. Erzbischof Sapieha gab ihm einen Professor zu, der einen weiten Horizont besaß und einige Jahre an der Universität Löwen in Belgien studiert hatte. Später erzählteWojtyla Freunden von seiner inneren Wandlung in dieser ersten Phase des Studium. Vor allem die Beschäftigung mit der Metaphysik habe ihm neue Perspektiven, neue Dimensionen des Lebens eröffnet und eine geistige Konversion bewirkt.

In dieser Zeit hatte auch der heutige Kanzler der Krakauer Kurie Karol aus Wadowice wiedergesehen. Er selber war inzwischen Priester geworden, und in einem Gespräch mit einem Kollegen fiel plötzlich der Name Wojtyla. Dieser idealistische junge Mann müßte doch für den Priesterberuf zu begeistern sein. Da machten sich die beiden auf, um ihn in der Fabrik zu treffen und zu „werben“. Doch Wojtyla lachte: „Da kommt ihr zu spät. Ich studiere bereits Theologie.“ Seine Arbeit in dem Sodawerk konnte Karol nicht aufgeben. Auch das Theater wollte er nicht im Stich lassen. Die Schauspielerfreunde waren zuerst fassungslos, als er ihnen sein Geheimnis anvertraute. Trotzdem spielte er weiter. Doch alle merkten, daß er ein anderer geworden war, daß Wojtyla nur noch auf ein Ziel hinlebte – auf das Priestertum. Er hielt bis zum Sommer 1944 Kontakt zum „Rhapsodischen Theater“, dann war Karol plötzlich verschwunden.

Die Kriegslage hatte sich total verändert. Die Sowjets standen an der Weichsel. Und die Polen sahen die Zeit für die Befreiung gekommen. Am 1. August gab die Londoner Exilregierung das Signal zum Aufstand. In Warschau erhob sich die Heimatarmee, ein wohlorganisiertes Untergrundheer. Die deutsche Besatzung geriet fast ins Hintertreffen. Und erst Anfang Oktober mußte die Heimatarmee vor den inzwischen herbeigeführten überlegenen Kräften kapitulieren. Die sowjetischen Divisionen am anderen Weichselufer hatten keinen Versuch unternommen, die Polen zu unterstützen. Die Deutschen rächten sich blutig und grausam an der Zivilbevölkerung. Warschau wurde dem Erdboden gleichgemacht. Im gesamten Generalgouvernement gab es verschärfte Kontrollen und Polizeimaßnahmen. Die neue Verhaftungswelle bedrohte auch die Priester und Theologiestudenten. Darum entschloß sich Erzbischof Sapieha dazu, die jungen Leute in seinem Palais in Sicherheit zu bringen. Einer von ihnen, Pfarrer Suder, wirkt heute in St. Anna, der Krakauer Studentenkirche, gleich neben dem Collegium Maius. Er erzählt: „Im Sommer 1944 erhielten wir die Aufforderung vom Erzbischof, uns in der Kurie zu melden. Es war damals sehr gefährlich, weil man wegen des Warschauer Aufstandes überall auf den Straßen Polizei antraf. Als ich aus meiner Dorfpfarre am Krakauer Bahnhof ankam, hielt mich sofort eine Streife an. Sie nahmen mich auf eine Wachstube, wo schon viele andere saßen, prüften meine Papiere, aber ließen mich dann mit einem ‚Verschwinde' wieder laufen. Und dann hat es mich noch einmal schon fast vor dem Tor der Kurie in der Franziskanergasse erwischt. Denn auch dort waren die Deutschen stationiert. ‚Du, komm einmal her . . .', riefen sie mich, aber mein Ausweis war in Ordnung, und so konnte ich wieder gehen. Ähnliche Erfahrungen wie ich machten auch die anderen Kollegen auf dem Weg zum Erzbischof. Zwei Tage nach meiner Ankunft erschien als letzter ein junger Arbeiter in Drillichhose, offenem Hemd, ohne Rock, mit Holzschuhen an den Füßen, zwei Hefte unter den Arm geklemmt – unser neuer Kamerad Karol Wojtyla."

Als in den Tagen nach der Papstwahl unzählige ausländische Journalisten in Krakau Informationen sammelten, veranstaltete die Kurie täglich um elf Uhr eine Pressekonferenz – im repräsentativen Saal des Palais unter den Bildern der Vorgänger Wojtylas und polnischer Könige. Und dieser geräumige Saal, unmittelbar neben den Privatzimmern des Erzbischofs, war 1944/45 die Wohn-, Schlaf- und Lernstätte Wojtylas und seiner Kollegen. Pfarrer Suder: „Wir erhielten alle schwarze Talare und zogen in den großen Saal ein. Dort standen unsere Betten, dort hatten wir unsere paar Habselig-

Er verheißt Freude, Optimismus und Kraft – Johannes Paul II.

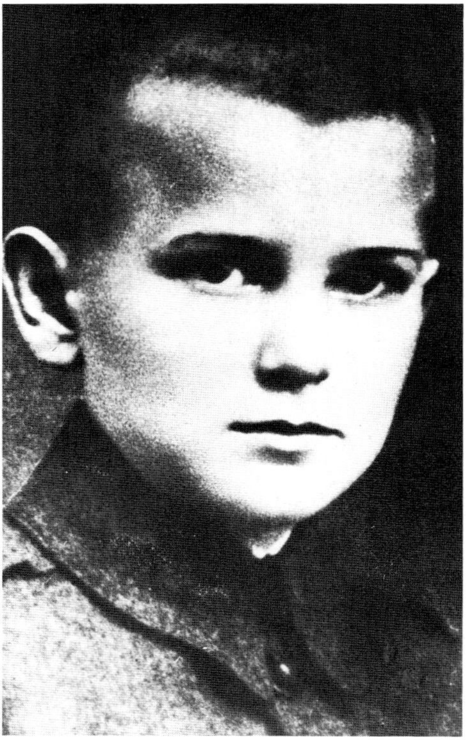

Heimkehr als Papst – Johannes Paul II. grüßt am 7. Juni 1979 bei der Einfahrt in Wadowice sein Vaterhaus.

Stadien eines Lebens – Die Eltern, Karol und Emilia Wojtyla, 1906, als Brautpaar (der Vater in österreichischer Uniform), die Mutter mit dem kleinen Karol, der zwölfjährige Schüler, der junge Schauspieler.

Der Sportler – Karol Wojtyla, schon Erzbischof von Krakau, in den Bergen, bei einer seiner vielen Paddeltouren und als Skifahrer.

Der Mann Karol Wojtyla – 1972 auf dem Wiener Südbahnhof vor der Abfahrt nach Rom zur Bischofssynode.

Unter dem Kreuz von Nowa Huta – Sonntag in der Kirche, für deren Bau Kardinal Wojtyla so gekämpft hat.

SPRAWIAMY

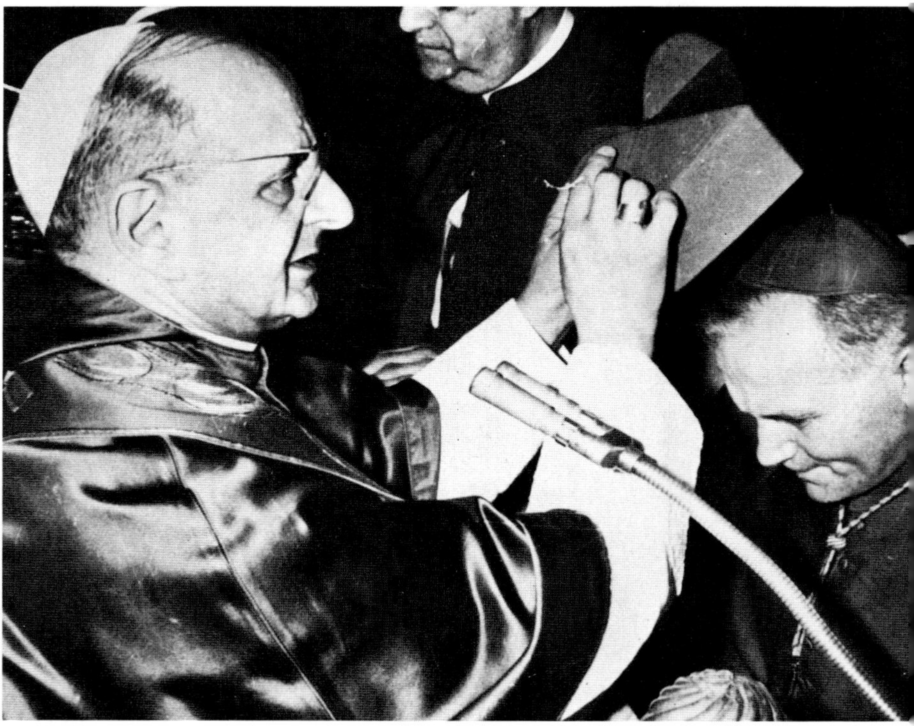

Die drei Päpste eines Jahres – Wojtyla mit seinen beiden Vorgängern (mit Paul VI., der ihm hier 1967 den Kardinalshut überreicht, mit Albino Luciani, Johannes Paul I., im September 1978).

Zwei Freunde – Johannes Paul II. und Franz Kardinal König, der Erzbischof von Wien, im Oktober 1978 unmittelbar nach der Wahl.

Das Kreuz ist keine Last für ihn – Johannes Paul II. bei seiner Amtseinführung am 22. Oktober 1978 auf dem Petersplatz.

Einer, der beten kann – Der Papst in der für ihn typischen Meditationshaltung.

Der Griff nach den Kindern – immer wieder holt sich der Papst die Kleinen aus der Menge, so auch in Mexiko. Im heißen Oaxaca ließ sich Wojtyla auch einen Sombrero verpassen.

13. Mai 1981: Getroffen von den Schüssen des Türken Ali Agca sinkt Papst Johannes Paul II. zusammen.

Gebet an der Todesmauer von Auschwitz – einer der stillsten Momente der polnischen Pilgerfahrt.

Auf seiner Mittelamerikareise im Frühjahr 1983 segnet der Papst in der Kathedrale von Guatemala City indianische Gläubige.

keiten, unsere Bücher, dort lernten wir und dort unterrichteten uns auch die Professoren."

Es dürften damals etwa 30 Leute unter dem Schutz Sapiehas in dem Palais gehaust haben. Vom Sommer 1944 bis zum 18. Januar 1945, als die sowjetischen Truppen in Krakau einmarschierten, konnten sie das Haus nicht verlassen. Die Deutschen hatten keine Ahnung, was hinter den Mauern der Franciszkanska 3 vorging. Sapieha führte ein strenges Regiment, und die sieben Studenten hatten sich an strikte Seminardisziplin zu gewöhnen. Geweckt wurde irgendwann nach fünf. Da trieben sie etwas Gymnastik, und dann versammelten sie sich fünf Minuten vor sechs in der Kapelle zur Meditation. Um sieben Uhr las der Erzbischof die Messe. Und nach dem Frühstück begannen die Vorlesungen. Am Nachmittag konnten die „Gefangenen" im Hof etwas Bewegung machen, anschließend wurde gebüffelt. Am Abend um 19 Uhr trafen sich die Bewohner des Palais zur Andacht in der Kapelle. Bis 21 Uhr blieb noch Zeit zum Lesen oder Lernen, und dann wurden die Lichter gelöscht.

So verlief ein Tag wie der andere, fast ein halbes Jahr hindurch. „Wir waren so froh, uns auf unser Studium konzentrieren zu können", sagt Pfarrer Suder heute. „Wir haben unser Eingeschlossensein nicht als Gefangenschaft verspürt. Wir wollten alle Priester werden, und hatten nun endlich Gelegenheit, uns diesem Lebenszweck total zu widmen."

Nach der Befreiung öffneten sich den Untergrundstudenten endlich die Tore des Erzbischöflichen Palais. Das Seminar am Fuß des Wawels war erst im Herbst 1946 beziehbar. Denn da hausten nun ehemalige kriegsgefangene Franzosen und andere Entwurzelte, die auf den Abtransport in ihre Heimatländer warteten. Und bei der Sprengung der Weichselbrücke durch die Deutschen waren das Dach und alle Fenster zerstört worden. Wojtyla und seine Kameraden hatten nun jedoch wesentlich bequemere Lebensbedingungen und bewohnten jenen Flügel der Kurie, in dem sich heute die Redaktionsräume der katholischen Wochenzeitung „Tygodnik Powszechny“ befinden.

Die Theologische Fakultät der Jagellonen-Universität wurde wieder eröffnet, und auch die Kleriker aus Tschenstochau und Kattowitz studierten nun in Krakau. Von den Sieben aus dem Untergrundseminar ist einer ausgetreten, die anderen wurden alle Priester.

Wie sieht Pfarrer Suder seinen Kollegen von damals? Auch sein Zeugnis idealisiert ihn sehr: „Wojtyla war immer freundlich, sehr fromm, wann es ihm die Zeit erlaubte, fand man ihn beim Gebet in der Kapelle. Am Morgen kniete er als erster dort. Er war der beste unserer Gruppe.“ Der Beste, der Frömmste, der Fleißigste, der Gescheiteste – diese Superlative hört man immer wieder, wenn man die verschiedenen Lebensbereiche Wojtylas durchforscht. Seine schauspielerischen Fähigkeiten nützten ihm im Seminar ebenso wie sein ausgezeichnetes Gedächtnis. Wojtyla hat damals wesentliche Passagen aus Henryk Sienkiewiczs populärem Roman „Quo vadis“ auswendig gelernt und dann deklamiert. Bei allen Festveranstaltungen und Akademien rezitierte Wojtyla Gedichte. Die Prüfungen bestand er alle „summa cum laude“. Und die Kameraden bewunderten die Leichtigkeit, mit der Wojtyla Sprachen lernte. Als er sich auf der Universität mit der Gestalt des spanischen Mystikers Johannes vom Kreuz zu befassen hatte, wollte er dessen Schriften unbedingt im Original lesen. Darum holte er sich aus der Bibliothek Spanisch-Lehrbücher. Und fortan hatte er bei allen Spaziergängen stets sein Spanisch-Vokabelheft bei sich. Nach ein paar Monaten benötigte Wojtyla für Juan de la Cruz keine Übersetzung mehr.

Aus dieser Seminarzeit kommt auch eine Gewohnheit, die Wojtyla als Bischof und Kardinal beibehalten hatte. Wenn er sich bei einem Vortrag oder später bei einer Konferenz auf Zetteln oder in ein Heft Notizen machte, numerierte er die einzelnen Seiten nicht mit Ziffern, sondern mit den Worten des „Ave Marias“ – eine Form des Gebetes oder der Marienverehrung auch in Momenten angespannten Nachdenkens, Zuhörens oder höchster Konzentration.

Auch Kardinal Sapieha blieben die Qualitäten des Studenten Karol Wojtyla nicht verborgen. Wohlwollend verfolgte er seine Fortschritte, und im August 1946 rief er ihn zu sich: „Ich möchte, daß du in Rom weiterstudierst. Aber da kannst du nicht als Kleriker hinfahren, da mußt du schon Priester sein, deswegen werde ich dich vorzeitig zum Priester weihen." Zwei niedere Weihen hatte Wojtyla bereits empfangen, nun erhielt er die restlichen knapp hintereinander; und am 1. November 1946, am Allerheiligenfest, legte ihm Kardinal Sapieha in der Kapelle der Kurie, dort, wo Karol schon so viele Stunden im Gebet verbracht hatte, die Hände auf. Karol Wojtyla war Priester. Tags darauf, zu Allerseelen, feierte er seine erste noch nicht öffentliche Messe in der Krypta der Wawelkathedrale, und Pfarrer Figlewicz assistierte ihm als „manusductor", als der erfahrene Geistliche, der dem noch ungeübten Neupriester bei den ersten Messen beisteht, ebenso zehn Tage danach, bei der feierlichen Primiz in seiner Heimatkirche in Wadowice.

Ende November war Wojtyla bereits reisefertig. Am Tag seiner Abfahrt nach Rom spendete er noch seine erste Taufe – im Hause Halina Kwiatkowskas. Die Partnerin vom Schultheater in Wadowice und vom „Rhapsodischen Theater" hatte geheiratet und eine Tochter geboren. Wojtyla brachte seinen Koffer zu der Zeremonie mit. Und daneben hatte er auch noch ein Päckchen liegen, seinen Proviant für den weiten Weg, zwei Schmalzbrote. So machte sich Karol Wojtyla in die Hauptstadt der katholischen Christenheit, in die Stadt des Papstes auf.

Aus dem gepeinigten, zerstörten, leidenden Nachkriegspolen kommend, betrat Karol Wojtyla zum erstenmal eine neue völlig fremde Welt – jenes Rom nach dem Untergang Mussolinis, wie es uns Rosselini und de Sica in ihren Filmen überliefert haben. Für Wojtyla war es jedoch vor allem das Rom Pius' XII. Und sicherlich nahm er schon die nächste

Gelegenheit wahr, um am Petersplatz in der Menge zu stehen und zu warten, bis sich die weiße Gestalt des Nachfolgers Petri am Fenster zeigte.

Zuerst mußte der 26jährige Pole jedoch zum „Römer“ werden. Erzbischof Sapieha hatte Wojtyla im Belgischen Kolleg untergebracht, damit sich sein Horizont erweitere, er sein Französisch verbessern konnte und vielleicht auch gezwungen würde, schneller Italienisch zu lernen. Es lag damals mitten in der Stadt, in der Via del Quirinale, direkt neben Borrominis berühmter Kirche San Carlo alle Quattro Fontane (wegen der ungünstigen Verkehrssituation haben die Belgier vor ein paar Jahren das Haus verkauft, um in ein ruhigeres Stadtviertel zu übersiedeln). Das war also nun zwei Jahre hindurch Wojtylas Heimstätte. Seine Kollegen von damals sehen den stillen Polen noch vor sich, wie er blaß und mager mit seinem schäbigen Koffer in einem verschlissenen Talar vor ihnen stand. So wurde er gleich einmal frisch eingekleidet, damit er von den anderen Studenten des Angelicum, der Dominikaneruniversität, nicht zu sehr abstach.

Voller Eifer und Begeisterung versenkte sich Wojtyla in sein Studium. Nur wer so viele Hindernisse zu überwinden gehabt hatte wie er, schätzt richtig ein, was es ihm nun bedeutete, sich in aller Ruhe auf seine Philosophie konzentrieren zu können. Das Angelicum, schon durch seinen Namen Pontificia Università S. Tommaso d'Aquino dem Großmeister der Hochscholastik, Thomas von Aquin, gewidmet, war das Zentrum der Neuscholastik. So wie Thomas im Mittelalter die Lehren des Aristoteles und anderer Denker der Antike mit der christlichen Offenbarung in Einklang brachte, so machten sich in unserem Jahrhundert katholische Denker daran, ihren Glauben an der modernen Philosophie und an den Erkenntnissen der Naturwissenschaften zu messen. In der thomistischen Tradition suchten sie nach einer neuen Harmonie zwischen der katholischen Lehre und der Welt von heute, ein Streben, das Karol Wojtylas Denken und Tun in all den Jahren seiner Priesterschaft immer wieder beherrscht hat.

In Rom setzte Wojtyla nun seine Beschäftigung mit Juan de la Cruz fort. Unter seinem Professor, dem französischen Dominikaner-Philosophen Garrigou-Lagrange bereitete er seine Dissertation über „Die Frage des Glaubens bei Johannes vom Kreuz“ vor. Und diese Gestalt muß ihn fasziniert haben: Denn da vereinigte sich mystische Glaubenserfahrung mit höchster Poesie. Denn Juan de la Cruz (1542–1591), dieser Reformator der spanischen Karmeliter, Freund Teresas von Avila und Mystiker, Denker und Dichter, setzte sein religiöses Erleben in Verse um, die zum Wertvollsten der spanischen Literatur zählen. In Liebespoemen, die an das biblische Hohe Lied erinnern, besingt er die totale Vereinigung der Seele mit Gott:

Da stand ich still und vergaß mich selbst,
das Antlitz neigt' ich über den Geliebten,
alles erlosch und ich überließ mich,
ließ mein Sehnen
unter den Lilien vergessen sein . . .

Mit diesem leidenschaftlichen Poem voller Erotik religiösen Erlebens meint Juan die Liebe zu Gott. Voller Hingabe und mit höchster Sprachkunst will er den Menschen völlig von der Weltsinnlichkeit loslösen und durch die reine „dunkle Nacht der Seele“ zu Gott führen:

O süße Versehrung! O Wunder,
Zartestes aller Zeichen,
Sanfteste Hand, die dies Geschenk gegeben!
Ewigen Lebens Kunde
Wird alle Schuld begleichen,
Tötend, den Tod verwandeln in das Leben.

Für Wojtyla war das geistige Abenteuer der Begegnung mit dem Spanier die logische Fortsetzung seines früheren Daseins. Wie er für die polnischen Klassiker geschwärmt und ihrem

Pathos seine Stimme geliehen hatte, so fesselte ihn nun die Synthese von dichterischer Ekstase mit realen Glaubensinhalten. Und da er ja selber dazu neigte, Gedichte zu schreiben und sich in mystische Betrachtungen zu versenken, muß ihm Juan wie ein Seelenbruder erschienen sein. Auch ein anderer Leitsatz des Karmeliters aus Avila dürfte sich Wojtyla tief ins Herz geprägt haben: „Um alles zu besitzen, sollst du nichts mehr besitzen. Um alles sein zu können, so wünsche nichts mehr zu sein. Um alles Wissen zu besitzen, verzichte auf jedes Wissen." Diese Relativität jeder Habe, jeder Stellung und jeden Wissens angesichts der göttlichen Existenz stand Wojtyla in all den Jahren seiner steilen Karriere immer vor Augen.

Rom bescherte ihm neben dem großen Erlebnis des tieferen Eindringens in die Philosophie und Mystik auch die ersten praktischen seelsorgerischen Erfahrungen. Zusammen mit einem belgischen Kollegen hielt er die Gottesdienste in einem kleinen Frauenkloster in der Via Sistina, nicht weit von seinem Kolleg. Dann half er auch noch – wie schon früher erwähnt – in der Vorstadt aus, in der Garbatella. Sein belgischer Freund aus jenen Jahren, Monsignore Uylenbroeck, lebt heute in Rom und gehört dem päpstlichen Laienrat als Priester an: „Er war ein angenehmer Mitbewohner im Kolleg, dabei aber sehr zurückhaltend und ernst. Auch in der Freizeit hat er immer wieder von seinem Studium geredet, oder über religiöse und seelsorgliche Fragen. An großen Kirchenfesten sind wir immer in die verschiedenen Basiliken gepilgert, um dort – wenn ein Altar frei war – in aller Frühe auch eine Messe zu zelebrieren. Bei dem Kirchendienst in der Via Sistina haben wir uns abgewechselt . . ." Und dann stellt der belgische Freund noch eine Eigenschaft an Wojtyla fest, die auch schon seine Schulkameraden in Wadowice bemerkt hatten: „Er hat immer darauf geachtet, keine Zeit zu verlieren." Aber gab es neben den Büchern, dem Gebet und der Liturgie auch Ablenkung, Unterhaltung? „Ja, in dem schmalen Hof des Kollegs haben wir Fußball gespielt, wir erfanden dafür eigene Regeln, weil wir so wenig Platz hatten." Einmal erhielt

Wojtyla auch den Besuch Kardinal Sapiehas. Und in den Ferien 1946/47 und 1947/48 wurde er auf Reisen geschickt. Sapieha wollte, daß Wojtyla Europa ein wenig kennenlernte. Durch seine belgischen Verbindungen war es selbstverständlich, daß er zuerst nach Brüssel und Löwen fuhr. In Belgien nahm er Verbindung mit der Katholischen Arbeiterjugend auf. Die überaus effektvollen Methoden der Organisation der „Jocisten" (JOC – Jeunesse Ovriére Chretienne) befruchteten später seine eigene seelsorgerische Tätigkeit unter den Jugendlichen. Er kam in Belgien mit der starken polnischen Gemeinde in den Bergbaugebieten in Berührung und sah auch ein wenig von Frankreich und Holland. Nach Polen konnte Wojtyla erst nach Abschluß seines Studiums zurückkehren. Denn er hatte nur ein Visum für eine einmalige Aus- und Einreise in der Tasche – und es war bereits zweifelhaft, ob ihn die Kommunisten noch einmal hinauslassen würden. Denn inzwischen hielten sie in Polen die Macht fest in ihren Händen und rüsteten zum Endkampf gegen die Kirche. Nachdem nämlich jede andere politische Opposition ausgeschaltet worden war, bildete die Kirche die einzige Gegenkraft gegen das Regime. Die Partei unterschätzte die Stärke des polnischen Katholizismus nicht. Aber sie versuchte den Klerus zu unterwandern – mit „patriotischen" Priestern, die Bekenntnisse zur neuen Ordnung „Volkspolens" ablegten, und mit der großzügigst finanzierten Pax-Bewegung; und ihre Agenten bemühten sich, einen Keil zwischen den niederen Klerus und die Bischöfe zu treiben.

Diesem rauhen politischen Klima mußte sich Karol Wojtyla erst anpassen, als er die römische Idylle mit der harten Wirklichkeit der „Volksdemokratie" vertauschte. Allein schon durch sein Romstudium war er von Kardinal Sapieha für eine außergewöhnliche Laufbahn ausgewählt worden. Vorläufig galt es jedoch, in der Seelsorgepraxis Erfahrungen zu sammeln. Wojtyla wurde in eine Dorfpfarre geschickt, nach Niegowić. Schon 1949 holte der Erzbischof den Kaplan nach Krakau zurück, an die St. Florianskirche. Dort war

Wojtyla bald sehr populär, allein schon wegen seiner schönen tragenden Stimme, die bei Predigten voll zur Geltung kam. Er kümmerte sich um die Jugend und versammelte einen Kreis von Studenten um sich. Wann immer ihm Zeit blieb, saß Wojtyla jedoch noch über seiner Juan-de-la-Cruz-Dissertation, die er nun an der Jagellonen-Universität verteidigte, 1951 promovierte Wojtyla zum Doktor der Theologie.

Unterdessen hatte sich der Kirchenkampf wesentlich verschärft. Partei und Regierung nutzten den Umstand, daß der Vatikan sich weigerte, in den ehemals deutschen Ostgebieten ordentliche Diözesen einzurichten. Sie unterstanden lediglich Apostolischen Administratoren. Die Kommunisten beschuldigten die Kirche, von einer fremden Macht – vom Vatikan – abhängig zu sein, und hofften patriotische Gefühle gegen die Bischöfe zu mobilisieren. Unter schwerem Druck zwangen sie schließlich die Bischöfe 1950 zur Unterzeichnung eines Abkommens mit der Regierung. Der Staat garantierte der Kirche den Religionsunterricht in der Schule, er beließ ihr die Katholische Universität in Lublin, anerkannte grundsätzlich den Bestand eines katholischen Pressewesens, erlaubte weiterhin Wallfahrten und Prozessionen, Militärseelsorge, Gefängnis- und Spitalsgeistliche usw. Dafür mußten die Bischöfe die neue gesellschaftliche Ordnung anerkennen und sich verpflichten, „die Gläubigen zu verstärkter Arbeit für den Aufbau des Landes zu ermuntern". Dem Papst wurde nur die Autorität über Angelegenheiten des Glaubens, der Moral und der kirchlichen Jurisdiktion zugebilligt. „In anderen Angelegenheiten hingegen richtet sich der Episkopat nach dem polnischen Staatsinteresse." Im Vatikan war man über dieses Dokument der Unterwerfung empört, aber die polnischen Bischöfe wollten von den kirchlichen Institutionen retten, was noch zu retten war. Friede kehrte damit jedoch nicht ein. Der Religionsunterricht wurde behindert, wo es nur ging, und die atheistische Propaganda gesteigert. Immer wieder versuchten staatliche Stellen Eingriffe in die kirchliche Personalpolitik. 1953 erreichte der Konflikt einen neuen Höhepunkt. Kardinal Sapieha war 1951 gestorben, und nun wurde sein Nachfolger in Krakau, Erzbischof Baziak, nach einem Schauprozeß gegen mehrere seiner Mitarbeiter vom Staat ganz einfach abgesetzt. Die Proteste des Episkopats und Kardinal Wyszynskis hatten nur weitere kirchenfeindliche Maßnahmen zur Folge. Die katholische Zeitung „Tygodnik Powszechny" wurde eingestellt und nach ein paar Wochen von einer völlig neuen, regimehörigen Redaktion wieder herausgebracht. Nach der Verhaftung von mehreren Bischöfen und vielen Priestern holte die politische Polizei im September den Primas von Polen ab. Stefan Kardinal Wyszynski wurde in einem Provinzkloster unter Hausarrest gestellt.

In dieser kritischen Periode war Wojtyla – vielleicht ganz bewußt – von seinen Oberen etwas „aus dem Verkehr" gezogen worden, er blieb für höhere Aufgaben „in Reserve". 1951 hatte er die Pfarre St. Florian verlassen, um sich völlig seinen Studien zu widmen. Wojtyla sollte eine wissenschaftliche Laufbahn einschlagen und sich als Moraltheologe habilitieren. Das Thema seiner Arbeit: „Möglichkeiten der Entstehung der katholischen Ethik in Anlehnung an das ethische System von Max Scheler . . ."

Der deutsche Philosoph Max Scheler (1874–1928), ein Schüler des Gründers der Phänomenologie, Edmund Husserl, hat in seinem umfangreichen Werk viele Brücken zum katholischen Denken geschlagen, auch wenn er sich in seiner letzten Lebensphase vom Katholizismus abwandte. Sein ethisches System ging davon aus, daß es absolute unveränderliche Werte gäbe – veränderlich und relativierend sei nur die Art, wie der Mensch sie erkennt. Nach Max Scheler besteht in unserem Dasein eine feste Rangfolge von positiven und negativen, von niederen und höheren Werten. Zuunterst finden wir die Werte des sinnlichen Fühlens, des Angenehmen und Unangenehmen, darüber die Werte des vitalen Fühlens, des Edlen und Gemeinen, dann die geistigen Werte der Erkenntnis, des Schönen, des Rechten und ihre Gegensätze und als höchste Stufe die religiösen Werte des Heiligen.

Im Zentrum seiner Weltbetrachtung sieht Scheler jedoch den Menschen als geistiges Wesen. „Der Geist erst macht den Menschen frei, macht ihn unabhängig von der Fesselung an das organische Leben . . ." Und dann entwickelt er auch eine Definition der Liebe, deren höchste Form die Gottesliebe sei – „die Gottesliebe nicht als Liebe zu Gott, sondern als Mitvollzug von Gottes Liebe zur Welt durch den Menschen". Wenn wir die späteren Schriften Wojtylas lesen, wird der Einfluß Schelers sofort sichtbar. Das Verhältnis Mensch–Gott, die Frage nach dem Wesen der Liebe, und wie Liebe gelebt werden kann, und der ständige Bezug auf den Menschen, all das hat seine Parallelen und Wurzeln in Schelers Werk.

Karol Wojtyla dozierte zuerst Ethik am Seminar in Krakau und dann Sozialethik an der Theologischen Fakultät der Jagellonen-Universität. Aber nicht lange. Einer der Schläge gegen die Kirche war die Schließung der Krakauer Fakultät durch die Behörden. Alle Proteste waren vergebens. Die Katholische Universität in Lublin, die einzige im ganzen Ostblock, nahm nun einen Teil der Krakauer Professoren auf. Wojtyla erhielt dort 1954 den Lehrstuhl für Ethik. Er wohnte jedoch weiter in Krakau und fuhr jede zweite Woche nach Lublin. Die Studenten drängten sich zu seinen Vorlesungen. Manchmal hielt Wojtyla auch Vorträge über allgemeine aktuelle Themen, und da strömten auch viele Laien aus der Stadt herbei, um ihn zu hören.

Wojtyla war nicht nur ein guter Professor. Wo immer er hinkam, sammelte er Geld für bedürftige Studenten. Er suchte in den Studentengruppen nach den Leuten, die seine Unterstützung am nötigsten hatten, und dann sorgte er selbst für eine gerechte Verteilung. Auch als Kardinal stand Wojtyla noch in der Professorenliste von Lublin. Sein Gehalt hat er jedoch der Universität zur Verfügung gestellt. Sobald er nämlich Bischof geworden war, mangelte es ihm an Zeit; die Lubliner Vorlesungstermine wurden immer seltener. So sind dann die Doktoranden zu ihm nach Krakau gefahren, und dort hat er Seminare veranstaltet, auch noch als Kardinal.

Bis dahin war es noch ein langer Weg. Der „polnische Oktober" hatte 1956 der Kirche mehr Freiraum verschafft. Wyszynski wurde aus der Internierung entlassen und „Tygodnik Powszechny" kam wieder in die Hände seiner alten Redaktion. Mit dem neuen Gomulka-Regime schien für die Kirche zumindest ein Nebeneinanderleben möglich zu sein. Und für Karol Wojtyla bereitete sich der schon im voraus bestimmte Aufstieg in die Hierarchie vor. Er war gerade 38 geworden, als ihn Pius XII. zum Titularbischof ernannte. Wie meistens in den Sommerferien paddelte Wojtyla an diesem 4. Juli 1958 mit Freunden auf einem masurischen See. Ein Sekretär Wyszynskis hatte ihn jedoch ausfindig gemacht, um ihn nach Warschau zu holen. Wojtyla mußte sich einen Talar ausborgen, damit er dem Kardinal in halbwegs würdiger Kleidung gegenübertreten konnte. Der teilte ihm nun die Ernennung feierlich mit. Und Wojtyla eilte so schnell wie möglich – wieder zu seinen Kameraden und zu seinem Boot zurück.

Als Bischof, als Assistent Erzbischof Baziaks von Krakau, war Karol Wojtyla nun jedoch mitten in den Hauptstrom der polnischen Kirche geraten, in ein reißendes und tiefes Gewässer. Denn diese Kirche ist durch historische Erfahrungen und aktuelle Bedrängnisse von einer Kraft und Stärke, um die sie die Katholiken in vielen Teilen der Welt beneiden, eine Kirche, die sich mit keiner anderen vergleichen läßt . . .

6. Kapitel

Kirche in der „Stadt ohne Gott"

„So, jetzt muß ich Schluß machen, geht heim, es ist Zeit zum Essen. Auch ein Papst muß essen." Die Stimme erkannte jeder sofort. Sie gehörte Johannes Paul II. Und mit diesen Worten hatte er die Menschenmassen nach seinem sonntägigen ersten Angelus am 22. Oktober 1978 vom Petersplatz nach Hause geschickt. Doch seitdem waren ein paar Wochen vergangen, und nun tönte die Stimme des Papstes aus polnischen Lautsprechern. Einige tausend Menschen lauschten gebannt und ergriffen. Ihre Gesichter spiegelten die innere Erschütterung und Bewegung wider. Und als der Papst auch ein paar polnische Grußworte sprach, zuckte mancher Mundwinkel, und Tränen rannen über die Wangen. Ein Sonntag in Nowa Huta, in der neuen Kirche nahe von Krakau. Pfarrer Gorzelany hielt während des Gottesdienstes ein Tonbandgerät zum Mikrophon am Altar – und spielte den Leuten die Rede des Papstes vor, und jedesmal, wenn auf dem Petersplatz der Beifall, das „Viva il papa" aufrauschte, drehte der Pfarrer den Lautstärkeregler höher. Und der Jubel schwoll noch um ein paar Phon an.

Sonntag in Nowa Huta. In dieser Stadt vom sozialistischen Reißbrett, in dieser 1949 als kommunistisches Musterprojekt konzipierten Riesensiedlung im Schatten der „Leninhütte", des größten polnischen Stahlwerkes, gibt es an so einem Sonntagmorgen nur eine Bewegung – in Richtung Kirche. Zwischen grauen Wohnblocks nach dem Vorbild sowjetischer Architektur der Stalinzeit sinnt ein einsamer steinerner Lenin über die geringe Anziehungskraft seiner Lehre nach. Gegen die Konkurrenz der Kirche kann er sich in Nowa Huta nicht behaupten. Dabei sollte Nowa Huta eine „Stadt ohne Gott" sein, und die Behörden erlaubten erst nach jahrzehntelangen Kämpfen den Bau der Kirche.

Trotz seiner ehrwürdigen Kathedrale auf dem Wawel oder der Marienkirche auf dem Krakauer Ringplatz dürfte dem Papst keine polnische Kirche mehr am Herzen liegen als die von Nowa Huta. Für den Erzbischof von Krakau war die Kirchenweihe dort 1977 eines der größten Erfolgserlebnisse. Jede Phase des Baues und des langen Ringens vorher hat er miterlebt. Als im Oktober 1967 endlich die Genehmigung zum Beginn der Arbeiten gegeben wurde, erschien Wojtyla in aller Frühe, um feierlich den ersten Spatenstich vorzunehmen. Das heißt, von Feierlichkeit war nicht allzuviel zu merken. Die Nachricht verbreitete sich wie ein Lauffeuer, und von allen Seiten strömten die Leute herbei. Der Kardinal las die Messe, und dann ergriff er eine Spitzhacke, begann ein Loch in den Boden zu schlagen und grub gleich weiter, so wie er war, in der Soutane; und wer ein Werkzeug fand, machte mit.

Wojtyla war jedoch auch schon vorher immer wieder in Nowa Huta – und Weihnachten 1978 dachten dort Zehntausende von Menschen halb mit Wehmut, halb voll Freude an „ihren" Papst in Rom. Denn jedes Jahr, auch früher, als sich die Gläubigen nur um ein Kreuz auf freiem Feld scharen konnten, hatte er die Mitternachtsmette nicht in der Krakauer Kathedrale, sondern draußen in Nowa Huta zelebriert, und egal ob das Thermometer nun minus 20 oder minus 25 Grad zeigte, jedes Jahr kamen in der Heiligen Nacht 50.000 oder 60.000 Menschen, um der Geburt Christi zu gedenken.

Aber in Nowa Huta (mit rund 215.000 Einwohnern heute ein Stadtteil Krakaus) zieht es auch an einem gewöhnlichen Sonntag Zehntausende zu der Kirche. Wie ein Schiff, wie eine Arche Noah schwebt dieser kühne Bau über den Dächern. Rundherum ist ein kleiner Devotionalienmarkt gewachsen. Marienbilder, Heiligenfiguren, auf Wandtücher gestickte fromme Sprüche und buntes Zuckerwerk werden feilgeboten. Ein Mädchen verkauft Papstfotos, die es selber kopiert hat. Es gehört zum normalen Sonntagsbetrieb, daß Hunderte, ja Tausende von Menschen rund um den Kirchenbau stehen, knien, beten, singen, weil sie drinnen keinen Platz finden.

Die Messen beginnen um sechs Uhr früh und enden um acht Uhr abends, eine nach der anderen. Pfarrer Gorzelany und 19 Priester lösen einander ab. Auch zu Mittag gibt es keine Pause. „Um 14 Uhr ist im Werk Schichtwechsel, da kommen dann die Arbeiter zur Dreiuhrmesse", sagte der Pfarrer. In der Sakristei stellte sich gerade eine Gruppe von zwölf Ministranten zum Einzug auf. In der kleineren Unterkirche begann die Studentenmesse, oben im großen hellen Kirchenraum unter dem gigantischen Gekreuzigten, der seinen gepeinigten stählernen Leib der Welt zum Opfer anbietet und seine sehnigen Arme in den Himmel reckt, drängten sich einige tausend Leute bei der Familienmesse. Der Priester verlas einen Hirtenbrief Kardinal Wyszynskis über das christliche Leben in den Pfarren, dann trat der Pfarrer ans Mikrophon und betrieb kirchliche Informationspolitik. Weil die Kirche kaum Zugang zu den Massenmedien hat, entwikkelt sie ihre eigenen Methoden. Der Pfarrer berichtete den Leuten, daß der Architekt der Kirche Wojciech Pietrzyk in Wien von Kardinal König mit einem Preis ausgezeichnet worden sei, dann wies er auf die für Polen sensationelle Tatsache hin, daß eine Schauspielerin in einer populären Fernsehtalkshow das Kreuz von Nowa Huta erwähnt habe, und schließlich hielt er einige Bücher hoch, die im Buchladen der Pfarre erhältlich wären: ein Werk über den Katholizismus in Polen, eine von kommunistischer Ideologie freie Geschichte Polens, ein in Frankreich in polnischer Sprache erschienenes Buch gegen die Abtreibung usw. Und schließlich ließ er die Gläubigen ihren Papst hören.

Dann setzte sich ein bärtiger junger Mann vor den Altar, eine Gitarre auf den Knien, und sang religiöse Chansons.

Draußen drängten noch immer Leute durch den Haupteingang nach, vorbei an dem Schaukasten mit einer Kollage von Papst-Fotos und Wojtyla-Schlagzeilen aus der gesamten Weltpresse. Der Pfarrer hatte seine Verkündigungstätigkeit in der Unterkirche inzwischen beendet und gönnte sich zusammen mit anderen Priestern ein paar Minuten im Speisesaal zum Essen. Schwestern servierten eine dicke Suppe und Rindfleisch. Die Stimmung war gelöst und fröhlich, kurze Momente der Entspannung. Zwei Priesterstudenten aus Lublin wurden noch zu Tisch gebeten, aber nach dem Braten streifte Pfarrer Gorzelany den Chorrock über, weil die Reihe schon wieder an ihm war. Man spürte diesen intensiven Einsatz, diesen Idealismus und die Hingabe, mit der alle diese Priester – in der Mehrzahl eher junge Männer – bei der Sache waren. Ihr Selbstbewußtsein, ihre Sicherheit und die Überzeugung, daß auf alles, was sie tun, immer wieder die Antwort der Gläubigen kommt, läßt diese Priester alle wie Schüler Wojtylas erscheinen. Sie und der Papst sind von der gleichen Rasse, sie haben eine ähnliche Schule hinter sich und gehören zusammen.

Aber wenn eine Kirche eine solche Entstehungsgeschichte hat wie die von Nowa Huta, dann wissen Priester und Gläubige auch, was sie da besitzen, und um so mehr hängen sie an dieser Kirche. Es sei kein Bedarf für eine Kirche, hieß es immer wieder, wenn für Nowa Huta ein Gotteshaus gefordert wurde. Wer unbedingt zur Messe wolle, könne ja nach Krakau fahren, dort gäbe es genug Kirchen. Doch die aus ganz Polen hier angesiedelten Arbeiter, Techniker, Ingenieure und ihre Familien fühlten sich in einer Stadt ohne Kirche nicht daheim. 1956 errichteten die Arbeiter auf einer freien Fläche ein großes Kreuz. Und dort fanden nun bei jeder Witterung Gottesdienste statt, mit Tausenden von Gläubigen, und vor dem Bild der Schwarzen Madonna von Tschenstochau verloschen die Kerzen nicht.

Immer wieder wurden Ansuchen um eine Erlaubnis für den Kirchenbau gestellt. Wojtyla war als Weihbischof bereits eng mit der Diözesanführung verbunden, als der offene Konflikt ausbrach. Die lokalen Krakauer Behörden hatten 1960 endlich eine erste Baugenehmigung erteilt. Da legte die Warschauer Parteizentrale ihr Veto ein. Ein Kommando alkoholisierter Arbeiter wurde ausgeschickt, um das Kreuz zu entfernen, weil auf dem Gottesdienstplatz eine Schule gebaut werden sollte. Sofort waren die Leute alarmiert. Im Nu hatten sich mehrere hundert Menschen versammelt. Mit Gewalt hinderten sie die Arbeiter an ihrem Zerstörungswerk und verjagten sie. Immer mehr Menschen rotteten sich zusammen. Sie zogen in das Stadtzentrum, vor das Rathaus. Die Stimmung wurde gereizter, beruhigende Reden von Funktionären wirkten nicht. Plötzlich wurde das Rathaus gestürmt, alle Akten flogen auf die Straße und gingen in Flammen auf. Drei Tage lang beherrschte die aufrührerische Bevölkerung Nowa Huta. Barrikaden sperrten die wichtigsten Straßen, Pflastersteine wurden als Wurfgeschoße gegen die Polizei benützt. Am vierten Tag endlich griffen Spezialkommandos der Miliz ein, die aus Kattowitz oder Warschau herbeidirigiert worden waren. Es entwickelten sich richtige Straßenschlachten. Die Polizei hetzte scharfe Hunde auf die Leute, viele trugen schwere Bißwunden davon. Zwei Polizisten wurden getötet, und ein junger Bursche erlag seinen Verletzungen nach ein paar Tagen im Krankenhaus. Nachdem die Ruhe wiederhergestellt worden war, folgte eine Welle von Verhaftungen. Und ganze Familien wurden aus Nowa Huta ausgesiedelt. Ein paar Monate danach besuchte Parteichef Gomulka Stadt und Werk, um die „sozialistische Moral" zu stärken. Nur das Kreuz, das blieb weiter auf seinem alten Platz.

Wieder vergingen fünf Jahre, bis sich die Behörden die erste prinzipielle Zusage abrangen. Dann begann erst der Kampf um die Genehmigung der einzelnen Baupläne. Wojtyla war seit dem Tode Erzbischofs Baziaks 1962 als Kapitelvikar für die Diözese Krakau verantwortlich. Am 30. Dezember 1963 ernannte ihn Paul VI. zum Erzbischof und Metropoliten von Krakau. Wojtyla hatte das Amt seines Lehrers und

Vorbildes Sapieha inne. Und am 29. Mai 1967 nahm der Papst Erzbischof Wojtyla in das Kardinalskollegium auf. Als ihm aus diesem Anlaß der Klerus seiner Diözese huldigte, flüsterte Wojtyla Pfarrer Gorzelany zu: „Wir werden in Nowa Huta zusammen etwas unternehmen.“ Wojtyla kannte Gorzelany schon aus seiner Kaplanszeit, als die beiden in zwei Nachbardörfern wirkten. Gorzelany hatte sich in den letzten Jahren bereits als Kirchenbauer in Filipowica bewährt, und nun holte Wojtyla diesen tüchtigen Organisator als Pfarrer nach Nowa Huta. Denn jetzt war es endlich soweit, der erste Spatenstich fand im Oktober statt; und fortan bewiesen Zehntausende von Menschen den kommunistischen Herren des Staates, daß der Glaube Berge versetzen und Kirchen wachsen lassen kann. Da vom Staat keinerlei Hilfe zu erwarten war und auch keine staatlichen Baufirmen in Anspruch genommen werden konnten, wurde das gesamte Unternehmen zu einem Gemeinschaftswerk der Gläubigen auf der Basis freiwilliger Spenden und Arbeitsleistungen – ähnlich wie im Mittelalter in Städten gotische Kathedralen nur durch die kollektive Anstrengung der gesamten Bürgerschaft als Ausdruck des Glaubens geschaffen wurden.

„Der wahre Wert dieses Baues liegt nicht so sehr in der Architektur als in der seelsorgerischen Leistung des Pfarrers und in der aktiven Gemeinschaft aller“, urteilt Architekt Wojciech Pietrzyk heute. „Wir hatten keine Baumaschinen und keine Spezialisten, der Bau wurde von der Behörde als ein Privatunternehmen des Pfarrers eingestuft. So mußten eben die Gläubigen selber zupacken. Der Pfarrer sagte in der Predigt, wie viele Leute er wann bräuchte – und das Problem war dann nicht, daß sich zu wenige, sondern stets zu viele meldeten. Und die meisten kamen im Sonntagsgewand zur Arbeit, um so zu demonstrieren, daß dieser Einsatz für sie Gebet und Gottesdienst war. Und der Eifer erlosch nicht. Im Gegenteil, er dauert noch immer an. Selbst in der Nacht vor der Einweihung stritten sich die Frauen, die schon für das Fest gekleidet waren, wer nun den Boden säubern dürfte . . .“

Der Bau wurde jedoch ständig verzögert, weil der Pfarrer keine generelle Bewilligung in der Tasche hatte. Er mußte für jede einzelne Bauphase wieder neue Genehmigungen einholen. Dazu ging ja der normale Kirchenbetrieb weiter, die Messen wurden am Rand der Baustelle gefeiert. Der improvisierte Feldaltar wurde deshalb immer wieder von einem Platz an einen anderen versetzt. Und die Baracken für das Material und Werkzeug dienten gleichzeitig auch dem Religionsunterricht für 15.000 Kinder.

Wie das Entstehen der Kirche symbolisch für das polnische Christentum ist, so sollte sie auch von der Idee des Architekten her ein Mahnmal polnischer Glaubensfestigkeit sein. Obwohl die Kirche von Nowa Huta auf den ersten Blick gewisse Assoziationen mit Le Corbusiers Ronchamp-Kapelle erzeugt, ist dieser Bau nicht abstrakt, sondern voller Anspielungen, Bedeutungen, Zeichen und „literarischen" Inhalten. Zuerst hatte man einmal die äußeren Beschränkungen einzukalkulieren – obwohl eine viel geräumigere Kirche nötig gewesen wäre, durften nur 800 Quadratmeter überbaut werden. Deshalb erhielt die Kirche drei Niveaus, um möglichst vielen Menschen Platz zu bieten, und Pfarrhof und alle anderen Nebenbauten sind schwebend wie Brücken konstruiert worden, so daß auch darunter noch Leute sitzen oder stehen können. Auch eine gewisse Höhe durfte nicht überschritten werden – so verzichtete der Architekt auf einen Turm. Und weil vorauszusehen war, daß in der Nachbarschaft bald noch höhere Wohnhäuser die Kirche „zudecken" würden, wollte Pietrzyk starke Akzente setzen – darum gab er dem Dach die Form eines Schiffes, einer Arche Noah, die sich über das Betonmeer der Stadt erhebt, Sinnbild des Überdauerns und des Schutzes vor allen gefährlichen Fluten. Und ein 70 Meter hohes Stahlkreuz durchstößt das Dach. Die gesamte Stützkonstruktion der Kirche hängt daran. Wieder hat ein technisches Detail auch seinen geistigen Sinn – wenn das Kreuz fällt, stürzt die Kirche ein.

Trotz der kühnen zeitgenössischen Form schöpfte der

Architekt auch aus alten heimischen Bautraditionen – der Plafond und das Dach sind über einer modernen Isolierung mit Tausenden von Lärchenschindeln gedeckt wie die Dorfkirchen in den Bergen. Auch den weichen Schwung der Linien hat Pietrzyk von den Holzkirchen der Tatra- und Beskidendörfer abgeschaut. Deshalb umhüllt einen in dem Riesenraum sogleich eine Atmosphäre der Wärme und des Geborgenseins. Die Verbundenheit der Kirche mit dem ganzen Volk, mit der gesamten Diözese Krakau und darüber hinaus, wurde noch durch ein anderes bedeutungsträchtiges Bauelement betont: Die Eisenbetonmauern der Kirche sind mit rund zwei Millionen Kieselsteinen besetzt. Auf rund 1000 Quadratmeter wurden die Steine von den Leuten mit der Hand eingelegt. Sie hatten sie in den Flüssen gesammelt; und wer nicht selber mitarbeitete, schickte Steine, es trafen so viele schwere Steinpakete ein, daß die Post die Zustellung verweigerte. So haben sich jedoch unzählige Gläubige mit einem oder mehreren Steinen in dieser Kirche wie durch ein anonymes Autogramm verewigt.

Neben den Polen beteiligte sich auch die übrige katholische Welt an dem Werk. Der Stahl für das Kreuz wurde aus Oberösterreich geliefert, für den von einem polnischen Bildhauer entworfenen und in der Kirche gegossenen Christus kam die Diözese St. Pölten–Niederösterreich auf, Studenten aus dem Westen hielten in Nowa Huta Sommerlager ab und halfen beim Bau mit, und aus den USA flossen von exilpolnischen Kreisen gewaltige Spendensummen. Der Papst übergab Kardinal Wojtyla ein Mauerstück vom Grab Petri, damit es als Grundstein eingemauert würde, und die USA stifteten als Tabernakelschmuck eine Probe Mondgesteins, das die Astronauten auf die Erde gebracht hatten.

Jeden Bauabschnitt hatte der Erzbischof aktiv miterlebt. „Wann immer wir nicht mehr weiterwußten, gingen wir zu Wojtyla“, sagt Pfarrer Gorzelany. „Und dem ist dann stets ein Ausweg eingefallen. Nächtelang haben wir oft miteinander diskutiert, und oft und oft ist er herausgefahren, um nach dem Fortgang der Arbeiten zu sehen." Wojtyla mußte die Kirche auch gegen konservative Kritiker verteidigen, denen ein traditionelleres Konzept lieber gewesen wäre.

Dabei ist die Kirche als zeitgemäßes Monument für die 1000jährige Symbiose zwischen Polentum und Katholizismus gedacht. Die Pläne wurden im Geist des Millenniums entworfen. Denn 1966 feierte die polnische Kirche die 1000 Jahre der Christianisierung des Landes. Wyszynski hatte während seiner Internierung das Programm dafür erstellt. In einer zehn Jahre dauernden Kampagne sollte die Kirche von 1956 bis 1966 auf das Jubiläumsdatum hinarbeiten und ihre Präsenz in allen Lebensbereichen behalten, ja sogar noch steigern. 966 war der Polenherzog Miezko I. getauft worden, und von da an hat sich Polen immer als östlichstes Bollwerk des Westens verstanden, als lateinischer Damm gegen die russisch-orthodoxe Kirche, als Verteidiger des Abendlandes und des Katholizismus gegen Türken, Russen, Schweden und was sonst noch für feindliche Kräfte gegen Polen anrannten. Darum empfanden es manche Polen auch als Beleidigung, wenn nach der Wahl Johannes' Paul II. immer wieder von dem Papst aus dem Osten gesprochen wurde. Der Osten beginnt für sie jenseits ihrer Grenzen, sie fühlen sich dem Westen zugehörig. Und das wichtigste Bindeglied bildet die Kirche.

Diese Kirche war auch in all den bitteren Jahren, da es keinen polnischen Staat gab, der Herd der Nation. Erst wenn man diese geschichtlichen Voraussetzungen berücksichtigt, ist die Verknüpfung von Nationalismus und Religiosität zu erklären. Dabei spielt die polnische Marienverehrung noch eine besondere Rolle. Darum hat auch Papst Wojtyla das M für Maria aus seinem Krakauer Erzbischofwappen in sein römisches Papstwappen übernommen. Und als Wojtyla die päpstlichen Gemächer bezog, ließ er dort auch sofort ein Bild der Schwarzen Madonna von Tschenstochau aufhängen. „Jasna Gora", der Heilige Berg von Tschenstochau mit seinem Paulinerkloster, ist das allen Polen teuerste Heiligtum.

Diese Klosterfestung wurde zum Fanal des Widerstandes, als 1655 alle wichtigen Städte Polens den Schweden in die Hände gefallen waren – nur Tschenstochau hielt unter dem Schutz des Gnadenbildes aus und konnte nicht erobert werden. Im Jahr darauf proklamierte König Johann Kasimir Wasa Maria zur Königin Polens. Als Johann Sobieski 1683 zur Befreiung Wiens von den Türken aufbrach, pilgerte er zuerst noch einmal zur Muttergottes von Tschenstochau. Mehrmals wurde das Bild feierlich gekrönt. Marienbilder im ganzen Land sind mit rotweißen Bändern geschmückt, den polnischen Nationalfarben. Wenn die Schwarze Madonna, dieses byzantinische, von Kerzenruß geschwärzte Gemälde, den Pilgern gezeigt wird, erschallen Posaunen und dröhnt Paukenwirbel. Der Vorhang schiebt sich langsam in die Höhe, das Antlitz der „Königin Polens" wird sichtbar, dunkel „wie gebrannter Weizen", wie es in einer alten Beschreibung heißt. Auf diese Königin haben auch die Soldaten der polnischen Untergrundarmee zwischen 1940 und 1944 ihren Eid geschworen: „Vor Gott dem Allmächtigen, vor der heiligen Jungfrau Maria, der Königin der Krone Polens, lege ich meine Hand auf dieses heilige Kreuz . . . und schwöre, daß ich die Ehre Polens mit aller meiner Kraft verteidigen will . . ." Und neben dieser Königin stand auch noch der Primas von Polen, der Erzbischof von Gnesen und Warschau, als „Interrex", das heißt, gemäß der Verfassung des alten Polen hatte der Primas nach dem Tode des Königs die Regierungsgewalt inne, bis ein neuer König gewählt wurde. Spuren dieses Gedankens sind auch noch in der Amtsauffassung Wyszynskis zu entdecken. Wäre ein Wojtyla sein Nachfolger als Primas geworden, hätte sich in dieser Hinsicht wohl einiges gewandelt. Die Basis wäre jedoch dieselbe geblieben: Die Bischöfe fühlen sich mit Recht als die Repräsentanten des katholischen Volkes gegenüber einem atheistischem Regierungssystem. Auch die Partei kommt manchmal nicht darum herum, sich darüber Rechenschaft abzulegen, daß eine kommunistische Minderheit über eine gewaltige katholische Mehrheit herrscht. Die Zahlen sprechen eine klare, überzeugende Sprache: 93 Prozent der fast 34 Millionen Polen sind katholisch getauft, 90 Prozent nennen sich Katholiken und 70 Prozent praktizieren ihren Glauben auch. 75 Bischöfe verwalten und dirigieren 27 Diözesen, für fast 8000 Pfarren stehen 20.000 Priester zur Verfügung, daneben gibt es noch etwa 28.000 Nonnen. Die Priesterseminare sind überfüllt (über 5000 Seminaristen), die Zahl der Berufungen steigt eher, und die Kirche kann es sich leisten, nur die besten und geeignetsten Kandidaten zum Priesteramt zu führen. Der Priester in der Soutane gehört in Polen zum normalen Straßenbild, und die funktionierenden und überfüllten Kirchen bilden speziell für Touristen aus der Sowjetunion eine Sensation und verleihen Polen in ihren Augen eine religiöse Exotik. Für die Partei ist diese starke Kirche jedoch polnischer Alltag, polnisches Leben. Die hohen Funktionäre wissen, daß sie die Kirche nicht zerstören können. Darum wollen sie sie wenigstens „an ihren Platz verweisen". Wo aber dieser Platz sein soll, darüber herrschen zwischen Kirche und Partei verschiedene Auffassungen.

Daran entzündete sich auch der Konflikt in den sechziger Jahren. 1956 hatte Wyszynski in Tschenstochau vor einer Million von Gläubigen das Gelübde der Nation an Maria erneuert und seinen Zehn-Jahres-Plan zur Erneuerung des Glaubens verkündet. Durch diese Offensive nervös geworden, suchte die Partei nach einem eigenen Jubiläum und rüstete als Konkurrenz zur Kirche zu einer staatlichen 1000-Jahr-Feier. Und in der Spannung vor diesen Parallel-Millennien kam es dann im November 1965 durch den Versöhnungsbrief der polnischen Bischöfe an die deutschen Kollegen zur Explosion. Unter dem Eindruck des Konzils und der vielseitigen Kontakte der Bischöfe in Rom entschloß sich der polnische Episkopat zu einem historischen Schritt. Bischof Kominek konzipierte das gemeinsame Schreiben an ihre deutschen Konzilsbrüder (bei der Redaktion hatte neben Wyszynski auch der noch relativ junge Wojtyla ein Wort mitzureden). Darin wurde auf all die historischen Belastungen der Beziehungen zwischen Deutschen und Polen eingegangen und auch die schweren Verbrechen noch einmal aufgezählt. Aber dann hieß es „Versuchen wir, zu vergessen! Keine Polemik, kein weiterer Kalter Krieg, aber der Anfang eines Dialogs, wie er heute vom Konzil und von Papst Paul VI. überall angestrebt wird ..." Schließlich luden die Polen die Deutschen zur Millenniumsfeier ein: „In diesem allerchristlichsten und zugleich sehr menschlichen Geist strecken wir unsere Hände zu Ihnen hin in den Bänken des zu Ende gehenden Konzils, gewähren Vergebung und bitten um Vergebung ...", und dieses „und bitten um Vergebung", das war Gomulka zuviel. Trotz des weltweiten positiven Echos auf diesen Brief, oder vielleicht auch deswegen, setzte in Polen eine Hetzkampagne gegen die Bischöfe ein. Die Partei hoffte auch mit der Mobilisierung antideutscher Ressentiments etwas Boden gegenüber der Kirche gewinnen zu können. Den Bischöfen wurde Verrat vorgeworfen, ihre Stellungnahme habe „der öffentlichen Meinung und den Interessen des Landes" widersprochen, hieß es in den Zeitungen. Wyszynski wurde das Visum für eine Fahrt nach Rom verweigert, aus Solidarität verzichtete damals auch Wojtyla auf die Romreise, obwohl er die Erlaubnis dafür in der Tasche hatte. Kirchliche Veranstaltungen wurden von der staatlichen Bürokratie behindert und gehässige Polemiken vor allem gegen den Kardinal geführt. Unmittelbar vor der für Anfang Mai geplanten 1000-Jahr-Feier demonstrierte Gomulka seine Macht. Tausende von Gästen aus der ganzen Welt hatten sich für das Ereignis in Tschenstochau angesagt, Pilgergruppen aus Amerika, aus Australien, aus vielen Ländern Europas, Bischöfe von überall. Auch Papst Paul VI. plante aus diesem Anlaß einen Polenbesuch. Die polnische Regierung lehnte ab – die Gelegenheit dazu sei nicht sehr günstig. Und auf einmal wurden auch die Grenzen geschlossen und den Priestern und Pilgern und Journalisten die Visa verweigert. Die Hunderttausenden von Polen, die die Wallfahrt nach Tschenstochau unternahmen, ließen sich nicht abhalten – in der Stadt wurde zwar eine große Militärparade angesetzt, und Parteichef Gomulka eilte ins nahe Kattowitz, wohin Hunderttausende zu einer Großkundgebung kommandiert waren: Die Kirche blieb in diesem Duell jedoch eindeutig Sieger. Und Wyszynski und Wojtyla predigten und beteten neben einem leeren Papstthron.

Im Klima dieser Auseinandersetzung wurde die Kirche von Nowa Huta geboren. Doch als sie zehn Jahre später von Kardinal Wojtyla geweiht werden sollte, hatte sich die politische Landschaft in manchem gewandelt. Statt Gomulka herrschte nun Gierek über das Land. In der ersten Phase nach dem Sturz Gomulkas 1970 hatte sich das Verhältnis Kirche–Staat etwas entspannt. Es wurden mehr Kirchen gebaut, und die Presse sparte mit antikirchlichen Attacken und Polemiken. Die Partei war den Bischöfen auch dankbar dafür, daß sie sich während des Arbeiteraufstandes im Dezember 1970 neutral verhalten und beruhigend auf das Volk eingewirkt hatten. Und zum 75. Geburtstag Kardinal Wyszynskis im Sommer 1976 schickte ihm Ministerpräsident Jaroszewicz sogar 75 rote Rosen.

Die Fronten hatten sich unterdessen wieder verhärtet. Eine Schulreform zur Einführung der Ganztagsschule wurde von der Kirche als Maßnahme gegen den Religionsunterricht denunziert. Dadurch hätten die Kinder nämlich keine Zeit mehr, an dem außerhalb der Schulzeit in den Pfarren stattfindenden Religionsunterricht teilzunehmen.

Wie sehr sich die Bischöfe als Anwälte des Volkes fühlen und auch die materiellen Sorgen der Polen teilen, spricht aus einem Hirtenbrief zur Woche der Barmherzigkeit 1977: „Ein Aspekt des menschlichen Alltagsleben sind die Versorgungsbedingungen der Bürger. Auf keinem Gebiet häufen sich so viele Demütigungen und Erniedrigungen wie gerade da – und das täglich. Wir können große Wirtschaftspläne machen, wir können luxuriöse Repräsentationsbauten errichten. Wir können für den Export in alle Teile der Welt arbeiten. Aber nicht immer denken wir daran, daß die Leute täglich essen müssen, und deshalb müßte es auch anständige Lebensmittelgeschäfte geben. Und es muß auch leichter sein, zu Brot, Fleisch und Milch zu gelangen, ohne den Verlust vieler Stunden und Kräfte und nicht auf Kosten der Gesundheit. Dieser höchst seltsame Anblick von langen Schlangen stundenlang anstehender Frauen – oft mit kleinen Kindern an der Hand –, die schmutzigen Läden, in denen sich nervöse Verkäufer der erbosten Menschen erwehren – das alles muß schnell geändert werden . . .“ Das ist eine Sprache, die die Leute verstehen. Da werden ihre Nöte an die Öffentlichkeit getragen, ohne Rücksicht auf Zensur oder Parteibeschlüsse. Da wird die Kirche eben zur Gegenöffentlichkeit, zur Gegengewalt, zu einer machtkritischen Instanz, der es zu verdanken ist, daß in Polen nicht so totalitär regiert werden kann wie in anderen sozialistischen Ländern.

Das mußten Parteichef Gierek und Genossen auch einsehen, als sie 1976 einige grundsätzliche Verfassungsänderungen durchboxen wollten. Das „unerschütterliche brüderliche Band“ zur Sowjetunion und die zentrale Rolle der Vereinigten Arbeiterpartei (wie sich die KP in Polen nennt) sollten im Grundgesetz verankert werden. Anscheinend hatte die Führung nicht erwartet, daß dieses Vorhaben auf soviel Widerspruch stoßen würde. Schulter an Schulter mit vielen Intellektuellen – auch Marxisten – traten die Bischöfe unter Führung des Primas dagegen auf. Auch Wojtyla erklärte damals: „Es ist unerträglich, daß eine Gruppe von Menschen einem ganzen Volk eine Ideologie aufdrängt, eine Überzeugung, die gegen die Auffassung der Mehrheit verstößt.“ Die Partei steckte etwas zurück. Die geplanten Verfassungstexte wurden verwässert und wesentlich unverbindlicher gehalten. Vergessen hat Gierek diese Niederlage seinen Opponenten jedoch nicht. Der Druck auf kritische Geister wurde gesteigert. Aber das förderte das Entstehen einer wirksamen Bürgerrechtsbewegung im ganzen Land. Sie verteidigte die Teilnehmer an den Arbeiterunruhen im Juni 1976 gegen die Repressalien der Behörden unter Berufung auf die Helsinki-Dokumente. Und diese Menschenrechtskampagne, die vor allem im Frühjahr

1977 an Dynamik gewann und die Behörden überaus beunruhigte, fand natürlich auch ein Echo in der Kirche. Einer der führenden Bürgerrechtskämpfer Polens, der 33jährige Historiker Adam Michnik, sagte nach der Wahl Wojtylas in einem „Spiegel"-Interview: „Alle Oppositionellen fanden in der Kirche nicht nur weise Führung, sondern auch Verständnis und Hilfe. Dank dessen konnte eine breite kämpferische Bewegung entstehen; eine Bewegung, die imstande ist, unser Land aus der totalitären Regierungsform herauszuführen in Richtung demokratisch geordneter Beziehungen."

Die Bischöfe forderten einerseits weiter Religionsfreiheit und auch eine öffentlich-rechtliche Anerkennung der Kirche durch den Staat, andererseits kümmerten sie sich jedoch auch immer wieder um soziale Fragen, so wie im Kommuniqué der Bischofskonferenz im Frühjahr 1977: „Das Recht auf freie Erfüllung der religiösen Pflichten und Praktiken ist ein grundlegendes Menschenrecht, das von der gesamten zeitgenössischen kultivierten Welt anerkannt wird. Die Einschränkungen der religiösen Freiheit stellen eine flagrante Vergewaltigung der Gerechtigkeit dar, und deshalb hat jeder redliche Mensch die Pflicht, sich ihnen entgegenzustellen, vor allem die Eltern in Verteidigung der Rechte ihrer Kinder . . ." Das Dokument griff den 21-Tage-Arbeitsrhythmus in der Berg- und Hüttenindustrie – ohne Sonntagspause – an: „Eine gesunde Gesellschaftspolitik erfordert, die Menschen nicht nur zu produktiver, sondern auch zu vernünftiger Arbeit zu erziehen, zum Haushalten mit den physischen Kräften und der Gesundheit sowie zur Beobachtung der grundlegenden Rechte der menschlichen Person, der Zeit für Erholung, vor allem am Sonn- und Feiertag."

Solch starke Worte werden natürlich von der offiziellen Presse totgeschwiegen und auch in den katholischen Publikationen von der Zensur verstümmelt. Darum verkünden sie die Priester vom Altar, sie werden an Kirchenmauern angeschlagen, kopiert, vervielfältigt und von Hand zu Hand weitergegeben.

In diesem Frühjahr 1977 war die Kirche von Nowa Huta endlich so weit, daß sie „Maria, der Königin von Polen" geweiht werden konnte. Selbstverständlich nahm Kardinal Wojtyla die Weihe „seiner" Kirche selber vor. Zehntausende wollten an diesem 15. Mai dabei sein, trotz des strömenden Regens. Und Wojtyla rief ihnen damals entgegen: „Ihr ließet nicht zu, daß Gott hier stirbt, sondern ihr habt dem lebendigen Gott die Kirche gebaut." Aber über dem Fest lag der Schatten tragischer Ereignisse in Krakau – ein in der Protestbewegung engagierter Student, Stanislaw Pyas, war nach einem Polizeiverhör unter geheimnisvollen Umständen gestorben. Wie jedes Jahr im Mai feierten die Krakauer Studenten gerade die Juvenalien, ihr traditionelles Frühlingsfest. Plötzlich wurden jedoch Trauerkundgebungen veranstaltet und Aufrufe angeschlagen, wegen des Todes von Pyas nicht an den Juvenalien teilzunehmen. Vor dem Haus, in dem der Tote gefunden worden war, häuften sich Blumen und Kränze, und auf dem Pflaster brannten Kerzen. An dem Trauergottesdienst in der Dominikanerkirche nahmen Tausende von Menschen teil, und anschließend zogen die Studenten hinter schwarzen Fahnen schweigend durch die Stadt.

Schon Wojtylas Einweihungsrede von Nowa Huta enthielt einige Menschenrechtspassagen: „Der Mensch hat nicht nur das Recht auf Arbeit sondern auch auf einen Lohn. Aber das genügt dem Menschen nicht. Da sind dann noch die viel tieferen Rechte des menschlichen Geistes – Gewissensfreiheit, Meinungsfreiheit und Religionsfreiheit, die nicht verletzt oder eingeschränkt werden dürfen . . ." Und bei der Fronleichnamsprozession in Krakau ging Wojtyla direkt auf das vergangene Geschehen ein: „Es ist gewiß im Interesse aller Führungen auf der ganzen Welt, und auch in Polen und Krakau, daß die Notwendigkeit der Achtung der Menschen- und Bürgerrechte verstanden wird. Der Mensch, der auf diesem Gebiet Mängel spürt, ist zu allem bereit. Ist bereit zu allen Aufopferungen und Opfern. Denn er kann nicht auf das verzichten, was er ist, daß er ein Mensch, daß er ein Pole, daß er ein Christ ist.“ Die Jugend, die am 15. Mai die Besinnung und Stille dem Lärm der Juvenalien vorgezogen habe, sei in der Lage, „über die grundlegenden Dinge wie gesellschaftliche Gerechtigkeit und Frieden, die Rechte des Menschen, die Rechte der menschlichen Person, die Rechte der Nation, die Verantwortung für das große Erbe unseres Volkes nachzudenken. Diese Verantwortung verspüren wir alle . . .“

Dieses „große Erbe“ des polnischen Volkes lebt auch in der Kirche von Nowa Huta. In der Versöhnungskapelle unter der Hauptkirche wird die Verbundenheit des polnischen Schicksals mit dem Katholizismus plastisch dargestellt. Da steht die Gestalt Pater Maximilian Kolbes, des 1972 seliggesprochenen polnischen Priesters, der für einen Familienvater in Auschwitz freiwillig in den Tod gegangen ist. Er trägt ein gestreiftes KZ-Gewand und hält seine Hände über den Kopf. „So mußten wir beim Morgenappell antreten“, kommentierte Pfarrer Gorzelany. Er hat zwei Jahre Auschwitz überlebt. Und dann reihen sich in einem schmalen Gang sinnträchtige Pieta-Figuren. Da ist die Pietà des Jahres 1939 – eine polnische Mutter, die ihren Sohn als Opfer darbringt, die Pietà Westerplatte – sie erinnert an den Kriegsbeginn 1939, eine Muttergottes, unter der nur „Requiem“ steht, jeder Pole weiß jedoch, was damit gemeint ist. Sie wurde einer Marienfigur aus einer Kapelle in Katyn nachgebildet, dort, wo die Sowjets im Jahre 1940 4143 polnische Offiziere ermordet haben. Dann die Pietà Warschau 1944 – dem Jahr des Aufstandes –, sie ist in Ketten; der Auschwitz-Pietà wird das Herz von einem Kreuz durchbohrt; und eine Schmerzensmutter, vor der die Spuren von Kinderfüßen in das Erz gegossen sind, gedenkt jener polnischen Kinder, die von den Sowjets aus den Ostgebieten verschleppt worden sind.

Eine Galerie des Leides und patriotischer Schwermut. Doch die Kirche lebt trotz dieser Verbindung zur Geschichte vor allem in der Gegenwart. Und die modernen polnischen Priester haben sich mit Wojtyla an der Spitze von der Statistik und den übervollen Kirchen niemals blenden lassen. Nur dauernder Einsatz, permanente Evangelisation und ständige Missionstätigkeit erhalten der Kirche den Schwung und verhindern, daß sie erstarrt und vergreist und den Kontakt zum täglichen Leben verliert. Wenn man in der Diskussion mit polnischen Priestern ihre Kirche im Verhältnis zu westlichen Kirchen als konservativ und eher traditionell einstuft, wird man damit meist sofort eine heftige Diskussion provozieren. Von einer „schöpferischen Traditionsgebundenheit“ sprach Bischof Alfons Nossol von Oppeln (Opole) zwar, von einer Art „progressivem Konservativismus“ der polnischen Kirche. Pfarrer Gorzelany führte dagegen ein das Leben der Katholiken durchdringendes modernes Seelsorgeprogramm an, das Kardinal Wojtyla für seine Diözese entworfen hat. Nowa Huta wurde zu einem Muster dafür. Und damit lassen sich auch die Vorstellungen Johannes' Paul II. vom praktizierten Katholizismus illustrieren.

Die 20 Priester von Nowa Huta erweckten nicht den Eindruck eines rückwärtsgewandten Verteidigungshaufens. Sie gleichen eher einer Avantgardetruppe, die ständig in der Offensive ist. Nur vier von ihnen wohnen im Pfarrhof. Die anderen – jeder hat seinen Rayon mit einem Pfarrstützpunkt – hausen alle in den Wohnblocks bei verschiedenen Familien. Sie sollen ständig mit dem Alltag der Menschen in Berührung sein. Auch Pfarrer Gorzelany lebt mitten unter den Leuten. Und vor Weihnachten versuchten die Priester, möglichst jeden Abend bei einer anderen Familie zu verbringen – und die Pfarre Nowa Huta zählt etwa 20.000 Familien.

Sie verfügen jedoch auch über viele Helfer, die kein Priesterkleid tragen. Die Studenten der Pfarre nehmen den Priestern karitative Dienste ab. Sie tragen Pakete an Bedürftige aus, sie konservieren Predigten und Gottesdienste oder auch Vorträge mit Kassettenrekordern und spielen sie den Kranken der Pfarre zu Hause vor – als Ersatz für einen Kirchenfunk. Oder am Sonntag holen sie mit den über 100 Rollstühlen, die im Untergeschoß der Kirche aufgereiht sind, Behinderte und Kranke, die zur Messe möchten.

Aber wie steht es um die vom Konzil geforderten Reformen? Wojtyla selbst wird nicht müde, die wichtigsten Konzilsdokumente zu zitieren. Trotzdem hat der Sturmwind aus der Peterskirche in Polen nicht so viele Wände umgeworfen und Fenster aufgerissen wie anderswo: „Es wurde nichts überstürzt“, meint Bischof Nossol zur polnischen Situation. „Man glaubt, die pastorale Klugheit solle ausschlaggebend sein. Unsere so sehr an die Tradition gebundenen Christen könnten zur Zeit vielleicht doch noch nicht alles verkraften.“ Auch für Pfarrer Gorzelany hat „der große Wandel seit dem Konzil in Polen etwas länger auf sich warten lassen. Dafür haben wir die Konzilsreformen konsequenter und mit weniger Fehlern als im Westen durchgeführt. Im Westen wurde vor allem die Liturgie vertieft, bei uns jedoch auch die Seelsorge. Und die ist stark mit den Sakramenten verknüpft.“

Was heißt das konkret? Die Gläubigen sollen beim Sakramentsempfang wissen, was sie da erhalten, und ihr Leben dementsprechend einrichten. Darum wird die Katechese an die Spitze gestellt – neben den 20.000 Religionsklassen in polnischen Pfarren gibt es eine zweijährige Vorbereitungszeit für die Kinder auf Beichte und Kommunion. Auch für die Firmung müssen die 14jährigen ein ganzes Jahr lang lernen – je zwei Stunden die Woche, und zum Schluß wird ihnen noch eine schriftliche Katechismusprüfung abverlangt. Vor der Taufe werden Eltern und Taufpaten zu mindestens drei Aussprachen mit dem Priester eingeladen. Und Brautpaare erhalten in Nowa Huta drei Monate lang Eheunterricht von einem Team von Theologen, Psychologen, Pädagogen und Ärzten. Als Grundlage dient dafür das Buch Wojtylas „Liebe und Verantwortung“. Gorzelany: „Wojtyla wollte den Katholiken verständlich machen, daß nicht nur die Liebe existiert, sondern auch die Verantwortung für die Liebe und in der Liebe.“ Das Moralsystem, das die Kirche da aufstellt und anbietet, kann jedoch auch in Polen mit den lockereren Moralauffassungen einer freizügigen modernen Gesellschaft nicht immer konkurrieren – selbst wenn die Kirche Eheberatungsstellen eröffnet hat, in denen Ärzte Ratschläge über Empfängnisverhütung nach den Grundsätzen der umstrittenen „Humanae vitae"-Enzyklika erteilen.

Wojtyla will den Menschen weiterhelfen, das Zusammenleben in der Ehe zu lernen. Und so förderte er die Bildung von Gemeinschaften junger Ehepaare, die sich gegenseitig beistehen – auch in so praktischen Dingen wie Babysitten usw. –, aber einander auch in ernsten Krisen eine Stütze sind. Ältere Ehepaare kümmern sich um Studentenehen und nehmen in angestrengten Studienzeiten vor Prüfungen die Kinder auch einmal für zwei oder drei Monate unter ihre Fittiche. Oder sie sorgen für materielle Hilfe, wenn eine schwangere Mutter durch soziale Umstände zur Abtreibung gedrängt wird.

Und was gehört noch alles zu dieser so lebendigen polnischen Kirche? Ministrantengruppen und Lektoren (mit einer eigenen Lektorenweihe nach zwei Jahren), aus denen viele Priesterberufe hervorgehen. Kinderlose Ehepaare kommen oft für den Unterhalt eines mittellosen Priesterstudenten auf. Obwohl die Kirche offiziell keine Jugendorganisationen führen darf, hat sich auf der Basis von Exerzitien, von geistlichen Übungen oder gemeinsamen Wallfahrten eine gewaltige Bewegung gebildet. Und der Trend dazu ist steigend. Immer mehr Warschauer Studenten marschieren jedes Jahr im Sommer zu Fuß von der Hauptstadt bis nach Tschenstochau.

Am stärksten fasziniert jedoch die „Oasen"-Aktion die Jugend. Man macht dabei Ferien in einem Lager in den Bergen, an der Ostsee oder an irgendeinem masurischen See – Gruppen von 30 bis 40 jungen Leuten, die auf Urlaub sind, gleichzeitig aber auch geistliche Vorträge hören, meditieren, beten, singen und durch solche Exerzitien neue Kraft für das Alltagsleben schöpfen. Diese „Oasen" sind nach dem Urlaub nicht vergessen. Der Zusammenhalt der Gruppen bleibt, im nächsten Jahr treffen sie einander wieder in einem Lager, nur auf einer höheren Stufe, und wer die ersten drei Stufen hinter sich hat, kann dann selber Gruppenarbeit leisten. Auch jeder

Neupriester muß sich verpflichten, in den ersten sechs Jahren mindestens eine „Oase" zu betreuen. Als Professor Blachnicki, der Gründer der Bewegung, in Rom vom Papst empfangen wurde, sagte Wojtyla spontan: „Ich werde nächstes Jahr im Sommer in Castel Gandolfo ein Oase-Lager einrichten." Und schon interessieren sich westliche Jugendseelsorger für das polnische Modell, weil bei der Jugend ein echter Bedarf dafür vorhanden zu sein scheint. Professor Blachnicki erinnert sich, wie Wojtyla 1972 zu einem Treffen aller Oase-Gruppen einen Tatra-Gipfel bestieg. Es stürmte und regnete. Der Kardinal war im Bergsteigerdreß, und als er so fotografiert wurde, meinte er lachend: „Mit diesem Foto werdet ihr vielleicht noch einmal einige Dollar verdienen." Während der Messe begann es zu schütten. Da spannte man eben zwei Regenschirme über den Feldaltar. Und 600 junge Menschen ließen sich von der Wetterunbill nicht abhalten. Nach dem Ende dieses feuchten Berggottesdienstes versammelten sich die jungen Leute ein Stück weiter unten in einer Kirche, und dort predigte Wojtyla über die heilsame Funktion der Oasen in der Wüste – „auch wir leben in einer Wüste der Religionslosigkeit, aber je mehr Oasen in einer Wüste existieren, desto weniger bedrohlich und gefährlich wird sie".

Die Oasen, die totale Katechisierung, das Ringen um den Bau neuer Kirchen wie in Nowa Huta, diese ungewöhnliche Mischung von zähem Festhalten an überlieferten Formen äußerer Frömmigkeit und einer aus dem Daseinkampf innerhalb eines atheistischen Gesellschaftssystems geborenen Modernität – all das macht jene „besondere Erfahrung" aus, auf die in den aufregenden Tagen nach Wojtylas Wahl ein Redakteur von „Tygodnik Powszechny" in Krakau hingewiesen hat: „Diese Erfahrung der polnischen Kirche bringt der Papst nun in die Weltkirche ein, und sie kann ihr sehr nützlich sein." Daran dürfte auch Johannes Paul II. selber glauben. In seiner bewegenden Botschaft an die Polen unmittelbar nach seiner Amtseinführung erwähnte er ebenfalls die „besondere Bedeutung der Kirche Polens in der ganzen Kirche und Christenheit. Die Kirche in Polen ist zum Gegenstand großen Interesses geworden wegen ihres besonderen Beziehungssystems, eines Systems, dem heute größte Bedeutung zukommt, in bezug auf die Suche verschiedener Völker und Staaten nach einem sozialen, wirtschaftlichen und kulturellen Modell. Die Kirche Polens hat eine neue Stimme bekommen, sie ist zur Kirche eines einzigartigen Zeugnisses geworden, auf die die ganze Welt ihren Blick richtet . . ." Der Papst denkt also an ein Kirchenmodell, das sowohl Materialismus als auch Konsumismus überwindet.

In eben dieser Botschaft kam der Papst auch auf das Thema, das ihn schon in Polen so bewegt hat, die Menschenwürde: „Widersetzt euch allem, was der menschlichen Würde widerspricht und die Gebräuche und Gewohnheiten einer gesunden Gesellschaft entehrt, ja bisweilen ihre Existenz und das Gemeinwohl bedroht . . ."

Als Beispiel für diese polnische Kirche steht neben ihren beiden großen gegenwärtigen Repräsentanten Wojtyla und Wyszynski Pater Kolbe. Es war eine überwältigende Kundgebung von Hunderttausenden, als 1972 seine Seligsprechung in Auschwitz, an der Stätte seines freiwilligen Martyriums, gefeiert wurde. Auch in seiner Botschaft an die Polen vergaß Wojtyla den Namen Kolbes nicht. Für Wojtyla ist die Seligsprechung des Pater Maximilian Maria Kolbe das Zeichen für eine historische Wende, nach all der „schweren, harten Zeit", die Polen zu durchleiden hatte. Und Bischof Nossol von Oppeln stellte in einem Vortrag in Hamburg Pater Kolbe als eine Leitfigur der polnischen Theologie hin, als Symbolgestalt für diese „tragizistische Komponente in der polnischen Theologie, die jedoch niemals ohne schöpferische Hoffnung zu begreifen ist. Die Last der Geschichte, die Erfahrung der Vergangenheit haben zur Begründung einer besonderen Theologie der Hoffnung, das heißt der Theologie des Ausharrens, beigetragen. Es geht dabei um ein schöpferisches Überdauern, um ein positives Verkraften und sinnvolles

Meistern aller geschichtlichen gegebenen Umstände. Ein lebendiges und konkretes Beispiel dafür ist die Haltung von Pater Maximilian Kolbe, der sogar in der Hölle von Auschwitz nicht verzagte, sondern, obwohl er körperlich unterliegen mußte, doch gesiegt hat und insofern für seine Mitbrüder eine Stütze geworden ist.“

In keiner polnischen Kirche fehlt heute ein Altar des Heiligen aus dem KZ. Leben und Vorbild dieses ungewöhnlichen Mannes sind jedem polnischen Priester stets gegenwärtig. Und natürlich auch dem Papst. Dieser Pater Kolbe war kein verträumter Schwärmer. Er vereinte tiefe Frömmigkeit, leidenschaftlichen Glauben und eine hingebungsvolle Marienverehrung mit Managerqualitäten und sicherem Instinkt für eine gezielte und wirksame Medienarbeit, zu einer Zeit, da dieser Ausdruck noch unbekannt war. Aber dieser Franziskanerpater schuf eine mächtige Laienorganisation, die „Militia Immaculatae“, mit einer Zeitschrift, die in jedem katholischen Haus Polens gelesen wurde. Er gründete ein Kloster (mit Druckereien usw.), ging für einige Zeit als erfolgreicher Missionar nach Japan, stampfte eine Tageszeitung aus dem Boden, die binnen weniger Jahre die auflagenstärkste Polens wurde, und wenn der Krieg nicht gekommen wäre, hätte Kolbe auch mit einer eigenen katholischen Spielfilmproduktion mit den besten Schauspielern begonnen. Ja, der von der Technik begeisterte Pater wollte auch fliegende Missionare einsetzen und ließ bereits zwei Laienbrüder Flugunterricht nehmen. Nach einer ersten Verhaftung konnte Kolbe unter der deutschen Besatzung noch in bescheidenerem Maße weiterwirken. 1941 wurde er jedoch wieder eingesperrt und nach Auschwitz gebracht. Weil einem Häftling aus seinem Block die Flucht gelungen war, sollten zehn Männer in den Hungerbunker – ohne Nahrung, ohne Wasser bis zu ihrem qualvollen Ende. Einer der zehn, die willkürlich ausgewählt worden waren, jammerte: „Meine arme Frau, meine Kinder . . .“ Da trat Pater Kolbe vor: „Ich möchte für den Mann sterben.“ So geschah es. Nach zwei schrecklichen Wochen wurde der total entkräftete Kolbe am 14. August 1941 mit einer Spritze getötet und sein Leichnam tags darauf eingeäschert. 30 Jahre danach umarmte Papst Paul VI. während der Seligsprechungsfeier für Pater Kolbe einen einfachen alten Polen, Franz Gajwoniczek, den Mann, für den Kolbe sein Leben gegeben hatte. Und im Erzbischöflichen Palais in Krakau hängen riesige Fotos von den Menschenmassen, die zu der Kolbe-Feier nach Auschwitz geströmt waren. Denn dieser Mann ist der rechte Heilige für die Herzen der Polen – er hatte ein polnisches Schicksal erlitten, durch seine Haltung den Polen in seinem Tode ein Zeichen ihrer Stärke gegeben. Gegen eine solche Heroengestalt können auch die kommunistischen Ideologen nicht an.

Die Biographie Pater Kolbes ruft jedoch bei älteren polnischen Priestern wehmütige Gedanken an jene Zeiten wach, als die Kirche noch über Presseimperien herrschte, einen gewaltigen Informationsapparat dirigierte und auf einer gefestigten materiellen Basis stand. Denn die polnische Kirche war einmal reich. Im Kommunismus hat die Kirche jedoch gelernt, ohne diesen wirtschaftlichen Hintergrund auszukommen. Viel schmerzlicher sind ihr die publizistischen Beschränkungen. Der „Tygodnik Powszechny", die Krakauer Wochenzeitung, der Wojtyla so eng verbunden ist, hat eine Auflage von 40.000, sie könnte wahrscheinlich 100.000 oder 200.000 Exemplare verkaufen, aber mehr als 40.000 erlauben die Behörden nicht, und darum ist sie auch eine echte Mangelware, und jede Nummer geht durch viele Hände. Nach der Papstwahl, als „Tygodnik Powszechny" mit der Schlagzeile „Habemus papam" erschien, durften um 10.000 Stück mehr aufgelegt werden. Der Verlag „Znak" – Zeichen – gibt auch noch eine gleichnamige Monatszeitschrift heraus.

Bei der schon erwähnten Fronleichnamspredigt 1977 hatte Wojtyla auch diese letzte Bastion kirchennaher Pressearbeit öffentlich verteidigt: „Ich denke an ‚Tygodnik Powszechny' und ‚Znak', die fast die ganzen dreißig Jahre hindurch in Krakau erschienen. In den letzten Zeiten sah die Bischofskonferenz die Notwendigkeit, ausdrücklich zu erklären, daß diese – etwa wie die letzten Mohikaner – wenig zahlreichen katholischen Publikationen ein besonderes Gut der Kirche sind und zu ihrem Besitzstand gehören. Ich spreche davon, um denen, die dem geschriebenen Wort dienen und die mit diesem geschriebenen Wort dem Wohl des Vaterlandes und der Kirche dienen, unsere Solidarität auszudrücken. Ihre Sache betrachten wir als unsere gemeinsame Sache." Denn „Znak" ist immer wieder in Bedrängnis geraten, und mit dem Verlag auch die ebenfalls unter dem Namen „Znak" auftretende katholische Laienbewegung mit ihren Vertretern im Sejm, im polnischen Parlament. Nachdem ihr führender Kopf, Stanislaw Stomma, sich bei dem Votum über die neue Verfassung als einziger der Stimme enthalten hatte und deshalb nicht mehr zu einer Kandidatur für den Sejm zugelassen worden war, sind nun auch die übrigen „Znak"-Abgeordneten durch eher regimetreue Katholiken ersetzt worden. Um die Einheitsfront der Katholiken zu spalten, haben Partei und Regierung schon seit den Jahren des Stalinismus auf die wirtschaftsstarke Pax-Organisation gesetzt: sie gibt eine katholische Tageszeitung heraus, eine Illustrierte und viele Bücher, hat die gesamte Devotionalienproduktion in ihren Händen und betreibt daneben auch noch andere Fabriken und Unternehmen, unterstützt in ihrer Haltung jedoch das Regime. Der Episkopat hat sich von „Pax" immer distanziert und seinen Priestern die Mitarbeit untersagt.

„Pax" schwimmt in Geld, die Kirche dagegen lebt vor allem von Spenden – davon kommt zwar viel aus dem Ausland, von Exilpolen aber auch von den reichen Kirchen im Westen, das meiste müssen doch die Gläubigen selber aufbringen. So wird viermal im Jahr im ganzen Land für die Erhaltung der Katholischen Universität Lublin gesammelt, Kirchensteuer oder offizielle staatliche Subventionen sind unbekannt. Höchstens für alte Kirchenbauten, die als Kunstdenkmäler gelten, schießt der Staat etwas zu. Jeder Neubau einer Kirche wird von den Gläubigen getragen. Aus diesem

Grunde können Bischöfe und Pfarrer nur dort bauen, wo Bedarf für eine Kirche vorhanden ist, wo das Volk die Kirche braucht. Und dieser Bedarf scheint in Polen überaus groß zu sein. Darum empfinden mehr und mehr polnische Katholiken diese Armut ihrer Kirche eher als Reichtum. Auch Wojtyla hat immer als Vertreter dieser neuen Form der armen Kirche gegolten, und das wird sich wohl noch in der Führung der Weltkirche bemerkbar machen.

Als Erzbischof von Krakau hat Wojtyla mit der Gemeinde von Nowa Huta gezeigt, was möglich ist. Und gerade im letzten halben Jahr seiner Krakauer Zeit diskutierte er mit Pfarrer Gorzelany neue Pläne und Projekte. Denn die Solidarität, der Opfermut und die Begeisterung von Nowa Huta sollten nach der Vollendung des Kirchenbaues nicht abklingen. So entstand die Idee „Echo der Liebe" – das ist der Name für ein Krebskrankenhaus, für ein modernes Heim für Unheilbare, für eine Sterbeklinik. Wojtyla und Gorzelany setzten in einem Grenzbereich an, in dem unsere Gesellschaft eine grauenhafte Hilflosigkeit offenbart. Sie dachten darüber nach, wie sich der unmenschliche Kliniktod in totaler Einsamkeit und Verlassenheit vermenschlichen ließe. Zusammen mit den Katholiken aus Nowa Huta entwickelten sie ein neues Modell. Die Klinik soll den Kranken Heim sein. Einer der Grundgedanken: die Angehörigen der Kranken selber müssen sich verpflichten, bei der Pflege mitzuhelfen; und auch das freiwillige Personal wird total integriert mit den Patienten zusammenleben, so daß für diese niemals das Gefühl der Isolation entsteht. Davon ist auch das bauliche Konzept bestimmt. Wojciech Pietrzyk, der Architekt der Kirche, hat das Heim bereits entworfen – in der Form eines vierblättrigen Kleeblattes, bei dem jedes Blatt ein Pavillon mit je 32 Betten sein soll. Die Wände der Krankenzimmer sind verschieb- oder versenkbar, so daß die Patienten sowohl allein sein können, als auch mit anderen zusammen. Und wenn sie am Gemeinschaftsleben Anteil haben möchten, brauchen sie nur die Vorderwand zu dem Zentralraum der Klinik zu öffnen. Die staatlichen Behörden stehen dem Projekt eher wohlwollend gegenüber, und haben dafür auch schon ein Grundstück in Nowa Huta reserviert. Freiwillige für die Krankenpflege melden sich genug. Zwei Frauen erhielten Stipendien in einer Londoner Krebsklinik. 32 andere Helfer arbeiten jede Woche zwei Stunden in Krakauer Spitälern, um sich für ihre schwere Aufgabe zu rüsten. Auch Ärzte haben ihre Unterstützung zugesagt, und Pfarrer Gorzelany tut zeitweise ebenfalls Dienst in einem staatlichen Krankenhaus – und dort ist er nun schon so zu Hause, daß es ihm gestattet wurde, für die Patienten auch Messen zu lesen.

Wieder ein Exempel also für die Zeitbezogenheit und Aufgeschlossenheit der polnischen Kirche im Bannkreis Karol Wojtylas. Er hat sie mit geprägt, aber ist vor allem von ihr geprägt worden. Ohne den Hintergrund dieser polnischen Kirche wäre das Papstbild abstrakt und farblos. Um den Pontifikat Johannes' Paul II. zu erfassen, muß man die Kirche kennen, aus der er kommt. Und zu der es ihn auch noch immer hinzieht. In seiner gefühlsbetonten Botschaft an die Krakauer Diözese unmittelbar nach der Amtseinführung ließ Wojtyla den Film seines Lebens noch einmal gerafft ablaufen, als er allen dankte, die ihn soweit gebracht hatten: „. . . meinen geliebten Eltern, die schon lange nicht mehr leben; meiner Pfarrkirche in Wadowice; der Volksschule, dem Gymnasium, der Jagellonen-Universität, der Theologischen Fakultät, dem Priesterseminar. Was soll ich über meinen großen Vorgänger auf dem Sitz des heiligen Stanislaus, Kardinal Adam Stefan Sapieha, sagen und über den großen Exil-Erzbischof Eugeniusz Baziak, über die Bischöfe, Priester und die vielen eifrigen Seelsorger, die guten und hervorragenden Professoren, die vorbildlichen Ordensmänner und Ordensfrauen; die unzähligen Laien aus allen Schichten, denen ich in meinem Leben begegnet bin; über die Kameraden auf der Schulbank, an der Universität und im Seminar; über die Arbeiter bei Solvay, die Intellektuellen, Schriftsteller, Künstler, Menschen der verschiedensten Berufe; und weiter über so viele Ehepaare, Universitätsstudenten, Apostolatsgruppen, über die ‚Oasen', die vielen Jungen und Mädchen, die den Sinn des Lebens an Hand des Evangeliums suchen und manchmal den Weg zum Priester- oder Ordensberuf finden?"

Der ganze breite Lebensweg Wojtylas liegt da ausgebreitet vor uns, und seine vielseitigen Beziehungen und Kontakte zu allen Schichten des Volkes. Weiters schrieb der Papst: „Das alles bewahre ich im Herzen und halte es fest: meine ganze geliebte Kirche von Krakau, das alte und das neue Krakau, die neuen Stadtviertel, die neuen Menschen, die neuen Vororte, Nowa Huta; die dringende Sorge für neue Kirchen und neue Pfarreien; die neuen Bedürfnisse der Glaubensverkündigung, der Katechese und Seelsorge. All das begleitet mich auf den Sitz des heiligen Petrus. All das ist eine Schicht meiner Seele, die mir bleibt: meine Erfahrung, mein Glaube, meine Liebe, die sich ausweitet und so viele mir teure Orte, so viele Heiligtümer Christi und seiner Mutter umfaßt. Vor meinen Augen und in meinem Herzen bewahre ich das Panorama von Krakau, der Beskiden und der Tatra. Ich opfere diese heißgeliebte Landschaft und das ganze Land Polen, vor allem aber seine Menschen, dem Herrn . . ."

Die Polen haben Wojtyla das Opfer auf ihre Art gedankt. Die Katholiken sind gegenüber dem atheistischen Staat noch viel sicherer und selbstbewußter geworden. Unmittelbar nach der Papstwahl errichteten die Bewohner eines Dorfes bei Oppeln allen Verboten zum Trotz über Nacht eine primitive Kirche. Sofort befahlen die Behörden den Abbruch, wie das schon vor zehn Jahren einmal geschehen war. Diesmal sagten die Katholiken jedoch nein. Sie organisierten einen Wachdienst. Und wenn ein Abbruchkommando kommen sollte, würden die Glocken läuten und ein paar tausend Leute zur Verteidigung der Kirche herbeigerufen. Und sie sagen: „Wir haben einen polnischen Papst, warum sollen wir keine Kirche haben. Jan Pawel wird uns beistehen . . ."

7. Kapitel

Person und Tat

In einem bürgerlichen Haushalt würde der Raum unter die Kategorie Gäste- oder Mädchenzimmer fallen. Größer ist er nicht. Und auch ohne jede Spur von Luxus. Wer hier schläft, dem bedeuten die Güter der Welt nicht viel. Ein einfaches Holzbett wie in einem drittklassigen Hotel, ein alter, abgesessener Lehnstuhl, der zum Ausruhen einlädt. Der Polster auf dem Sitz leuchtet in den Regenbogenfarben polnischer Volkstrachten. Da hat sicher eine alte Frau oder eine Nonne mit fleißigem Nadelwerk dem Kardinal eine Freude bereiten wollen. Und nun schmückt er das Schlafzimmer Wojtylas in der Krakauer Kurie. Und auch sonst ist dort alles so, als ob Wojtyla noch da wäre. Nun, er ist zwar in Rom, aber seine Spuren sollen nicht verwischt werden. Und wahrscheinlich wird dieses Zimmer auch künftig das Wojtyla-Zimmer, das Papst-Zimmer, bleiben. Und es erweckt auch den Eindruck, als ob sein früherer Bewohner jeden Augenblick wieder eintreten könnte. Alles ist an seinem Ort. Der Hut hängt auf dem Kleiderständer, ein breitkrempiger, verbeulter Filz, der vor der Sonne wie vor Stürmen schützt. Die Bleistifte auf dem Tisch sind ordentlich nebeneinander gereiht. Unter der Glasplatte steckt neben einem Foto Papst Pauls VI. eine Ansichtskarte aus New York. An der Wand hängen zwei Muttergottesbilder. Unter dem Knieschemel stehen ein Paar Hausschuhe und ein Paar Straßenschuhe, von beachtlicher Größe, ausgetreten und arg strapaziert. Und hinter dem schmalen Schrank, für den man bei einem Trödler kaum einen

Preis erzielen würde, lehnen Ski, eine polnische Marke mit einer uralten Bindung („Die besseren Ski, die er als Geschenk aus dem Westen erhalten hat, haben wir weggeräumt", heißt es). Ein Rosenkranz, der immer auf Wojtylas Nachttisch lag, ist von Souvenirjägern bereits gestohlen worden.

In den Tagen nach der Papstwahl war das Erzbischöfliche Palais in Krakau ein noch offeneres Haus als zu Wojtylas Zeiten. Auch damals fand keiner verschlossene Türen. Nun drängten sich die Krakauer jedoch, um in der Halle vor den Gemächern des Kardinals ihre Glückwünsche in ein Gratulationsbuch einzutragen. Dazwischen wollten immer wieder Journalisten aus aller Herren Länder mit eigenen Augen sehen, wie der Mann, der Papst geworden ist, in seiner Bischofsstadt gelebt hat. Da gab noch der alte Kammerdiener Auskunft, der bereits Kardinal Sapieha die Schuhe geputzt hat, einige Schwestern sprachen mit Tränen in den Augen von Wojtyla, und man wußte nicht recht, ob es Tränen der Freude oder Tränen des Schmerzes waren.

Ein paar Wochen danach mangelte es immer noch der Ruhe. In der Bibliothek, die Wojtyla als Arbeitszimmer gedient hatte, waren Bücher gestapelt. Der Sekretär wurde aus Rom erwartet, damit er jene Bände auswählte, die der Papst bei sich haben wollte. Ein flüchtiger Blick auf einige Titel, deutsche Bücher, englische, polnische, italienische, französische: „Le Drame de l'atheisme humaine" – das Drama des humanistischen Atheismus, „Geistliche in Dachau", „Heidegger und Husserl", „Das Heilige Köln" mit einer Widmung Kardinal Höffners usw. usw., das Panorama breitester Leseinteressen, das Spiegelbild eines weltoffenen Geistes.

Zu Neujahr 1979 hat Johannes Paul II. seinen Freund und langjährigen Mitarbeiter, den Rektor des Krakauer Seminars, Franciszek Macharski als seinen Nachfolger zum Erzbischof und Metropoliten auf dem Stuhl des heiligen Stanislaus in Krakau bestellt. Und die Krakauer fanden, daß es eine gute Wahl war. Bis zu diesem Zeitpunkt aber gähnte in der Kurie eine große Leere. Obwohl normale Arbeit geleistet wurde, ein

Weihbischof und der Kanzler die Geschäfte führten und ständig Betrieb herrschte, schien das ganze Palais doch nur ein Wojtyla-Museum zu sein. Denn jedes Bild, jeder Sessel, jedes Buch, jeder Raum sollten Antwort auf die Frage geben, was für ein Mensch denn dieser Karol Wojtyla als Erzbischof und Kardinal war.

Wie hatte Wojtyla seinen Tag eingeteilt, wie sah so ein normaler Tagesablauf aus, wenn man bei seiner rastlosen, weitverzweigten Tätigkeit überhaupt von einem „normalen" Tag sprechen konnte. Weil er oft lang in die Nacht hinein zu lesen pflegte, stand Wojtyla „erst" um sechs Uhr auf. Morgengymnastik gehörte zur täglichen Routine. Um sieben Uhr feierte er die Messe in der Kapelle, das heißt, manchmal ging er dazu auch in die nahe Franziskanerkirche. Und wenn Wojtyla die Visitation einer Krakauer Pfarre durchführte, dann pflegte er sehr oft dort die Frühmesse zu lesen und sich dann gleich für eine Stunde in den Beichtstuhl zu setzen. So eine Pfarrprüfung war für Wojtyla keine Angelegenheit von ein, zwei Tagen, sie dauerte sechs Wochen. Immer wieder tauchte der Erzbischof in der Pfarre auf, bis er sie selbst fast so gut kannte wie der Pfarrer.

Das Frühstück wurde in der Kurie um 7.45 Uhr serviert. Anschließend überflog Wojtyla in seinem Büro die Zeitungen und aktuelle Dokumente. Von neun bis elf hatte er dann seine schöpferischste Zeit, da zog er sich in die Kapelle zurück. Und niemand durfte ihn stören. „Da hätte schon ein Feuer ausbrechen müssen", sagte einer seiner ehemaligen Sekretäre. Denn die Kapelle war für Wojtyla „der Raum, in dem er seine ganze Denkarbeit geleistet hat". Wie er als junger Seminarist hier im letzten Kriegsjahr unzählige Stunden verbrachte, so suchte Wojtyla auch als Erzbischof in der Kapelle Sammlung, Ruhe und Kraft. Er betete und meditierte. Doch neben dem Altar und seinem Betschemel steht auch noch ein kleiner Tisch. Jetzt hatte eine Nonne Blumen daraufgestellt. Früher pflegte der Kardinal an diesem Tisch seine Reden und Predigten zu schreiben – im Angesicht des

Kreuzes und der Tschenstochauer Madonna –, die Konzentrationsmethoden eines meditativen, zum Mystischen neigenden Geistes. Aber nach diesen Stunden der Stille war Wojtyla wieder voll Aktivität und stürzte sich mit all seiner Energie und Arbeitsfreude ins volle Leben. Da warteten die Leute schon auf eine Audienz. Denn jeder Diözesanangehörige konnte zu seinem Erzbischof kommen. Die Sekretäre hörten sich die Leute zwar vorher an, meistens hatten sie jedoch Gelegenheit, ihre Anliegen dem Erzbischof selber vorzutragen, und er wurde nicht müde, ihnen zuzuhören. Und jeder, der Wojtyla näher kennt, lobt ihn als guten Zuhörer. Er vermittelte den Menschen sofort das Gefühl, daß er sich ehrlich für sie und ihre Probleme interessierte. Da war nichts von dem wohlwollenden Übersehen oder gedankenlosen „Ja, ja", mit dem viele hochgestellte Herren – auch in der Kirche – die Sorgen kleinerer Leute abtun. Für Wojtyla schien immer derjenige, mit dem er gerade sprach, auch der wichtigste zu sein. Deshalb suchten so viele Menschen die Begegnung mit ihm. „Er wußte eben, wie man mit den Leuten reden kann", sagt einer seiner Krakauer Freunde. „Er war immer für den Dialog im tiefsten philosophischen und theologischen Sinn: wir sind Menschen und müssen uns verständigen, einander erkennen, aufeinander schauen, einander achten . . . und darum liebte er das Gespräch mit den Menschen so sehr, mit allen Menschen, egal woher sie kamen." Aus einer solchen Gesinnung heraus war Wojtyla auf jeden Partner total konzentriert.

Von dieser Gesprächsbereitschaft läßt sich jedoch endlich auch eine Schwäche Wojtylas ableiten. Wo immer man nämlich in diesen Wochen nach Wojtyla fragte, wurde er einem immer als eine Art Übermensch geschildert. Es mag wohl stimmen, daß er „in allen Milieus, in allen Kreisen, in denen er sich bewegte, stets die hervorragendste Persönlichkeit war . . . der beste Student, der beste Freund, der beste Kaplan, der beste Professor", wie es einer seiner Kollegen formulierte. Darum erfüllt es einen mit einer gewissen Erleichterung, wenn Wojtyla von seinen Freunden wenigstens der Unpünktlichkeit geziehen wird. Dadurch wird all dieses Lob glaubhafter, das Heiligenbild vermenschlicht sich.

In der Krakauer Kurie ist um 13.30 Uhr Essenszeit. Da versammeln sich etwa zehn Priester mit dem Erzbischof zum Mittagsmahl. Das heißt, meist saßen schon alle bei Tisch – und warteten. Denn der Kardinal hörte sich noch immer geduldig ein Bäuerlein aus einem Beskidendorf an und ließ sich dann noch zwei- oder dreimal auf dem Gang zum Speisesaal von den Leuten anreden und aufhalten. Er hatte einfach nicht die Kraft, jemanden wegzuschicken, ohne daß dieser seine Probleme bei ihm abgeladen hatte. Und die Herren bei Tisch harrten seiner, und die Suppe wurde kalt.

So fühlten sich die Krakauer wie zu Hause, als Johannes Paul II. am 23. Oktober, am Tag nach der Amtseinführung, an die 40 polnische Bischöfe und Freunde aus der Heimat zum Mittagessen eingeladen hatte. Um 13.30 Uhr, wie in Krakau. Und wie in Krakau saßen sie da und warteten und warteten und warteten. Der Papst hatte entgegen allen Konventionen das Gästehaus des Vatikans Santa Marta für dieses Essen reservieren lassen, und die Schwestern stellten für die Polen sogar ein paar Flaschen Wodka auf die Tische. Aber der Papst kam und kam nicht. Ein Anruf aus dem Apostolischen Palast entschuldigte ihn: „Habt noch 20 Minuten Geduld", der Heilige Vater unterhielt sich noch mit den Diplomaten. Und nach 20 Minuten folgte der zweite Anruf. Schließlich erschien der Papst um eine volle Stunde zu spät. Lächelnd entschuldigte er sich: „Ich bitte um Verzeihung, der Erzbischof von Krakau war schon immer für seine Verspätungen bekannt." Darauf Kardinal Wyszynski: „Heiliger Vater, wir hätten hier auch bis Mitternacht auf Sie gewartet." Und dann packte der Papst den Thronsessel, der ihm vorbehalten war, räumte ihn eigenhändig zur Seite und setzte sich auf einem gewöhnlichen Sessel zu seinen Bischöfen. Der Grund der Verspätung: Wojtyla hatte noch unter vier Augen mit Polens Staatsoberhaupt Jablonski gesprochen.

In Krakau verging der Nachmittag mit Konferenzen oder Ausfahrten. Oft verbrachte Wojtyla viele Stunden in Diskussionen. Und immer wieder zog es ihn hinaus in die Pfarreien der Diözese. Das ist eines der besonderen Merkmale der polnischen Bischöfe – mehr als anderswo üblich, pflegen sie den direkten Kontakt mit den Gläubigen, und kein Pfarrfest findet ohne einen Bischof statt. Auch Wojtyla war ständig unterwegs. Im Hof der Kurie sind zwei schwarze Limousinen geparkt – ein eleganter Opel-Admiral, ein Geschenk aus der Bundesrepublik, für Fahrten in der Stadt, und ein russischer Wolga: „Den brauchen wir für Überlandfahrten, der hält auch die schlechtesten Wege aus." Weil Wojtyla nicht rasten konnte, sind in beiden Autos vor dem Rücksitz aufklappbare Pulte mit einer Lampe montiert. Der Erzbischof pflegte auch während der Fahrt Akten zu erledigen. Außerdem gehört er zu den Menschen, die immer etwas zum Lesen eingesteckt haben. Dafür nützte er jede Wartezeit oder freie Minute. War ihm der Betrieb einmal zuviel, verspürte er Müdigkeit, rief Wojtyla seinen Chauffeur und ließ sich von ihm in die nahen Berge oder Wälder fahren. Dort ging der Erzbischof dann ein, zwei Stunden spazieren – und damit hatte er wieder genug frische Energien getankt. Manchmal nahm er auch einige Mitarbeiter auf diese Waldmärsche mit, um dabei aktuelle Anliegen zu besprechen. Da wurde auch die Erholung wieder zur Arbeit.

Weil Wojtyla eben in so vielen verschiedenen Bereichen soviel unternehmen und in Bewegung bringen wollte. „Wenn man eine Liste aller Initiativen des Erzbischofs von Krakau aufstellt, fragt man sich ungläubig, wie so etwas möglich sei, in so vielen Dimensionen, in so vielen Milieus, auf so vielen verschiedenen Ebenen", urteilte Rektor Macharski, einige Wochen bevor ihm selbst Wojtylas Amt übertragen wurde. „Wenn er in Rom war, dann konnten seine Mitarbeiter ein wenig Atem holen, dann hatten sie für ein paar Tage oder Wochen Ruhe. Nach seiner Rückkehr waren jedoch alle sofort wieder in Eile. Es mußte etwas geschehen, aber nicht bloß um der Tätigkeit willen, denn das, was geschah, war dann immer das Richtige."

Allein die Verwaltung der Diözese Krakau mit ihren über zwei Millionen Gläubigen, dazu die Kirchenprovinz mit mehreren Diözesen, deren Metropolit Wojtyla war, seine Rolle in der Bischofskonferenz und sein Engagement in Rom, das alles brauchte den ganzen Mann. Daneben führte er ein intensives religiöses Leben, liebte alle Formen der Liturgie und nahm gerne an kirchlichen Veranstaltungen aller Art teil. Gleichzeitig drängte ihn seine intellektuelle Neugier danach, sich mit allen geistigen Strömungen und Bewegungen der Gegenwart auseinanderzusetzen. Darum trachtete er danach, einen Kreis gebildeter Laien um sich zu scharen und mit ihnen einen ständigen Gedankenaustausch zu unterhalten. Wichtigste Diskussionspartner waren dabei wohl die Redakteure von „Tygodnik Powszechny". Ein- bis zweimal im Monat, manchmal auch öfter, traf sich der Kardinal mit der gesamten Redaktion. Und viel häufiger sah er Jerzy Turowicz, den Chefredakteur, seit vielen Jahren Wojtylas Freund. Dabei waren der Kardinal und die Journalisten durchaus nicht immer einer Meinung. In der Zeitung wurden oft Ideen lanciert, die dem polnischen Episkopat noch als zu kühn erschienen. Wojtyla scheute sich dagegen nie, auch über heikle Themen zu reden. „Oft saß er nur da und ließ uns reden und hörte zu", erzählte einer der Journalisten. „Als wir den Kardinal fragten, warum er denn nichts sage, antwortete er: ‚Ich repräsentiere die ecclesia audiens – die hörende Kirche.' Aber das ist eben Wojtylas Art. Bevor er etwas sagt und entscheidet, reflektiert er gerne." Diese Neigung zur Reflexion gehört zu den Eigenschaften Wojtylas, die immer wieder angeführt werden. Er ist kein Freund überstürzter und spontaner Entschlüsse. „Manchmal haben wir uns geärgert, weil er Personalentscheidungen oft auf die lange Bank geschoben hat", sagte ein enger Mitarbeiter des Erzbischofs. „Wir haben dieses Zögern für Entscheidungsschwäche gehalten und warfen ihm insgeheim vor, daß er bei personellen

Veränderungen nicht genügend radikal vorginge. Doch jetzt, nach diesem Erdbeben seiner Wahl, sieht das alles anders aus. Sein Zögern war sehr oft durch die Reife seiner Persönlichkeit motiviert. Jetzt erkennt man, daß schnelle Änderungen häufig auch nur wieder mittelmäßige Leute bringen. Und wenn man den Papst von dieser Seite her betrachtet, so sind auch in Rom keine revolutionären und spektakulären Wandlungen zu erwarten. Wojtyla geht lieber langsamer, überlegter, aber um so zielstrebiger vor."

Ähnlich urteilen auch Wojtylas private Freunde, Katholiken, Laien, Intellektuelle, Krakauer Professoren und Dozenten, Philosophen, Schriftsteller, Musiker, aber auch Techniker usw., mit denen der Kardinal immer gerne zusammen war. Um einen inneren Kern von etwa 20 bis 30 Leuten bildete sich ein größerer Kreis, der zu Vorträgen, Symposien und Diskussionsabenden in die Kurie eingeladen wurde. Ihr gemeinsamer Nenner war, daß sie alle etwas zu sagen hatten. „Wojtyla wollte über alles Bescheid wissen", stellte einer von ihnen fest. „Er trägt keine Scheuklappen, er forscht nach der Wahrheit, und für ihn ist nicht unbedingt etwas wahr, nur weil es christlich ist, sondern es ist christlich, weil es wahr ist."

Völlig versenken konnte sich Wojtyla in diese andere Welt weit weg vom Kirchenbetrieb in Urlaubswochen, im Sommer bei den Kanufahrten oder bei tagelangen Bergwanderungen, im Winter beim Skifahren. Immer begleiteten ihn bei solchen Unternehmen zehn bis 15 Freunde, junge Ehepaare, auch Junggesellen, Studenten, meist aus dieser Schar seiner hochgebildeten Krakauer Gesellschaft. Über die Details dieses so engen familiären Zusammenseins mit Wojtyla schweigen sie heute lieber. „Eine gewisse Privatsphäre soll gewahrt bleiben, das haben wir mit dem Papst vereinbart, als wir zur Amtseinführung in Rom waren."

Auf solchen Fahrten war Wojtyla der einzige Priester. Im Sommer schlug die Gruppe am Abend irgendwo Zelte auf, und am Morgen versammelten sich alle um den Feldaltar zum

Gottesdienst, und dann ging es wieder weiter, ungezwungen, heiter, jeder war gleich, obwohl die anderen vor dem Kardinal bei aller Kameradschaft doch immer einen gewissen Respekt bewahrten. „Der Polizei waren diese Unternehmen nicht sehr geheuer. Manchmal bemerkten wir, daß uns irgend jemand folgte." Meistens herrschte jedoch eine völlig gelöste Atmosphäre, und stille Naturbetrachtung und totale Entspannung wechselten mit tiefsinnigen Gesprächen, unvergeßliche Erlebnisse für alle, die daran teilhaben durften.

Die Freundschaft blieb jedoch nicht auf die Ferien beschränkt. Wojtyla hatte einige der jungen Ehepaare unter seinen geistlichen Schutz gestellt. Denn er glaubte daran, daß eheliche Liebe erlernbar ist, daß sie einer Stütze und der Hilfe bedarf. Und danach hat er gehandelt: „In diesem Sinn hat er mit uns gelebt", sagte einer aus dem Kreis, „und war uns eng verbunden, menschlich und intellektuell. Die Kinder riefen ihn Onkel Karol, und im Fasching hat er sie alle zu einem großen Kinderfest in die Kurie eingeladen. Zu den schönsten Stunden zählte, wenn er zu Weihnachten mit uns zusammensaß und mit seiner schönen kräftigen Stimme alte Lieder sang. Dabei bewunderten wir auch wieder sein Gedächtnis, niemand konnte so viele Kirchenlieder auswendig wie er . . .". Wojtyla hatte auch die Verse der großen polnischen Dichter oft auf den Lippen. Selbst in seiner Botschaft an die Katholiken Polens zitierte Johannes Paul II. Mickiewicz, um die Schönheit der Heimat zu beschreiben, auf die er nun verzichten müsse.

Für Wojtyla ist die Poesie ein völlig natürliches Ausdrucksmittel. Er hat die großen Dichtungen Polens im Kopf, er hat sie als Rezitator interpretiert und selber nie aufgehört, seine Gefühle, Gedanken und Beobachtungen in strenge lyrische Formen zu fassen. „Das Priestertum ist ein Sakrament und eine Berufung. Das poetische Schaffen ist eine Funktion der Begabung – aber Begabungen zeugen von einer Berufung, zumindest im gegenständlichen Sinne", schrieb Wojtyla 1971 in einem Vorwort zu einer Auswahl polnischer Priesterlyrik:

„Man kann sich also fragen, auf welche Weise sie sich gegenseitig in demselben Menschen durchdringen." Wojtyla ist selbst die Antwort auf die Frage. Die Koexistenz von Priester und Poeten ist in seiner Person völlig gelungen. Wojtyla hat immer wieder das Bedürfnis gespürt, selber Poesie zu schreiben. Und wenn im „Tygodnik Powszechny" und in „Znak" ein Gedicht von Andrzej Jawien abgedruckt wurde, wußten die eingeweihten Krakauer, wie es ihrem Bischof ums Herz war. Denn hinter diesem Jawien verbarg sich Wojtyla. Das Pseudonym hat er sich aus dem Roman „Himmel in Flammen" von Jan Parandowski geborgt. Dieses Buch um die Glaubenskrise eines jungen Mannes hatte nach seinem Erscheinen 1935 großen Erfolg und dürfte auch den jungen Wojtyla tief beeindruckt haben (Jawien ist jedoch nur eine Nebenfigur in dem Roman). Der neue Jawien, dieser Krakauer Jawien, griff in seiner Lyrik weit über den Priesterbereich hinaus. Er hat wohl viele religiöse Gedichte verfaßt, ein größeres Poem über die Gestalt des Simon von Kyrene, der, ohne es zu wollen, dazu gekommen ist, mit Jesus das Kreuz zu tragen, über Magdalena, und zu einigen großen Festen usw. Was dabei herauskam, waren jedoch keine lieblich-belanglosen, sanft frömmelnden Erbauungsverse. Wojtyla steht fest in der Tradition der polnischen Dichtung, die bei den meisten slawischen Völkern viel tiefer verwurzelt ist als in unseren Breiten.

Sag deinen Namen nicht. Binde an irgendein ‚ich'
alles was der Hauch deiner Lippen öffnet
und wieder verschließt
alles was manchmal in Frösten des Herzens
erfriert
was Menschen durch Tage verfolgt
das Licht zu Nebel wandelt und Glut zu Eis –
Alles

„Der Menschen Gedanken" nennt Wojtyla-Jawien dieses mystisch-dunkle Gedicht (wie auch die folgenden Textproben in der Nachdichtung von Karl Lubomirski) um menschliches Zweifeln und Fühlen und Fragen nach der Wahrheit:

So erreicht man den Menschen nicht,
nicht den tausendfältigen Menschen
des Wahrheit über mir hängt
wie der Zweig eines trauernden Baumes
Und dennoch suche ich weiter
mühselig manchmal
und weiß von dem Antlitz –
das ich singe

Wie in Wojtylas philosophischem Denken steht auch in seinem Dichten der Mensch im Mittelpunkt. Aber nicht nur in abstrakten Gedankenspielen, sondern auch sehr konkret, in all seinen Funktionen, Aufgaben und Situationen. So, wenn Wojtyla ein Gedicht „Der Schauspieler" schrieb:

Wie viele sind an mir gewachsen
bei mir gewachsen
durch mich gewachsen
Sind Erd' geworden, Schoß aus dem
ein Urstoff stammt
den man den Menschen geheißen.
Allein der ich doch selbst ein Mensch
ist nicht mein ich gebeugt
vom Abdruck aller anderen?
Und wenn ich jeder war und jeder ungenügend
im eigenen Ich verhängt
kann man den Rest der bleibt erschauen
ohne Furcht?

Die Identitätsprobleme eines Schauspielers, der immer wieder in andere Charaktere schlüpfen muß wie in ein frisches Hemd – Wojtyla kennt sie aus eigener Erfahrung. Er blickt aber auch in die Arbeitswelt, die ihm nicht fremd ist, und dichtet über einen Arbeiter in einer Autofabrik oder über den „Arbeiter einer Waffenfabrik“:

Keine Macht besitze ich über das Schicksal des Erdballs
Keine Kriege beginn ich
Gehe ich mit Dir, oder gegen Dich – wer weiß?
Ich sündige nicht.
Das aber ängstigt mich, daß ich nichts bewege, da ich nicht sündige
Ich fräse winzige Teile, bereite Zerstörungssplitter
und umfange das Ganze nicht, und schaue nicht das Geschick des Menschen.
Ein anderes Ganzes würde ich schaffen, ein anderes Schicksal,
(doch wie ohne winzige Teilchen)
wo ich und jeder andere Mensch Ursprung
des Rechts wären und der Heiligkeit
die niemandes Werk mehr tilgt
niemandes Wort mehr leugnet.
Nicht gut ist die Welt, die ich schaffe –
Aber ich baue an keiner schlechten!
Ist das genug?

Und dann läßt Wojtyla „Die Blinden“ durch diese Welt stolpern:

Wir schaffen den nötigen Abstand
die Kiesel mit Stöcken treffend, mit weißen
Kostbar ist jeder Schritt
In leeren Pupillen stirbt die unähnliche
Welt weiter vor sich hin:
eine Welt nicht aus Farben, aus Lärm
(Umrisse, geflüsterte Linien)
Weißt du wieviel Mühe Unsicherheit zur Reife bedarf
Wo immer noch eines bleibt, bleibt uns noch immer Wahl

Mit welcher Freude trüg jeder von uns
des Menschen Last
der ohne den weißen Stab allen
Raum umgreift.
Wirst du uns lehren können, daß größeres
Unrecht als unseres?
Wirst du uns überzeugen von einer Freude
im Dunkel?

Das sind Gedichte, die auch interessieren würden, wenn man nicht wüßte, daß sie ein zukünftiger Papst geschrieben hat. Und wer seine Gedanken so eindringlich durch das Medium der Poesie weitergegeben hat, der wird damit auch kaum aufhören können. Denn ihm ist das Dichten Gefühlsäußerung wie bei einem anderen das Lachen, Pfeifen, Singen oder die verschwiegenen Selbstbekenntnisse in die Diskretion eines Tagebuchs. So mag sich Wojtyla wohl auch als Papst noch irgendwann Zeit stehlen, ein paar Verse zu Papier zu bringen. Denn ein Dichter ist er, dieser Papst.

Als Wojtyla 1962 zum Konzil in Rom war, nutzte er manchmal ruhige Momente während der Sessionen in der zur Aula umgestalteten Peterskirche, um seine Assoziationen und Ideen und sein Empfinden angesichts dieses großen Bemühens der Weltkirche, ihr Gesicht, ihre Kleider und ihren Körper zu erneuern, in Versen zu Papier zu bringen. Und auch diese Gedichte publizierte Wojtyla als Jawien in „Znak".

Italienische Journalisten haben noch ein meditatives Versdrama Wojtylas ausgegraben, das 1960 in „Znak" erschienen ist: „Der Goldschmiedsladen", mit dem Untertitel „Meditationen über das Sakrament der Ehe, die manchmal die Gestalt eines Dramas annehmen". Wojtyla stellt da drei Paare auf die Bühne – Andreas und Teresa, die sich am Vorabend des Krieges kennen- und liebenlernen. Und bald nach der Geburt des Sohnes Christoph fällt Andreas. Dann Anna und Stephan – ein Ehepaar, das alle Krisen einer schwierigen Ehe durchmacht, und schließlich Monika und Christoph, die Kinder der beiden Paare, die zueinander finden. Italienische Zeitungen wollen in der ersten Episode die Erinnerung Wojtylas an eine eigene Jugendliebe, die durch den Krieg zerstört wurde, entdecken. Aber Wojtyla betrieb damit wohl kaum Vergangenheitsbewältigung. Sein Anliegen war das pastorale Ziel, das ihm so wichtig ist: Ehepaaren zu helfen, ihre Verbindung glücklich zu gestalten. Dafür nützte er sein dramatisches und dichterisches Talent.

Seine Überlegungen zu diesem Thema als Moraltheologe und Seelsorger hat Wojtyla jedoch in seiner bekanntesten Schrift zusammengefaßt: „Liebe und Verantwortung". Die erste Ausgabe erschien bereits 1960 in Lublin, 1962 kam eine Neuauflage in Krakau heraus und 1965 und 1969 folgten französische, spanische und italienische Übersetzungen. Und die haben in manchen konservativen Vatikankreisen große Aufregung ausgelöst. Dabei durchbricht Wojtyla nirgends die Barrieren der kirchlichen Moralgesetze. In dieser „Erziehung zur Liebe" konfrontiert der Autor diese Normen mit der Sexualität der modernen Welt. Und er versucht mit den Mitteln der heutigen Sexualkunde und ihrer Sprache, die menschlichen Zweierbeziehungen und die körperliche Liebe zu analysieren und durch sein eigenes Verständnis dafür um Verständnis für die Haltung der Kirche zu werben. Nach dem Grundsatz, daß die Liebe nur dann wirklich Liebe ist, wenn die beiden Partner einander nicht nur gebrauchen und sich als gegenseitige Lustobjekte betrachten, sondern füreinander da und miteinander völlig eins sind. Darum verteidigt er das Prinzip der absoluten Unauflösbarkeit der Ehe – räumt aber ein, daß im Falle totaler Entfremdung eine Trennung möglich ist, an dem Bestehen der Ehe ändert das aber nichts. Auf fast dreihundert Seiten durchleuchtet er die Fragen der Liebe, der Ehe und der Moral, der Sexualität, der Empfängnisverhütung, des Schwangerschaftsabbruches usw. vom Glauben, von der Philosophie her, und von der Medizin und der Psychologie. Was so manche Leser schockiert hat, war Wojtylas Sprache. Sein Buch benutzt die Diktion der Aufklärungswerke der

Sexualwissenschaftler, nur mit dem Unterschied, daß Wojtyla die Erkenntnisse der Sexologen auf eine ethische Basis stellt. Als Beispiel für Wojtylas Umgang mit diesem heiklen Sujet soll eine Schlüsselstelle über das Geschlechtsleben in der Ehe dienen:

„Vom Gesichtspunkt der Liebe und der Selbstlosigkeit muß man verlangen, daß beim Geschlechtsakt nicht der Mann als einziger die höchste Steigerung erreicht, sondern daß diese unter Anteilnahme der Frau errungen wird, nicht aber auf deren Kosten. Das ist in dem Prinzip eingeschlossen, daß dort, wo zur Liebe gezwungen wird, die Liebe zum Partner ausgeschlossen ist! Die Sexualkundler stellen fest, daß die Erregungskurve der Frau anders verläuft als die des Mannes. Sie steigt und fällt flacher. Vom anatomischen Standpunkt wird die Erregung der Frau in gleicher Weise wie die des Mannes hervorgerufen. Das Zentrum befindet sich im Rükkenmark, wenngleich ihr Körper mit mehr erogenen Zonen ausgestattet ist, was eine Art Ausgleich für die langsamere Erregungsfähigkeit darstellt. Der Mann muß dieser unterschiedlichen Reaktion Rechnung tragen, und zwar nicht auf egoistische, sondern auf selbstlose Weise. Auf diesem Gebiet schreibt die Natur einen Rhythmus vor, den die Ehepaare wiederentdecken müssen, um den Höhepunkt der sexuellen Erregung gleichzeitig zu erleben. Das subjektive Glück, das sie dabei erfahren werden, wird von der Freude an der Harmonie mit den objektiven Gesetzen der Natur bestimmt. Der Egoismus dagegen – in diesem Falle handelt es sich um den Egoismus des Mannes – ist untrennbar mit jenem Ausbeuten und Gebrauchen verknüpft, in dem eine Person den eigenen Genuß auf Kosten des Genusses des anderen sucht. Dadurch wird auch der Zusammenhang zwischen Sexualberatung und der Moral einleuchtend und klar.

Diese Ratschläge im Eheleben nicht anzuwenden, ist dem Wohlbefinden des Partners feindlich und auch der Dauer und Festigkeit der Ehe. Es ist zu berücksichtigen, daß die Frau von Natur her Schwierigkeiten hat, sich dem Manne anzupassen, was auf dem verschiedenartigen körperlichen und psychischen Rhythmus beruht. Daher bedarf es eines Einklanges, der unmöglich ohne einen Willensakt – vor allem von Seiten des Mannes – und in jedem Falle von diesem ausgehend – erreicht werden kann, und nie ohne eine genaue Beobachtung der Frau. Wenn diese im Geschlechtsakt nicht die natürliche Befriedigung findet, den Orgasmus nicht erreicht, ist zu fürchten, daß der Ehebund nicht völlig empfunden wird und daher auch der Einsatz der eigenen Persönlichkeit nicht vollständig ist – was dann wieder zu Neurose und Frigidität führen kann, also jener Unfähigkeit, die höchste körperliche Befriedigung zu erlangen. Frigidität ist manchmal das Ergebnis eines Komplexes der Frau, aber oft entspringt sie dem Egoismus des Mannes, der brutal eigene Befriedigung sucht, ohne zu wissen oder ohne verstehen zu wollen, was die subjektiven Wünsche seiner Frau sind und welchen objektiven Gesetzen des Sexualprozesses sie unterliegen. In diesen Fällen beginnt die Frau den Geschlechtsakt zu meiden und sich abgestoßen zu fühlen . . ."

Wojtyla spricht weiter von krankhaften Störungen, die durch das Ausbleiben des Orgasmus bei der Frau ausgelöst werden, und die dann wieder psychische Folgen haben: „Solche Störungen führen zur Gleichgültigkeit, die oft in Widerstand umschlägt. Denn die ungenügende Befriedigung verzeiht die Frau dem Manne nicht so leicht. Doch damit ist wieder viel Leid verbunden, und daraus erwachsen oft schwere Komplexe. Alles dies führt zum Verfall der Ehe. Darum bedarf es der Sexualerziehung, die jedoch nicht allein an das Phänomen des Sex gebunden sein kann. Man soll nicht vergessen, daß das körperliche Widerstreben nicht Zeichen von Primitivität ist, sondern eine Reaktion – bei der Frau eine Antwort auf Egoismus und Brutalität, beim Manne auf Frigidität und Gleichgültigkeit. Nur, die Frigidität und Gleichgültigkeit der Frau sind oft Folge der Schuld des Mannes, der sie unbefriedigt läßt, was noch dazu dem männlichen Stolz widerspricht . . ."

Eine so offene Sprache in sexuellen Dingen hat noch selten ein Bischof gewagt. Unter den polnischen Katholiken war Wojtylas Buch ein stiller Bestseller, und ohne die offiziellen Auflagenbeschränkungen hätte es ein noch größeres Publikum gefunden. Der Vatikan begrüßte die italienische Ausgabe als Schützenhilfe zur Verteidigung der Enzyklika „Humanae vitae". Dafür nahm man in Kauf, daß bei Wojtyla nicht nur von der philosophischen und theologischen Bedeutung des Wortes „Liebe" und von der Fortpflanzung die Rede war, sondern auch von sexueller Befriedigung, von der „Qualität" der Sexualität und dem Glück, das daraus entstehen kann.

Wojtylas „Liebe und Verantwortung" wird nun wieder oft zur Hand genommen werden: von jenen, die sich Rat für ihr Eheleben holen wollen, und auch von denen, die die moralische Vorstellungswelt des Papstes ausloten und aus seinen früheren Schriften Schlüsse auf künftige Entscheidungen und Stellungnahmen Johannes' Paul II. ziehen möchten.

Und Karol Wojtyla hat ihnen in den letzten 20 Jahren genügend Material geliefert. In zwei weiteren Büchern, „Person und Tat" (Krakau 1969) und „Zeichen des Widerspruchs" (Mailand 1977), hat Wojtyla seine persönliche Philosophie zusammengefaßt und die Existenz des Christen in unserer Zeit ebenso kritisch wie zuversichtlich betrachtet. Daneben liegen unzählige Redentexte vor, seine Interventionen während des Konzils und später vor allem bei sämtlichen Bischofssynoden. Da stand Wojtyla bereits im Rampenlicht und profilierte sich vor seinen Mitbrüdern als ein sehr eigenwilliger Denker, der trotzdem niemals an den Grundsätzen der Kirchendisziplin rüttelte. Denn Wojtyla ist trotz aller Stürme, Reformen und gesellschaftlichen Wandlungen der festen Meinung, daß man sehr wohl ein moderner Mensch sein kann, der diese unsere Zeit voll begreift, in ihr und mit ihr lebt, auch ja zu ihr sagt, und gleichzeitig auch ein Katholik, der den Gesetzen der Kirche gehorcht.

„Ein Teil der Menschen wünscht, daß sich die Kirche aktiv in der Welt präsentiert. Andere wieder möchten selbst ihren kleinsten Schatten daraus entfernen. Unterschiedlich und gegensätzlich sind die Situationen, in denen sich die Kirchen in den verschiedenen Ländern der einzelnen Kontinente befinden. In einigen können sie unbehindert die Wahrheit lehren; in anderen aber werden sie daran gehindert und verfolgt. Es ist nicht möglich, gleichzeitig zu allen Menschen zu sprechen, zu den Katholiken und Nichtkatholiken, zu den Gläubigen und Ungläubigen. Es ist nicht möglich, sich an jene, die außerhalb der Kirche stehen, die sie bekämpfen, die nicht an Gott glauben, in derselben Sprache zu wenden, in der man zu den Gläubigen spricht. Mangels der Möglichkeit, sich auf das geoffenbarte Wort Gottes zu berufen und auf solide Vernunftsargumente, ist die Kirche auf Ermahnungen und moralisierende Ratschläge beschränkt. Es kann kein wahrer Dialog entstehen, wenn man nicht einräumt, daß die Kirche, um in der Welt zu sein, über ihr sein muß." Ein Diskussionsbeitrag Wojtylas während der Debatte über die Stellung der Kirche in der Welt im Herbst 1964. In diesen paar Sätzen umriß der polnische Bischof klar die ganze Zwiespältigkeit der kirchlichen Anpassungsversuche an ihre säkularisierte Umgebung. Denn viele nachkonziliare Krisenerscheinungen sind durch dieses totale Verwischen der Grenzen zwischen Kirche und Welt hervorgerufen worden. So dürfte diese Konzilsintervention Wojtylas auch viel über eine Richtung seines Pontifikates aussagen: mitten in der Welt sein, aber doch über ihr.

Wojtylas Stimme wurde auch zu den Themen Atheismus und Religionsfreiheit vernommen. Da hatte er Erfahrungen anzubieten, die vielen anderen Bischöfen fremd und neu waren. Kam er doch aus einem Land, in dem der Atheismus eine Art Staatsreligion ist: „Der Atheismus darf nicht nur als eine Verneinung Gottes angesehen werden, sondern vielmehr als ein innerer Zustand der menschlichen Persönlichkeit, und er muß auch aus soziologischen psychologischen Perspektiven studiert werden. Der Atheist ist von seiner ‚endgültigen Einsamkeit' überzeugt, weil Gott nicht existiert. Daher kommt sein Verlangen, sich in einem gewissen Sinn im Gemeinschaftsleben unsterblich zu machen. Von daher stellt sich die Frage, ob der Kollektivismus den Atheismus fördert oder umgekehrt. Diese und andere Überlegungen erschweren den Dialog sehr, besonders dann, wenn sich der Atheismus mit dem Relativismus und mit dem Utilitarismus vereint. Und wenn man den Atheismus als Verneinung Gottes auffaßt, dann ist es allenfalls nötig, diesen Dialog mit dem Menschen zu beginnen, dabei aber die innere Freiheit der Persönlichkeit zu respektieren und zu zeigen, daß der religiöse Mensch der Wirklichkeit der Welt keineswegs entfremdet ist."

Wieder wird ein wesentlicher Wesenszug Wojtylas offenbar: die Neigung zum Dialog und der Respekt vor der Meinung des anderen, gerade aus der Sicherheit eines tiefen Glaubens heraus. „Er war nie ein Mensch der Polemik, er hat nie aus einer Kontroverse heraus diskutiert", sagte ein Krakauer Freund über Wojtyla. „Er war kein Mann des Streites und achtete den anderen, wenn er seine Ansichten mit ehrlicher Überzeugung vertrat." Und ein junger Krakauer Philosoph aus dem Wojtyla-Kreis unterstrich dieses Urteil: „Er hat vor jeder Tradition Respekt, und auch vor jeder Regung der Gesellschaft, wenn sie nur authentisch ist." Und darum fanden auch viele Menschen Zugang zu Wojtyla, die nicht in der Kirche zu Hause waren. So bemerkte zum Beispiel der Kamerad aus den Theaterjahren, Juliusz Kydrynski: „Unsere Freundschaft hat immer gehalten, obwohl Wojtyla weiß, daß ich der Kirche eher fernstehe. Trotz seines tiefen Glaubens – oder eben deshalb – läßt er eine andere Einstellung und Überzeugung gelten. Das ist eine seiner größten Stärken."

Nach dem Konzil, wo Wojtyla zwar einige Akzente setzte, aber noch nicht zu den richtungweisenden Protagonisten zählte, profilierte er sich international bei den Bischofssynoden. Ohne es zu wissen und ohne es zu wollen, hat der Erzbischof von Krakau dabei den Boden für seine Wahl zum

Papst bereitet. 1967, 1969, 1971, 1974 und 1977 war der Kardinal eine der Zentralfiguren der Bischofsversammlung. Bei den letzten beiden Synoden gehörte er auch dem Rat des Generalsekretariats an, der die Debatten lenkte. In diesen Jahren, die ihn oft lange von Krakau fernhielten, gewann Wojtyla seine zusätzliche internationale Dimension. Sein Bekanntheitsgrad im Weltepiskopat stieg gewaltig. Er faßte auch in Rom Fuß, wurde zu zahlreichen Vorträgen eingeladen, besuchte italienische Marienwallfahrtsorte, sprach an der Universität Mailand, knüpfte Kontakte an, die er dann noch durch Reisen in alle Welt festigte. Wojtyla besuchte die polnischen Gemeinden in den USA und in Australien, er sprach beim Eucharistischen Kongreß in Manila, er war mehrmals in der Bundesrepublik, und sehr oft machte er vor oder nach seinen großen Reisen Zwischenstation in Wien.

Wojtylas Stellungnahmen zu den verschiedenen Synodenthemen – die Rolle der Bischöfe, die Gerechtigkeit in der Welt, die Katechese, die Familie und die Evangelisation – liefern so manchen Fingerzeig auf sein künftiges Verhalten als Papst. Da wurde etwa über die „Identitätskrise des Priesters" gestritten. Der Pole Wojtyla kannte eine solche Krise nicht: „Meinungsumfragen unter den polnischen Priestern haben ergeben, daß man bei uns weder von einer Identitätskrise der Priester noch von einer Krise der Kirche spricht. In ihrer Auseinandersetzung mit der marxistischen Ideologie und ihrem programmierten und propagierten Atheismus hat die Kirche ihre eigene Identität nicht verloren." Und ein anderes Mal wies er im Zusammenhang mit demselben Thema auf Maximilian Kolbe hin: „In einer Zeit, in der so viele Priester in der ganzen Welt sich nach ihrer ‚Identität' fragen, richtet sich Pater Kolbe mitten unter uns auf, um zu antworten, aber nicht mit theologischen Darlegungen, sondern durch sein Leben und seinen Tod und als Lehrmeister, um uns ein Zeugnis der größten Liebe zu geben. Der Heroismus ist sicher nicht jedermanns Sache, aber wäre der Verzicht darauf, ihn anzustreben, nicht eine Niederlage?"

In diesen letzten Jahren verglich Wojtyla in Vorträgen auch mehrmals die kirchenfeindliche Ideologie des Regierungssystems in seiner Heimat mit der konsumorientierten Kirchenfremdheit der westlichen Welt, die dabei kaum besser abschnitt als der sogenannte Sozialismus. Die Freiheit sei ein wesentliches Element der Menschenwürde, sagte Wojtyla 1971. Und dieser Grundsatz würde auch vom christlichen Denken verteidigt. Der Irrtum der „permissiven Gesellschaft", in der alles erlaubt ist, sei jedoch, daß sie diese individuelle Freiheit sucht ohne irgendeine Bindung an das Gute, das doch zum Wesen dieser Freiheit gehörte. Statt dessen verwandle sich die Freiheit in Mißbrauch und statt dem Menschen zu seiner Selbstverwirklichung zu verhelfen, bewirke sie nur Leere und Frustration: „Und von der Freiheit bleibt nichts wie der Slogan."

So steht er also vor uns, dieser Karol Wojtyla, ein Mann fester Prinzipien, der niemals Angst hat, unbequeme Wahrheiten auszusprechen, und der auch der Welt noch vieles sagen wird, was sie nicht gern hören möchte. Trotzdem scheint die Öffentlichkeit, diese „permissive Gesellschaft", bereit zu sein, mehr von ihm anzunehmen als von irgendeinem anderen. Das Geheimnis dieser Wirkung schlummert wohl in dem so geraden, aufrichtigen Wesen dieses Mannes. Was er sagt, das glaubt er auch, ist die Reaktion. Dieser Glaube bezieht seine Kraft aus der persönlichen Philosophie Wojtylas. Denn alles, was er tut, was er sagt, was er schreibt, was er denkt, bezieht er immer auf den Menschen. Wojtyla hat zwar die Fähigkeit, in den verschlungensten philosophischen Denkgebäuden spazierenzugehen, aber er wird immer wieder herausfinden und den Gläubigen erklären, was diese Gedanken, Theorien und Systeme für den Menschen bedeuten und was sie ihm bringen. Darum überzeugt er auch, wenn er unbequem ist, Widerspruch herausfordert und den Wohlstands- und Wohlbefindensmaximen der Konsumgesellschaft das Prinzip des Guten entgegenhält. Er philosophiert in der „Ich"-Form, sagte ein Kollege des Universitätsprofessors Wojtyla.

Grundlage seines Philosophierens ist die christliche Anthropologie, die davon ausgeht, daß der Mensch nach dem Bilde Gottes geschaffen ist, „daß Gott sich in seinen Kreaturen selbst abbilden wollte", wie der Tübinger Religionswissenschaftler Ernst Benz schreibt, „daß er von allen seinen Kreaturen den Menschen ausersehen hat, um sich in ihm abzubilden. Das bedeutet ja nicht nur, daß Gott sein eigenes Bild wie ein Siegel in ein bildsames Material eingeprägt hat, sondern das bedeutet, daß er damit den Menschen zu derjenigen Kreatur erhob, in der er, Gott, sich selbst in seinem Bild erkennen und damit zum Bewußtsein seiner selbst kommen wollte . . . indem er sich im Menschen abbildet, läßt er den Menschen nicht nur an seinem Bild teilhaben, sondern macht ihn zum Partner seiner Selbstverwirklichung, seiner Selbstoffenbarung. So eng gehören Gott und Mensch zusammen, daß man sagen kann, Gott und Mensch seien aufeinander angelegt". Und wenn nun Gott durch den Menschen in die Welt tritt, dann ist die Würde ebendieses Menschen das höchste aller Güter. Aus dieser Ausgangsposition kontert Wojtyla dem Marxismus. Durch die materialistische Weltanschauung wird der Mensch nur ein Stück Materie, nur ein Objekt, nur Mittel zum Zweck, gegängelt und manipuliert vom Staat, von der Partei und von anderen gesellschaftlichen Mächten. Für Wojtyla ist der Mensch dagegen Zweck allen Seins. In den Jahren der Bischofssynode hat Wojtyla seine Anthropologie in dem Buch „Person und Tat" zusammengefaßt. Da genügt das Menschsein allein jedoch noch nicht, zum Ebenbild Gottes im christlichen Sinn gehört auch die Tat. Der Mensch verwirklicht sich erst durch die Tat, durch sein Sein und Verhalten gegenüber den anderen Menschen. Trotzdem steht aber der Mensch immer über der Tat, nicht so wie bei den Marxisten, wo sich die Person nach der Tat, nach der Praxis, nach den Gesetzen der Geschichte und der Wirtschaft zu richten hat.

An die Spitze des Buches hat Wojtyla ein Zitat aus den Konzilsdokumenten gestellt: „Die Kirche, die sich in keiner Weise mit einer politischen Gemeinschaft identifiziert und mit keinem politischen System verbindet, ist zugleich Zeichen und Sicherung des transzendentalen Charakters der Person." Also eine klare Absage an die Politik, die den Menschen nur gebraucht, während die Kirche nach Wojtylas Verständnis den wahren Wert des Menschen erkennt, schätzt und auch sichert.

Ist Wojtyla also ein apolitischer Mensch? Das konnte er sich als polnischer Bischof nie leisten. Aber die „Arbeitsteilung" zwischen den beiden Kardinälen, zwischen Wyszynski und Wojtyla, erlaubte dem Primas eine starke Konzentration auf die Politik, auf die Gestaltung der Beziehungen zwischen Kirche und Staat. Wyszynski ist auch von seinem Naturell her durch und durch Politiker, leidenschaftlich und temperamentvoll. Wojtyla dagegen blieb mehr das pastorale Feld überlassen. Doch gerade in den letzten Jahren wurde der Erzbischof von Krakau den Behörden gefährlicher als der Primas. In kritischen Situationen sahen Gierek und Genossen in Wyszynski auch ein gewisses staatstragendes Element, eine Ordnungsmacht, die selbst für die Kommunisten nicht völlig ohne Nutzen sein konnte. Wojtyla störte sie dagegen eher durch einige sehr radikale öffentliche Erklärungen – so wie damals 1977 in Krakau, und vorher und nachher. Aber dabei ging es immer wieder nur um den Menschen und um die Menschenrechte. „Da wird auch Wojtyla politisch", sagen seine Krakauer Freunde.

Bei der Fronleichnamsprozession 1976, für die Wojtyla wieder vergebens um die Erlaubnis angesucht hatte, nach alter Tradition den Ringplatz zu benützen, erzählte er Beispiele alltäglicher Beschränkungen der Religionsfreiheit, von einem Buben, der in der Berufsschule Anstände hatte, weil er an einer Kette ein Kreuz trug, von Ferienlagern, in denen die Kinder nicht in die Kirche dürfen, von Müttern, die wegen der religiösen Überzeugung ihrer Kinder in die Schule zitiert wurden, und von Ehepaaren, die auf einmal an ihrer Arbeitsstätte Schwierigkeiten hatten, weil in ihrem Haus die Kinder zum Religionsunterricht zusammenkamen. „Warum davon reden", fragte der Kardinal rhetorisch. „Jeder solche Fall, egal um wen es sich dabei handelt, ist unsere gemeinsame Sache. Und ich als Bischof muß dieser Sache als erster dienen. Dieser großen Sache des Menschen. Denn die Sache der geistigen Freiheit, der Gewissensfreiheit, der Religionsfreiheit ist eine große menschliche Sache! Eine Sache des Menschen von jeher und des Menschen von heute!"

Und zur geistigen Freiheit des Menschen rechnet Wojtyla auch die freie Entfaltung aller kulturellen Möglichkeiten und die Bewahrung des kulturellen Erbes einer Nation. In diesem Sinne traf er eine der letzten großen politischen Entscheidungen, bevor ihn Rom nicht mehr losließ: er öffnete die Kirchen und kirchlichen Räume den sogenannten „Fliegenden Universitäten": die intellektuelle Opposition in Polen hat auf privater Basis eine Art Gegenuniversität gegründet, die vor allem die Geisteswissenschaften und die Geschichte frei von den Verzerrungen durch die kommunistische Ideologie lehren soll. Wie im Krieg die Untergrunduniversitäten funktionierten, so versammeln sich nun Studenten und Professoren in Privatwohnungen, um das offizielle geistige Weltbild zu korrigieren. Die Polizei hat manchmal solche Zusammenkünfte gesprengt, Leute mit Geldstrafen belegt, auch Verhaftungen vorgenommen und dann wieder nur zugesehen. Indem Wojtyla nun die Kirche in diese Bewegung einschloß, steigerte er ihre Wirkung gewaltig. Und seinem Beispiel folgten auch andere polnische Bischöfe.

Wie sieht das in der Praxis aus? In Krakau wurde im Herbst 1978 im Dominikanerkloster ein längerer Kurs über russische Geschichte abgehalten – die Leute drängten sich dazu. Denn in den staatlichen Universitäten wäre es für einen Professor unmöglich, über dieses heikle Thema ohne Rücksicht auf die offizielle Lehre zu reden. Und in St. Anna, der Studentenkirche, nicht weit von der Kurie, notierten sich Studenten die an der Tür angeschlagenen Vortragsfolgen. Zum Thema „Philosophie von heute". Und nach der Abendmesse blieb die Kirche immer noch bis auf den letzten

Platz mit jungen Menschen gefüllt. Vor dem Altar stand ein ebenfalls junger Professor und redete über Husserl, Heidegger und den Existenzialismus.

Zu diesem Zeitpunkt war Wojtylas armseliges Zimmer im Erzbischöflichen Palais jedoch schon verwaist. In der Bibliothek brannte Licht, weil die Sekretäre noch immer die Bücher für Rom aussortierten. Das bekränzte Wojtyla-Porträt über dem Portal der Kurie war wieder weggeräumt. Und die Krakauer, die an ihren Bischof dachten, der nun Papst war, empfanden in ihrer Freude über seine Wahl auch den Schmerz darüber, daß ihr Wojtyla nun nicht mehr ihnen allein, sondern der ganzen Welt gehörte.

8. Kapitel

Leben wie ein Papst

Bischof Jacques Martin blickte nervös auf seine Armbanduhr. Der Präfekt des päpstlichen Haushaltes war ungeduldig. Ein Monsignore zuckte nur mit den Achseln und deutete mit einer Handbewegung an, daß da nichts zu machen wäre. Es wurde schon bald zwei Uhr, und der Papst konnte sich noch immer nicht losreißen. Nach dem Ende der mittägigen Generalaudienz in der Nervi-Halle, die nun den Namen Paul VI. trägt, war Johannes Paul II. vom Podium zu den ersten Reihen der dichtgedrängten Pilger hinuntergestiegen. Und nun griff er nach ihren Händen, und die ihren griffen nach ihm. Er küßte Kinder, hob sie in die Höhe, wurde plötzlich mit einem Kind am Arm etwas abgedrängt und wußte nicht mehr, wem es nun gehörte. Ratlos blickte er um sich, bis die Mutter sich wieder zum Papst durchgeboxt hatte. Mit jedem, der ihm vor die Augen geriet, redete er, meist in dessen Sprache, einmal italienisch, dann wieder deutsch, französisch, englisch, polnisch. Und trotz des Trubels und des Geschiebes rund um ihn, trotz der TV-Lichter, die ihn blendeten, strahlte Wojtyla vor Glück und genoß dieses Bad in der Menge. Seine Begleitung dagegen war angespannt und unruhig. Denn der Papst hatte längst alle Zeitgrenzen durchbrochen und die minuziös ausgeklügelten Protokoll- und Stundenpläne durcheinandergebracht. „Der Heilige Vater denkt ja nicht daran, daß die vatikanische Polizei um zwei Uhr Ablöse hat“, stöhnte ein Prälat aus seiner Umgebung. „Und auch nicht an das Verkehrschaos, das er auslöst, wenn die Generalaudienz so spät zu Ende ist, und all die Busse mit dem Geschäftsverkehr konkurrieren." (Inzwischen werden durch die Audienzen auf dem Petersplatz alle Besucherrekorde gebrochen.)

Das sind freilich Überlegungen, die einem Karol Wojtyla fern sind. Nicht, daß ihm die Dienstzeiten der Polizisten und anderer vatikanischen Beamten egal wären, doch wie schon als Bischof betrachtet Wojtyla diesen direkten, hautnahen körperlichen Kontakt mit den Menschen als einen wesentlichen Part seiner Mission. „Ein Papst zum Anfassen", schrieb eine Zeitung über ihn. Da vergißt er eben die Zeit und sein Tagesprogramm. Das Klischee von den Uhren des Vatikans, die nun anders gehen, seit Karol Wojtyla dort als Papst Johannes Paul II. eingezogen ist, stimmt nicht. Wojtyla richtet sich nicht nach den vatikanischen Chronometern. Er hat seine eigene Einteilung, und damit versetzt er die Monsignori des päpstlichen Haushaltes in ungewohnten Streß. Spontaneität, Zufälligkeiten, überraschende Einfälle, plötzliche Programmänderungen und eigenwillige Entschlüsse des Papstes sind in den ersten Monaten des Pontifikates nach anfänglichen Anpassungsschwierigkeiten für seine Umgebung bereits zur Routine geworden. Nicht weil Wojtyla so unsteten Gemütes ist. Nein, aber er will sich nicht einsperren, nicht einrahmen, nicht in die Fesseln des Protokolls zwingen lassen; und dadurch erhalten diese Äußerlichkeiten auch eine tiefere Bedeutung.

Die aus Krakau importierten polnischen Schwestern, die für das leibliche Wohl des Papstes sorgen, sind bereits Kummer gewöhnt. Sie kennen sein lockeres Verhältnis zur Zeit und sind auch jederzeit darauf vorbereitet, daß beim Essen mehr Gäste erscheinen, als ursprünglich vorgesehen. Denn mit seinen unprotokollarischen Einladungen zum Abendessen will Wojtyla ebenfalls verhindern, daß er Informationen nur durch die reinigenden Filter der vatikanischen Bürokratie erhält. Wir haben schon erwähnt, wie er die Priester aus der römischen Vorstadtpfarre zu sich gebeten hat. Und oft sind diese Essen noch formloser. Da erblickte

Wojtyla Professor Blachnicki, den Gründer der „Oasen"-Bewegung bei einer Generalaudienz in der Menge im Petersdom. Sofort hielt er inne und rief ihm zu: „Blachnicki, komm doch heute zum Abendessen." Am Abend ging Blachnicki zum Vatikan. Dort wußte man beim Empfang schon Bescheid, und „dann war es so wie in Krakau". „Wie in Krakau", diesen Ausdruck gebraucht auch Bischof Marian Rechowicz, ehemals Rektor der Universität Lublin. Auch ihn hatte Wojtyla telefonisch durch einen Sekretär am 3. November, dem Vorabend seines Namenstages, zum privaten Abendessen geholt, weil er diese Stunden gerne mit Freunden verbringen wollte. Essenszeit ist um 19.30 Uhr. Der Sekretär wartete bereits am Tor. Er hatte den Schlüssel für den Privatlift, der direkt in die päpstlichen Gemächer führt. Und dort kam ihnen der Papst mit ausgestreckten Armen entgegen. Er zeigte seinen Gästen die Kapelle und seine Wohnräume, dann wurde ein polnisches Essen serviert, auch Borschtsch, die klare Suppe aus roten Rüben – wie es eben bei Polen der Brauch ist. Gekocht hatten die polnischen Schwestern, aufgetragen wurde von einem italienischen Diener. Und das Gespräch verlief genauso ungezwungen wie an Abenden in der Krakauer Kurie. Bischof Rechowicz bemerkte zu Johannes Paul: „Es werden so viele Anekdoten über Sie erzählt, das macht Sie sehr populär und sehr originell." Der Papst antwortete darauf: „Mir geht es nicht um Originalität. Ich muß derselbe Mann bleiben, der ich bisher war, ich muß mir meine Persönlichkeit bewahren."

Aber kann man so bleiben, wie man war, wenn man so plötzlich über Nacht zum Papst wird? So eine Papstwahl, das ist fast so etwas Unwiderrufliches, Endgültiges wie der Tod. Da reiste Wojtyla mit seinem kleinen alten Koffer nach Rom, nicht gerade vornehm für einen Kardinal, mit dem, was er, der in allen Äußerlichkeiten so völlig Anspruchslose, benötigte, und auf einmal durfte er nicht mehr zurück, obwohl sich noch so viele unerledigte Dinge auf seinem Krakauer Schreibtisch häuften. Nicht einmal seine allerpersönlichsten

Angelegenheiten kann ein neugewählter Papst selber regeln. Fremde Hände müssen das alles besorgen, als ob die Hinterlassenschaft eines Verstorbenen zu ordnen wäre. In seiner neuen vatikanischen Umwelt aber erwartet ihn eine zum Teil völlig fremde Umgebung, die ihm ihren eigenen Stil diktieren möchte. Und da entscheidet es sich schon in den ersten Tagen eines Pontifikates, ob es dem Papst gelingt, sein eigenes Ich zu behaupten und nicht so zu sein, wie es die anderen verlangen.

Für Paul VI. waren die ersten Schritte in die päpstlichen Gemächer der beinahe vorherbestimmte Weg einer kurialen Laufbahn, die völlig auf das Papstamt ausgerichtet war. Luciani schien zeitweise selbst nicht genau zu wissen, wie ihm geschah. Und die mühsame Verteidigung seiner Eigenart gegenüber den Wünschen und Anforderungen der vatikanischen Lebensweise hatte sicher sehr an seiner Substanz gezehrt und mit zu seinem frühen Tode beigetragen. Wojtyla dagegen drängte die vatikanischen Zeremonienmeister und alle anderen Monsignori, die sein Leben in ihre Hand nehmen wollten, sofort in die Defensive. Voll Schwung und Dynamik eilte er mit großen Schritten durch die Gänge und ließ manchen seiner Begleiter keuchend hinter sich, wenn er auf den steinernen Treppen des Apostolischen Palastes gleich mehrere Stufen auf einmal nahm. So versuchte er auch weiter „wie in Krakau" zu leben. Und dazu gehört, daß es nun im Vatikan etwas turbulent zugeht und nicht alles so pünktlich abläuft, wie das etwa unter Paul VI. üblich war.

Der Frühaufsteher Montini, der nur wenig Schlaf brauchte, besprach schon am Morgen die dringendsten Angelegenheiten mit den Herren des Staatssekretariates. Und der Staatssekretär selber wurde von ihm oft noch spät abends empfangen. Vor allem zu Benellis Zeiten spürte man rund um den Papst die starke Hand eines guten Organisators. Für Wojtyla ist dieses Problem noch nicht völlig gelöst: einerseits möglichst zugänglich zu sein und andererseits doch eine gewisse Zeit für sich selbst zu reservieren.

Auch Johannes Paul II. steht früh auf. Wie in Krakau

treibt er Gymnastik. Nach der Messe in der Privatkapelle überfliegt er einen Pack Zeitungen – italienische, „Le Monde" usw., und während des Frühstücks läßt er sich bereits die wichtigsten Tagesfragen vorlegen. Zwischen neun und elf möchte Wojtyla jedoch so wie in Krakau ungestört sein – zurückgezogen, in der Kapelle, um sich zu sammeln, um in dieser Stilleperiode an seinen Reden zu feilen. Es wird sich erst weisen, ob es dem Papst bei der Fülle der Verpflichtungen und dem Besucherandrang gelingt, sich diese so wichtigen Konzentrationsstunden zu erhalten.

Allein im Oktober, November und Dezember 1978 mußte sich der Papst mit fast 300 Reden, Erklärungen und Predigten an die Öffentlichkeit wenden. Nun, davon werden viele vom Staatssekretariat konzipiert oder von anderen jeweils zuständigen Abteilungen der Kurie. Und der Papst prüft sie nur, korrigiert sie und ergänzt sie da und dort um einige persönliche Gedankensplitter. Vielen anderen Reden merkt man jedoch sofort die Handschrift Wojtylas an. Wie Paul, und wie es auch Luciani versucht hat, will Wojtyla die Mittwochaudienzen als Forum seiner persönlichen Katechese benutzen. Diese predigtartigen Reden vor den Pilgern sind für ihn ein Akt der Seelsorge. In leicht verständlicher Form möchte der Papst bei diesen Gelegenheiten seine Glaubensvorstellungen an die Katholiken aus aller Welt weitergeben. Auch seine kurzen Angelus-Ansprachen Sonntag mittag schreibt er selbst. Und die meisten Reden, die Johannes Paul II. außerhalb des Vatikans gehalten hat, verraten ebenfalls den Wojtyla-Stil. Schließlich benötigt Wojtyla auch Ruhe, weil von ihm in absehbarer Zeit auch grundlegende Erklärungen über den Kurs der Kirche erwartet werden.

Wegen dieser vormittägigen „Denkpause" hat sich jedoch der gesamte vatikanische Zeitplan verschoben. Der Audienzreigen beginnt erst um elf. Dafür dehnen sich die Besuche beim Papst entgegen aller Traditionen bis in den Nachmittag hinein und oft weiter in den frühen Abend. Die Wochenausgaben des „Osservatore Romano" kommen für die Audienzliste mit einer Spalte kleingedruckter Namen oft gar nicht aus, so viele Kardinäle, Bischöfe, Priester, Professoren, Politiker, Freunde usw. empfängt der Papst in einer Arbeitswoche. „Unlängst waren die Liftdiener noch um sieben Uhr abends da", bemerkte ein Kurienbeamter, der im päpstlichen Palast wohnt. „Das heißt, daß der Papst noch so spät Audienzen hielt. Das gab es früher nie."

Im Vorkonklave allerdings, als die Kardinäle über die Aufgaben des nächsten Papstes diskutierten, wurde der Wunsch geäußert, den Bischöfen mehr Gelegenheit zu bieten, sich in Privataudienzen direkt an den Heiligen Vater zu wenden – ohne daß die Nuntiaturen dazwischengeschaltet werden. Diesen Auftrag erfüllt Wojtyla bis zum Extrem – nicht nur, weil es ihm Verpflichtung ist, sondern auch ein Anliegen. Er will wissen, was in der Welt und in der Kirche vorgeht. Und er möchte die Information aus erster Hand. Darum ist ihm jeder Bischof und jeder andere wichtige Kirchenmann willkommen.

Wie kann der Papst diese Audienzen-Inflation mit seinem übrigen Programm in Einklang bringen, und mit seiner Absicht, nicht nur zu hören, sondern selber hinauszugehen und mit eigenen Augen zu sehen, was los ist? Und wie wird er das harte Pensum, das er sich da auferlegt, körperlich durchhalten? Er ist gesund, er ist kräftig, von imponierender Gestalt, erdschwer, gestanden, naturverbunden, sportlich. Anfang des neuen Jahres hat er den Strapazen des Amtes jedoch erstmals Tribut gezollt. Wojtyla wirkte müde und abgespannt. Da entschloß er sich, vor dem Dreikönigsfest, für zwei Tage seinen Kalender zuzuklappen, alle Termine zu streichen und draußen in Castel Gandolfo Ruhe und Erholung zu suchen.

Der Papst leidet unter dem Mangel sportlicher Betätigung. „Ohne Bewegung gehe ich zugrunde", hatte er einmal einem Freund gesagt. Sicher wird er sich insgeheim schon darüber Gedanken gemacht haben, ob es nicht auch einem Papst erlaubt sei, wieder einmal auf Skiern zu stehen. Und als er auf dem Flug nach Mexiko das schneebedeckte Montblanc-Massiv sah, seufzte er vor den Journalisten: ,,Da wäre es jetzt schön Ski zu fahren.“ Vorläufig muß er sich darauf beschränken, auf den Terrassen des Apostolischen Palastes auf und ab zu wandern oder die weitläufigen Vatikanischen Gärten zu durchstreifen – mit oder ohne Gesprächspartner. Sobald der Papst zu den Parkanlagen hinaufgefahren wird, schließen sich die Pforten für die übrigen Bewohner der Vatikanstadt. Früher mußten auch die Gärtner ihr Werk unterbrechen. Wojtyla will sie jedoch bei ihrer Arbeit nicht stören, es sei denn, er gesellt sich zu ihnen und fragt, wie es ihnen gehe, was ihre Familie mache und was sie vom Wetter, vom Papst und von der Welt hielten.

Neben diesen Kurzausflügen wird dem Papst noch ein anderes ,,Training“ nachgesagt: bei den Generalaudienzen stemmt Wojtyla doch immer wieder Kinder jeden Alters und jeden Gewichtes in die Höhe, frei ohne Stütze. Das braucht Kraft. Und so wird eine populäre Geste auch zu einer echten sportlichen Übung.

Die körperliche Anstrengung bei solchen Generalaudienzen ist auch ohne das Kinderheben nicht zu unterschätzen. Der Andrang ist so groß wie nie zuvor. Und am Mittwoch, dem Tag dieser regelmäßigen Begegnung mit den Massen, ist der Petersplatz oft zu zwei Drittel von Autobussen verstellt. Drinnen in der Basilika warten 12.000 Menschen auf den Papst. Die Leute stehen auf den Bänken, und auf einmal steigert sich das allgemeine Stimmengewirr zu einem Jubelschrei wie in einem Fußballstadion. Vorne blitzt es auf, und wer sich richtig reckt und streckt, erschaut vielleicht das weiße Käppchen, das in einem Meer von Köpfen tanzt wie ein Ball auf den Wogen. Plötzlich ist der Papst jedoch für alle sichtbar. Er hat ein kleines Holzpodest bestiegen, das hinter ihm hergeschoben wurde. Und nun breitet er die Arme in der für ihn schon zu einer Art Markenzeichen gewordenen Geste der Offenherzigkeit aus, halb jugendliche Vatergestalt, halb Champion der Kirche.

Ähnlich wird sein Einzug in die Audienzhalle inszeniert. Auch da unterbricht er das Händeschütteln, Küssen, Umarmen, Segnen und was noch alles zu diesem charismatischen Auftritt gehört, um sich auf einen Sockel zu stellen. Damit ihn jeder sehen kann.

Früher war das anders. Da ließ sich der Papst auf der Sedia gestatoria hereintragen. Er schwebte auf diesem altertümlichen Thronsessel über allen Köpfen. Die Segenshand schrieb ihr Kreuzzeichen in die Luft. Die Majestät des Papstes, so nahm sie Gestalt an. Dieser Mann war wohl auch sterblich, aber doch deutlich von allen übrigen Sterblichen abgehoben, über sie hinausgehoben. Und Paul VI. vermittelte dabei immer ein wenig den Eindruck, daß er nicht ganz von dieser Erde sei. Ein mittelalterlicher Brauch aus den Zeiten, als der Papst auch nach weltlicher Herrschaft trachtete und sich als Herrscher über allen Herrschern betrachtete.

Eine solche Amtsauffassung war schon Luciani fremd, und er schaffte Tiara und Krönung ab. Während sich Luciani doch wieder auf die Sedia gestatoria setzen ließ, konnte man mit Wojtyla darüber nicht einmal streiten. Dieses byzantinische Zeremoniell widerspricht so sehr seiner Vorstellung vom Papst als einem guten Hirten und Diener der Christenheit und der gesamten Menschheit, daß ihn auch keinerlei praktische Erwägungen auf diesen Tragstuhl hätten zwingen können. Das hat natürlich seine Nachteile. Und auch über das Podest ist man im Vatikan nicht sehr glücklich. Die Träger der Sedia gestatoria aber fühlen sich tief gekränkt. Sie sind keine Vatikanangestellten, sie haben alle noch einen anderen Beruf oder ein Geschäft. Diese Aufgabe war Ehrenpflicht und Familientradition. Einer von ihnen, der Besitzer mehrerer Modeläden, beklagte sich bitter: „Schon mein Urgroßvater, mein Großvater und mein Vater haben die Päpste getragen. Ich selbst mache es nun schon seit Papa Giovanni. Und ich habe es nie als demütigend empfunden. Im Gegenteil, wenn wir den Papst auf unseren Schultern spürten, trugen wir ihn stellvertretend für Christus, ein Symbol der schweren Last, die alle Menschen auf Erden zu tragen haben, eine Form des Gottesdienstes." Den Mann hatten auch die Särge dreier Päpste auf deren letzten Weg in die Grotten des Vatikans die Schulter gedrückt. Das kirchliche Demokratieverständnis Johannes' Paul II. ist für ihn nur mißgeleitet und degradierend.

Die Kirchenführung, die sich durch Jahrhunderte an absolutistischen weltlichen Modellen orientiert hat, war auch unter Paul VI. nicht mehr so monolithisch wie etwa unter Pius XII. Das Konzil hatte dem Papst ja die Richtung gewiesen. Da wurde ausdrücklich festgehalten, daß der Rat der Bischöfe „gemeinsam und mit seinem Haupt, dem Bischof von Rom, gleichfalls Träger der höchsten und vollen Gewalt über die ganze Kirche" sei. Das Stichwort „Kollegialität" fiel im Vorkonklave des öfteren, und bei den Debatten im Heiligen Kollegium plädierte so mancher Kardinal für eine stärkere Beachtung dieses Prinzips. Die Kollegialität wurde auch zu einem Leitmotiv Lucianis. Und Johannes Paul II. wies bereits in seiner Programmrede in der Sixtinischen Kapelle am 17. Oktober auf die „kollegiale Form" hin, „die die Hirten der Kirche untereinander ‚mit Petrus und unter Petrus' verbindet". Und er versprach auch, dieses „kollegiale Band, das die Bischöfe eng mit den Nachfolgern des heiligen Petrus und untereinander verbindet, gründlicher zu berücksichtigen". Das schließt ein, daß es bis jetzt an der Kollegialität doch noch etwas gemangelt habe. So versammelt heute der Papst am Ende der Generalaudienzen alle anwesenden Bischöfe um sich, spricht mit ihnen die Benediktionsworte über die Gläubigen, und gemeinsam erteilen sie den Segen. Ein symbolischer Akt, aber was hat er über die Wirklichkeit des Kirchenregimentes unter Johannes Paul II. auszusagen?

„Der Papst kann und wird weder am Unfehlbarkeitsdogma noch am Primat rütteln", meint ein eher konservativer Angehöriger der Kurie. „Auch wenn er den Rat der Kardinäle und Bischöfe vielleicht mehr in Anspruch nimmt, als das bisher üblich war." Der Primat – das ist der Glaubenssatz, der dem Papst als Bischof von Rom die „volle und oberste

Gewalt der Rechtsbefugnis über die ganze Kirche" zuspricht, wie es vom ersten Vatikanischen Konzil 1869 formuliert wurde. Das Dogma gründet sich auf die berühmte Stelle im Matthäus-Evangelium: „Du bist Petrus, und auf diesen Felsen will ich meine Kirche bauen, und die Pforten der Hölle werden sie nicht überwältigen. Ich will dir die Schlüssel des Himmelreiches geben, und was du auf Erden bindest, das wird im Himmel gebunden sein, und was du auf Erden lösest, das wird im Himmel gelöst sein."

Auch Wojtyla hat diesen Satz in seiner Programmrede zitiert und das Erste Vatikanum erwähnt. (Dort wurde auch das Unfehlbarkeitsdogma formuliert.) Und darauf stützt sich die absolute Führungsstellung des Papstes in der Weltkirche und die zentralistische Verwaltung – nach dem Grundsatz „Roma locuta, causa finita" (wenn Rom gesprochen hat, ist die Sache erledigt). Denn jeder Bischof wird von Rom eingesetzt, jeder Beschluß einer Bischofskonferenz muß von Rom genehmigt werden, selbst die Konzilsdokumente wurden erst gültig, nachdem sie der Papst bestätigt hatte. „Daran muß sich auch der neue Papst halten." Der juristisch geschulte Kurienmann möchte diese Autorität um nichts beschneiden lassen. Und auch die Unfehlbarkeit in Glaubensdingen ist unantastbar. „Wenn der Papst davon etwas beseitigt, widersetzt er sich der Glaubenslehre, bricht er das Dogma, ja, er würde dadurch zum Häretiker und hörte automatisch auf, Papst zu sein." Mit dieser überspitzten Ausdrucksweise sollte angezeigt werden, daß auch ein Papst Wojtyla keinen allzu großen Spielraum zur Änderung der Regierungsform der Kirche hat.

Vielleicht wird es ihm juristisch schwerfallen, in der Praxis müßte es einem Wojtyla aber doch gelingen, seine Autorität zu delegieren und den Stimmen der lokalen Kirchen draußen in der Welt mehr Gewicht zu verleihen. Die Umverteilung der Verantwortung, das Anhören aller Meinungen, die Förderung eines demokratischen Entscheidungsprozesses durch offene Diskussion, all das kennzeichnete auch den Führungsstil des Erzbischofs Wojtyla. Wann immer strittige Fragen auftauchten, wollte Wojtyla zuerst einmal wissen, was andere dachten. Er veranstaltete in der Krakauer Kurie ein- bis zweitägige Symposien mit Moraltheologen oder Dogmatikern, mit Juristen oder Soziologen, Psychologen und Ärzten, je nachdem, worum es ging, und ließ das Problem erst einmal gründlich von allen Seiten beleuchten. Und aus der Synthese aller Stellungsnahmen kristallisierte sich langsam eine Entscheidung.

Die ersten Erklärungen Johannes' Paul II. ermuntern die Bischöfe zum Mitregieren. In Rom hört man manchmal dazu jedoch auch: „Viele Bischöfe sind froh, wenn sie die letzte Verantwortung auf Rom abschieben können. Es gibt noch immer eine Menge Bischöfe, die nicht für die Kollegialität erzogen worden sind, die dafür noch gar nicht reif sind." Trotzdem denken viele Theologen und Kirchenjuristen darüber nach, durch welche Art der Arbeitsteilung die vom Konzil gewünschte Kollegialität intensiviert werden könnte. Auch Christus habe seine zwölf Apostel als Helfer um sich gehabt, bedeutete Wojtyla gleich nach seiner Wahl. In diesem Hinweis steckt vielleicht die Idee von einem Bischofsrat, der dem Papst das „Regieren" erleichtern sollte und ihm auch manche Last abnehmen könnte. In einer römischen Diskussionsrunde schlug ein kluger Jesuit ein Gremium von sechs Kardinälen an der Seite des Papstes vor – jeder von ihnen wäre für einen Kontinent zuständig. „Aber das dürften keine Kuriendiplomaten sein. Der Papst müßte sich Seelsorger suchen, die aus dem jeweiligen Kontinent kommen und dort auch pastoral gewirkt haben." Das geeignetste Instrument der Kollegialität bildet jedoch die Bischofssynode. 1980 wird sie sich mit dem Thema Familie zu befassen haben. Und da kann Wojtyla demonstrieren, was er unter Kollegialität wirklich versteht.

Paul VI. hat sich bei den Synoden die Berichte der einzelnen Ländergruppen sehr interessiert angehört. An einer Diskussion nahm er jedoch nie teil. Nun sind jedoch neue

Formen von Beratungen und Konferenzen denkbar – daß sich der Papst etwa so wie in Krakau mit den Bischöfen und verschiedenen Experten an einem runden Tisch zu einer völlig freien Debatte zusammensetzt. Das wäre unter Paul unmöglich gewesen. Er hat höchstens die Präsidenten der Synode zu höflicher Berichterstattung eingeladen. Und dann wird ein Wojtyla aller Voraussicht nach die Beschlüsse der Synode nicht nur als Orientierungshilfe werten, sondern sie bestätigen und zum Kirchengesetz machen – im Sinne einer praktizierten Kollegialität.

Was aus diesen Dezentralisierungsplänen und -absichten wird, hängt auch davon ab, welche Mitarbeiter der Papst um sich schart, wie das Staatssekretariat, diese Schaltstelle der Kirchenregierung, sich wandelt, und wie der Papst die Kurie in den Griff bekommt. Am 22. Dezember versammelten sich die römischen Kardinäle und Prälaten des päpstlichen Haushaltes und der Kurie im Konsistoriensaal, um dem Papst ihre Weihnachtswünsche darzubringen. Johannes Paul II. erging sich dabei in etwas wehmütigen Erinnerungen an das Weihnachtsfest in seiner Heimat, an die „Wärme des häuslichen Herdes“. Aber die Anwesenheit all der Kardinäle und Prälaten führte ihn zurück „zu einer anderen und höheren Realität: Ich meine die neue Wirklichkeit, die sich für mich durch die Wahl ergeben hat . . . Ihr habt den Rahmen meiner Familie erweitert und seid die mir mit besonderem Recht ‚Verbundenen‘.“

Dieses „besondere Recht“ nimmt jedoch auch die Kurie für sich in Anspruch. Nach der offiziellen Definition versteht man unter der Römischen Kurie „die Gesamtheit der im Namen des Papstes für die Leitung der katholischen Kirche in Rom tätigen obersten Behörden, Gerichte, Sekretariate und Kommissionen“. Das sind neben dem Staatssekretariat (damals noch unter Kardinal Villot) der Rat für die öffentlichen Angelegenheiten der Kirche (eine Art Außenministerium), dann die neun Kongregationen (man könnte sie auch mit Ministerien vergleichen): die Kongregation für die Glaubenslehre (das frühere Heilige Offizium) unter dem einstigen Erzbischof von Agram, Kardinal Seper; für die Orientalischen Kirchen unter dem französischen Kardinal Philippe; für die Bischöfe unter dem 1978 auch als „papabile“ genannten Italiener Baggio; für die Sakramente und den Gottesdienst (Liturgie usw.) unter dem australischen Kardinal Knox; für den Klerus unter dem schwerkranken Amerikaner Wright; für die Ordensleute unter dem anderen Ex-„papabile“ Pironio, dem Argentinier italienischer Abstammung; für die Glaubensverbreitung (Missionen) unter dem Italiener Rossi; für die Heiligsprechungsprozesse unter dem Italiener Bafile; und für das katholische Bildungswesen unter dem Franzosen Garrone. Den drei Sekretariaten, für die Einheit der Christen, für die Nichtchristen und für die Nichtglaubenden stehen der Holländer Willebrands, der Italiener Pignedoli und eben König vor – wieder drei Namen, die vor den beiden Papstwahlen oft zitiert worden sind. Weiters zählen zur Kurie die drei kirchlichen Gerichtshöfe, die Ämter für wirtschaftliche Angelegenheiten und die Güterverwaltung, die Präfektur des päpstlichen Haushaltes, dann die verschiedenen Kommissionen wie die Medienkommission, die Bibliothek und das Geheimarchiv und noch eine Reihe anderer Gremien und Institutionen.

Diese Übersicht bestätigt die durch die Reformen Pauls VI. gelungene Internationalisierung der Kurie. Die Italiener sind in den Spitzenpositionen arg in die Minderheit geraten. Dafür stellen sie noch das Gros der Beamten. Und auch die vatikanische Diplomatie wird vorläufig noch von den Italienern dominiert. Paul hat außerdem das 75. Lebensjahr als Pensionierungsdatum festgelegt. Weiters erlischt jede Funktion nach fünf Jahren automatisch. Er wollte damit verhindern, daß sich uralte Kardinäle bis an ihr Lebensende an ihre Positionen klammerten, obwohl sie längst nicht mehr fähig waren, wirkungsvoll zu arbeiten. Außerdem ließen sich so auch Fehlbesetzungen leichter korrigieren. Trotz dieser Reformen entwickelte sich auch unter den Ausländern der kuriale

Korpsgeist sehr schnell, sie wurden bald zu „Römern" im Sinne von zentralistisch denkenden Bürokraten, die oft von ihrer hohen Warte aus glauben, daß ihre Meinung wegen ihrer größeren Übersicht und ihres Gefühls für das Ganze mehr zählt als die der Bischöfe der einzelnen Ortskirchen.

Als der neue Papst nun plötzlich Wojtyla hieß, dürfte sich so mancher Kurienbeamter eines seiner Aussprüche bei der Bischofssynode entsonnen haben: „Die Gläubigen brauchen keine Kirchenfunktionäre oder tüchtige Verwaltungsbeamte, sondern geistliche Führer und Erzieher . . ." Unter den Augen der Kurienkardinäle und -monsignori wird Wojtyla diesen Satz sicher nicht wiederholen. Er weiß auch, daß er ohne den Apparat nicht gut auskommen kann. Nur möchte er kein Werkzeug des Apparates werden, sondern dieser muß ein Instrument zur Verwirklichung seiner Vorstellungen von der Führung der Kirche sein. Darum hat Wojtyla von Anfang an eine geschickte Taktik eingeschlagen. Mit dem Tod eines Papstes erlöschen alle Kurienfunktionen automatisch. Im Gegensatz zu Luciani, der ja die Herren der Kurie unmittelbar nach seiner Wahl in Bausch und Bogen schriftlich in ihren Ämtern konfirmiert hatte, handelte Wojtyla viel überlegter und vorsichtiger. Als einziger führender Kurienmann wurde in der ersten Phase Kardinal Villot als Staatssekretär bestätigt – aber nur „bis auf weiteres". Denn der 73jährige Villot dachte bereits an seinen Ruhestand. Das Schreiben des Papstes an Villot weicht von der normalen Sprachregelung bei solchen Vorgängen ab und offenbart ein wenig von den Hintergründen dieser Amtserneuerung: „Mit einer vornehmen Geste haben Sie, Herr Kardinal, uns gleich Ihre Meinung mitgeteilt, wonach es angesichts der gegenwärtigen Situation ratsam erscheint, für die Besetzung dieses Amtes einen Kardinal italienischer Herkunft in Erwägung zu ziehen. Wir schätzen diese Haltung vollkommener Verfügbarkeit sehr, die Ihnen zur Ehre gereicht, doch sind wir nach reiflicher Überlegung der Meinung, uns – zu Beginn unseres Pontifikates – Ihrer wertvollen Mitarbeit versichern zu müssen . . . Wir ernennen

Sie deshalb bis auf weiteres zu unserem Staatssekretär . . ."
Klug, elegant und diplomatisch hatte es der Papst damit vermieden, sich gleich die Hände zu binden. Nach dem Tod Kardinal Villots im März 1979 ließ sich Johannes Paul II. noch zwei Monate Zeit, um die erwartete Entscheidung über die Nachfolge zu treffen: Er wählte Erzbischof Casaroli, den bisherigen „Außenminister" der Kirche, diesen brillanten Diplomaten. Wojtyla folgte damit der Meinung, daß ein ausländischer Papst wenigstens als Staatssekretär einen Italiener an seiner Seite haben sollte.

Die übrigen Herren der Kurie wurden alle nur mündlich aufgefordert, vorläufig ihr Amt weiterzuführen. Wojtyla hat damit Zeit gewonnen und die Möglichkeit, von allen eine Bewährung zu verlangen, Leute nach Belieben auszuwechseln und sich langsam einen Mitarbeiterstab seines Vertrauens heranzuziehen.

„Man sieht es heute vielen der hohen Herren an, wie sehr sie dadurch verunsichert sind", kommentierte ein junger Vatikansekretär nicht ohne Befriedigung in der Stimme. „Sie sind demütiger geworden und nach allen Seiten hin viel freundlicher, weil keiner weiß, wie fest er im Sattel sitzt." Und ein journalistischer Vatikanbeobachter fügte hinzu: „Jetzt müssen sie dazuschauen, in die richtigen Startlöcher zu finden." Um Kardinal Felici, der wie ein Schatten hinter Luciani stand, ist es still geworden. Und so manch anderer selbstbewußter Prälat und Kirchenpolitiker bangt um Stellung und Einfluß. Auch Monsignore Virgilio Noé hatte sich bereits abgewöhnt, wie früher mit dem Papst herumzukommandieren. Die Mischung von milder Strenge und eiserner Sanftheit in den Zügen des höchsten päpstlichen Zeremonienmeisters ist dem Fernsehpublikum vertraut. Bei jeder Gelegenheit taucht er hinter, neben oder vor dem Papst auf, erteilt seine Anweisungen mit halblauter Stimme und sorgt dafür, daß alles nach der Etikette und den Regeln der Liturgie abläuft. Paul VI. hat Noé sehr geschätzt, und von Luciani wurde er natürlich übernommen. Die Wichtigkeit eines solchen kirchlichen Protokollmannes ist nicht zu leugnen, schließlich soll bei den Auftritten des Papstes die Feierlichkeit gewahrt bleiben. Doch für einen Wojtyla war Noé zuerst wohl zu selbstherrlich und immer eine Spur päpstlicher als der Papst. Und das wäre seiner Karriere nicht allzu förderlich gewesen.

Über seine Karriere macht sich so mancher kuriale Geist Sorgen. Viele quält die Frage, was denn aus den Italienern würde, wenn nun die Polen kämen. Denn diese so kraftvolle polnische Kirche hat einen Priesterüberschuß, und der Papst kann aus dem Vollen schöpfen, wenn er frisches Blut nach Rom bringen will. Dieses frische Blut, das pulst ja auch durch seine Adern. Versonnen, in sich versenkt, hat er die gefalteten Hände an die Lippen gelegt, die für Johannes Paul II. typische Gebetshaltung, die von mystischer Hingabe wie von schlichter Volksfrömmigkeit zeugt. Da hört einer in sich hinein, wenn er mit Gott spricht, und niemand, der diesen Papst während des Gottesdienstes in einer römischen Kirche beobachtet, würde daran zweifeln, daß er zu diesem Gespräch imstande ist; aber auf andere Weise als seine Vorgänger, ohne die Naivität Lucianis, ohne das Pathos Pauls. Ein Wojtyla ist eben anders aufgewachsen und erzogen worden. Das sieht man ihm an. Dieser runde breite Kopf, die hohe klobige Stirn, das weiche Kinn – das Gesicht eines Intellektuellen in einem slawischen Bauernschädel. In der so langen Galerie der Päpste seit Petrus bleibt dieses Antlitz völlig einmalig. Und auch die Gesichter, die man hinter ihm und an seiner Seite erblickt, sind nicht römisch. Da ist der junge Sekretär, den man schon von weitem als Polen einstuft, und dann noch dieser Monsignore, der nicht durch sein Gehaben, sondern nur durch ein violettes Mäntelchen und eine violette Schärpe seinen höfischen Rang kundtut; zwischen 40 und 50 mag er sein, sportlich, braungebrannt, dichtes gewelltes Haar, Juliusz Paetz, ein Pole im päpstlichen Haushalt, einer von den Männern im Vatikan, auf die der Papst im ersten Abschnitt seines Pontifikates bedingungslos zählen konnte.

„Ich habe schon ein paar italienische Prälaten schimpfen hören, was sich denn diese Polen eigentlich einbildeten“, bemerkte ein nichtitalienischer Vatikanbewohner mit einer gewissen Schadenfreude. Den Papst aus Polen haben die italienischen Kurienleute akzeptiert. Sein tiefer Glaube, seine Persönlichkeit, seine natürliche Autorität verfehlen ihre Wirkung nicht. Aber wie wird das nun mit der „Polonisierung" des Vatikans? Schon redet man warnend von der „polnischen Mafia", die sich bald überall im Vatikan breitmachen und die Kurie in ihre Hände bekommen würde. Das gehört eben zum Vatikantratsch, denn Gerüchtemacherei, gezielte Indiskretionen und geheimnisvolle Andeutungen blühen im Kirchenstaat ebenso wie in anderen großen bürokratischen Gefügen. Der Einfluß der Polen ist jedoch eine Tatsache. Im dritten Stock des Apostolischen Palastes, wo der Papst lebt und arbeitet, sind polnische Laute heute häufiger als italienische. Und warum soll Johannes Paul nicht auf seine Landsleute zurückgreifen? Sie helfen ihm, seine Einsamkeit zu bekämpfen, sie trösten ihn in seinem Heimweh, und sie sind absolut zuverlässig.

Die unmittelbare Umgebung jedes Papstes wurde sehr bald zu einer geschlossenen Gesellschaft. Bei Pius XII. redete man viel über die Deutschen im Vatikan, die deutschen Schwestern, die ihn betreuten (Pacelli hatte als Nuntius 17 Jahre in Deutschland gewirkt), und die deutschen Jesuiten, auf deren Rat er hörte. Johannes XXIII. räumte seinem Privatsekretär Monsignore Capovilla viele ungeschriebene Rechte und viel Einfluß ein. Und bei Paul VI. war bald das Wort von der „französischen Mafia" in Umlauf. Montini unterlag sehr stark französischen Kultureinflüssen, er liebte die Sprache und die Literatur und unterhielt mit französischen Intellektuellen, Laien und Theologen eine geistige Freundschaft. Er reihte Franzosen in seinen Mitarbeiterstab – allen voran Staatssekretär Villot, den früheren Erzbischof von Lyon, dann Bischof Martin, den Präfekten des päpstlichen Haushaltes, und noch einige andere. Und jetzt sind natürlicherweise die Polen an der Reihe.

Von Paul VI. wurden dafür bereits die Weichen gestellt.

Montini hatte nämlich sein ganzes Leben hindurch eine eigene Beziehung zu Polen. Sein erster und einziger Auslandsposten als päpstlicher Diplomat war Warschau. 1921 mußte er jedoch wegen seines schlechten Gesundheitszustandes bereits nach fünf Monaten wieder nach Rom zurückkehren. Der Eindruck dieser Begegnung mit der polnischen Frömmigkeit hat Paul jedoch nicht wieder losgelassen. In den schweren nachkonziliaren Jahren, da ihn die Angst um die Kirche bedrängte, fand er immer wieder Trost am polnischen Beispiel: denn da behauptete sich der Katholizismus unter schwerstem äußeren Druck und blieb von den meisten Krisenerscheinungen, wie sie die Weltkirche erschütterten, verschont. Paul bedauerte es zutiefst, daß die Politik die Verwirklichung seiner polnischen Reisepläne verhindert hatte. Dafür holte der Papst möglichst viele Polen nach Rom und setzte sie an prominenter Stelle ein.

Darum war es Johannes Paul II. schon in der Nacht nach der Wahl, als das Konklave offiziell noch gar nicht beendet war, möglich, einen romerfahrenen Polen zur Assistenz in den Vatikan zu rufen. Monsignore Paetz gehörte unter Paul VI. als Vorzimmer-Prälat zur unmittelbaren Umgebung des Papstes, und Wojtyla nahm die Dienste dieses klugen und auch im Apostolischen Palast heimischen Landsmannes sofort in Anspruch.

Ebenso stand ihm der polnische Bischof Wladyslaw Rubin von Anfang an zur Seite. Und er ist heute wohl einer der wichtigsten römischen Berater des Papstes. Auch Rubin verdankt seine römische Position Montini: Als Generalsekretär der Bischofssynode hat er seine Verbindungen weit ins Weltepiskopat geknüpft. Zwischen Rubin und Wojtyla war durch die Synodenarbeit eine echte Freundschaft entstanden. Rubin ist dazu noch für die Millionen Polen im Exil als Bischof zuständig. Sein Werdegang entspricht nicht einer „normalen" römischen Karriere – er diente im Zweiten Weltkrieg als Offizier in der polnischen Anders-Armee. Der Papst hat Rubin nun zum Kardinal erhoben.

Und sicher hätte noch ein dritter Pole zu den „Männern der ersten Stunde“ gehört: Andreas Deskur. Bald nach seiner Wahl hatte Wojtyla geseufzt: „Wie würde ich jetzt Andreas brauchen.“ Aber der lag nach einem Herzanfall in der Gemelli-Klinik, und ihm galt dann auch die erste Ausfahrt des Papstes aus dem Vatikan. Nun wird Deskur in einem Schweizer Sanatorium gepflegt, und Wojtyla weiß nicht, ob er noch einmal mit seinem Rat und seiner Hilfe rechnen kann.

Dem 54jährigen Titularbischof Deskur, einem in der Schweiz aufgewachsenen Polen, wurde von Paul VI. die Leitung der „Kommission für die soziale Kommunikation“, kürzer Medienkommission, übertragen. Bei manchem Romaufenthalt zog Wojtyla das Appartement Deskurs im Vatikan dem Polnischen Kolleg am Aventin vor. Deskur wohnte neben dem Palais der Kardinäle Pignedoli und Slipyj. Und als es Wojtyla in den ersten Tagen des Pontifikates nach heimischer Kost gelüstete, sorgte zunächst einmal vor der Ankunft der Krakauer Nonnen die Wirtschafterin Deskurs, Schwester Germana, dafür.

Aus Krakau hat Johannes Paul II. neben den Schwestern nur seinen persönlichen Sekretär „importiert“: Stanislaw Dziwisz, den jungen Priester, der nun auf allen Bildern hinter dem Papst auftaucht. Blickt man in sein ernstes Gesicht, sieht man darin vielleicht eine Bestätigung dafür, was seine polnischen Priesterfreunde erzählen: daß sich Dziwisz trotz seiner hohen Aufgabe im Vatikan sehr verlassen fühlt, unter Sprachschwierigkeiten leidet – als er nach Rom kam, konnte er nur wenige Brocken Italienisch – und vor allem dem ungezwungenen Umgangston im Krakauer Erzbischöflichen Palais nachtrauert. Inzwischen sind auch zwei polnische Kleriker aus dem Kolleg in den Vatikan übersiedelt, um für den Papst zu arbeiten. Und seit der Mexiko-Reise kümmert sich auch ein Krakauer Arzt um seine Gesundheit: Dr. Mieczyslaw Wisrocki.

Ein weiterer polnischer Priester, der in den stürmischen ersten Tagen kaum von der Seite Johannes' Paul II. wich, war

Franciszek Macharski. Der Rektor des Krakauer Seminars mußte aber bald wieder nach Polen fliegen. Am 6. Januar kniete er jedoch vor Johannes Paul II. in der Peterskirche. Der Papst weihte ihn zum Bischof, nachdem er ihn zu seinem Nachfolger auf den Krakauer Erzbischofsstuhl bestellt hatte. Die Wahl dieses hochintelligenten Mannes, der seit Jahren zu den Vertrauten Wojtylas gehörte und ihn auf vielen Reisen begleitet hatte, wurde von den Krakauern erwartet. Sicher erregte sie auch einige Kritik, da ja immerhin vier Weihbischöfe in der Krakauer Kurie saßen. Wojtyla hat sich jedoch den besten und energischesten aller Kandidaten ausgesucht – und den, der ihm am nächsten stand. Denn das Geschehen in seiner Diözese läßt Wojtyla nicht los. Immer wieder sind Krakauer Priester bei ihm zu Gast, und er will alles von daheim wissen. Trotz der Sorgen, die sein Amt mit sich bringt, fühlt sich Wojtyla noch immer als Vater seiner Kirchenprovinz. Anfang des Jahres kümmerte er sich noch um alle Details der von ihm einberufenen Diözesansynode. Bei seinem Polenbesuch nahm der Papst auch an der Schlußsitzung der Synode teil. Und Macharski konnte ihn damals bereits als neuernannten Kardinal empfangen. In seinen Gesprächen mit polnischen Freunden in Rom wie in Krakau interessierte sich Wojtyla noch immer für sämtliche Einzelheiten der kirchlichen Arbeit, so etwa für die Mobilisierung der Intellektuellen zur aktiven Teilnahme am Pfarrleben. Außerdem erkundigte sich der Papst nach verschiedenen Kirchenbauten, für deren Bewilligung er noch gekämpft hatte, und er dachte laut darüber nach, ob es jetzt durch das gesteigerte Prestige der polnischen Kirche nicht doch leichter sei, die Genehmigung für weitere neue Kirchen zu erhalten. Der Papst weiß jedoch, daß ihn nun eine völlig andere Welt umfangen hält. Auch wenn der „Osservatore Romano“ seit seiner Wahl fast jeden Tag irgendeine Geschichte aus Polen bringt, von polnischen Heiligen, polnischen Wallfahrtsorten, polnischen Kirchenfesten usw. Zu Weihnachten zierte die Schwarze Madonna von Tschenstochau die Titelseite. Und

Radio Vatikan sendet auf Wunsch des Papstes nun jeden Sonntag eine Messe in polnischer Sprache.

Der „Osservatore Romano" ist trotz der Polen-Huldigungen ein Sorgenkind des Papstes. Schon früher hatte sich Wojtyla bei Papst Paul VI. darüber beklagt, wie sehr sich dieses Blatt in inneritalienische Parteipolitik einmische und wieviel Platz es auf Angelegenheiten verschwände, die nichts mit der Kirche zu tun hätten. Nach Wojtylas Vorstellungen soll das Blatt des Vatikans nun so umkonstruiert und reformiert werden, daß es zu einer Stimme der universellen Kirche wird, also mehr ist als nur das Instrument einiger politisierender Prälaten. Denn politische Zeitungen gäbe es ja genug.

Damit ist der Papst jedoch wieder mitten im vatikanischen Alltag. Seine Visionen gelten der gewaltigen Gemeinschaft von über 700 Millionen Katholiken, und sie reichen darüber hinaus. Er schließt alle Christen in seine Gedanken und Gebete ein, ja die gesamte Menschheit. Gleichzeitig steht er jedoch an der Spitze einer riesigen Behörde mit einigen tausend Beamten, und schließlich ist er noch Oberhaupt eines winzigen Staatsgebildes von 44 Quadratkilometern, des Stato della Città del Vaticano, des Staates der Vatikanstadt also, mit rund 700 Einwohnern, aber fast 4000 Angestellten.

Sollte Wojtyla einmal etwa an einem Samstag vormittag einen Blick auf das sehr weltliche Getriebe an der Porta Sant'Anna werfen, würde ihm wenig Kirchliches in den Sinn kommen. Da stauen sich die Autokolonnen, die Schweizergardisten haben alle Hände voll zu tun, den Verkehr zu regeln. Der Benzingestank hat römische „Innenstadt-Qualität". Der Fußgänger muß sich ständig in acht nehmen, damit er nicht überfahren wird. Statt Glockenklang erfüllt Gehupe die Luft. Und auf allen Wegen hasten schwerbepackte Männer und Frauen. Sie schleppen Plastikbeutel und Papptrommeln mit Waschmitteln, Konservendosen, Spaghettisäcke usw. usw. Der Vatikan als Supermarkt – und genau so ist es. Im Einkaufszentrum des Kirchenstaates stehen die Menschen Schlange, um ihre Rationen abzuholen. Alle Angestellten sind berechtigt, gewisse Mengen von Lebensmitteln, Zigaretten, Spirituosen usw. zu einem wesentlich niedrigeren Preis einzukaufen als nur wenige Meter weiter jenseits des Tores auf der anderen Straßenseite in einem normalen italienischen Laden. Und die Tankstelle vor dem Palazzo San Carlo hinter der Peterskirche, ebenfalls im Vatikan, kann sich kaum eine Pause leisten, weil auch dort das Benzin für die Vatikanbewohner und -angestellten um viele Lire weniger kostet als bei einer „weltlichen" Tankstelle.

Der Vatikan ist in diesen Bereichen also sehr von dieser Welt. Dazu gehören die Eisenbahn, die lukrative Post, die Apotheke und noch vieles mehr. Alles Sachen, die einem Wojtyla völlig egal sind. Denn materielle Probleme hat er stets weit von sich gewiesen. Geld interessierte ihn nur, wenn er damit Kirchen bauen konnte oder ähnliches. Und falls der Sekretär zur Ansicht gelangte, daß der Erzbischof von Krakau wieder ein neues Hemd benötigte, so mußte er es heimlich kaufen und zuerst waschen lassen. Wenn Wojtyla nämlich merkte, daß es neu war, zog er es gar nicht an. Die päpstliche Kleiderordnung wird dem der äußeren Einfachheit verschriebenen Papst wohl schon öfter Ärger bereitet haben.

Dennoch gehört das alles zu seinem Amt, obwohl Wojtyla aller Prunk, aller Reichtum, alles höfische Wesen zutiefst fremd sind. Nie wurde ihm auch ein spezielles Talent für Verwaltungsdinge nachgesagt oder eine Neigung zur Bürokratie; und die gestelzte Ausdrucksweise, die im Vatikanhofstaat bisher üblich war, langweilt ihn genauso wie seinen Sekretär. Da mag Wojtyla dann die Sehnsucht nach der Krakauer Franziskanergasse oder nach den Wäldern der Beskiden und der Tatra überkommen; und er freut sich auf den nächsten Anlaß, da er wieder durch die Straßen Roms fahren kann – so wie in die Garbatella, in den Lateran oder nach Santa Maria Maggiore, nach San Paolo fuori le Mure oder eben hinaus nach Castel Gandolfo (es war übrigens zum erstenmal seit über 40 Jahren, daß ein Papst im Winter auf seinem Sommersitz aufgetaucht ist).

Wo immer die Leute seiner harren und ihm zuwinken und zujubeln, steht Johannes Paul II. aufrecht im offenen Wagen und winkt und grüßt zurück. Das sind die Menschen, die er braucht und die ihm die Gewißheit geben, daß sie ihn brauchen. Darum schlägt er alle Mahnungen der Sicherheitsverantwortlichen in den Wind. Kein Politiker würde sich heutzutage so ungeschützt in Rom zeigen. Wojtyla bietet sich jedoch jedem Terroristen oder Verrückten als Zielscheibe dar. „Wir haben ihm immer wieder gesagt, daß er vorsichtiger sein solle, er sei hier nicht in Polen", klagte einer seiner Krakauer Freunde. Aber Johannes Paul II. entgegnete darauf nur: „Ich weiß, daß es mich treffen kann. Das liegt in Gottes Hand. So lange er will, daß ich seinen Auftrag erfülle, so lange wird er mich beschützen . . ."

9. Kapitel

Die schweigende Kirche schweigt nicht mehr

Der Sitz im Lift ist mit rotem Samt gepolstert, und ehrfurchtgebietend nennen die Namensschilder neben den Druckknöpfen die beiden Bewohner des Palazzo: Sa. Em. Card. Pignedoli und Sa. Em. Card. Slipyj. Ein krasserer Gegensatz als diese zwei Nachbarn läßt sich kaum ausmalen: da der weltgewandte Kirchendiplomat Pignedoli, dort der 86jährige Ukrainer, der 1963 nach 17 Jahren sowjetischer Haft und Zwangsarbeit durch Johannes XXIII. aus dem Gefängnis befreit und nach Rom geholt worden war. Auf der Bahnfahrt nach Wien segnete Slipyj damals in Lemberg vom Abteilfenster aus seinen Bischofssitz. Und in Wien schockierte er die Verkäufer eines Schuhgeschäftes, weil er nach guter Lagertradition statt Socken nur Schuhfetzen um die Füße gewickelt hatte. Inzwischen ist Slipyj den Fernsehern auch optisch ein Begriff – als der bärtige Kardinal, der bei Papstbegräbnissen oder Amtseinführungen in seinem weißen Mantel mit dem hohen Stab wie eine Patriarchenfigur aus dem Alten Testament auftrat. Paul VI. hat ihm, der krank darniederlag, 1963 – am Tage seiner Wahl – noch einen Besuch abgestattet. Dem Papst aus Polen erwies Slipyj mit mehreren ukrainischen Exilbischöfen in einer Audienz Referenz. Und auf die Frage, was er von Johannes Paul II. halte, sagte der greise Ukrainer in ausgezeichnetem Deutsch bei Kaffee, Kognak und Keksen: „Er ist ein guter und ein frommer Mann. Wir werden sehen . . .“

Slipyj gibt keine Interviews. Er hält sich zurück. Einige

Male hat er mit provokativen Äußerungen dem Vatikan Ärger bereitet. Denn der einstige Gefangene des Kreml fühlt sich nun wie in einem goldenen Käfig. Aber er weiß, daß er möglichst lange am Leben bleiben muß, um seiner ukrainisch-katholischen Kirche – sie zählt einige Millionen Gläubige auch in Westeuropa und vor allem in den USA, in Alaska, in Kanada und in Australien – durch das Gewicht seiner Person die ihr gebührende Selbständigkeit und Eigenständigkeit zu erhalten.

Wie ein Monument der guten und schlechten Seiten der vatikanischen Ostpolitik sitzt Slipyj nun in seinem bequemen Appartement nahe dem Petersdom. Dieses materiell angenehmere Dasein verdankt er eben dieser Ostpolitik. Anderseits hat er das Werben der Vatikandiplomaten um eine Regelung der Beziehungen zu den Regierungen der Sowjetunion und der anderen kommunistischen Staaten immer auch als ein gefährliches Spiel mit dem Todfeind betrachtet. Und 1971 protestierte der Kardinal dagegen, daß aus diplomatischer Rücksichtnahme heute niemand mehr von den verfolgten katholischen Ukrainern in der Sowjetunion rede. „Sie werden von niemandem verteidigt . . . und wegen diplomatischer Verhandlungen als unbequeme Zeugen vergangener Übel beiseite gelassen . . .“

Ähnlich mögen in den vergangenen Jahrzehnten manchmal viele von den rund 70 Millionen Katholiken, die in Europa unter kommunistischer Herrschaft ihren Glauben bewahren wollen, empfunden haben. Denn was ist die vatikanische Ostpolitik? Bis jetzt hat der Vatikan darunter direkte diplomatische Kontakte mit den kommunistischen Staaten verstanden, auch wenn diese keine offiziellen Beziehungen zum Heiligen Stuhl unterhielten. Durch geduldiges Verhandeln, Höflichkeitsgesten gegenüber kommunistischen Politikern und zurückhaltende Kommentare zu der kirchenfeindlichen Praxis in den meisten dieser Staaten versuchte die Vatikandiplomatie den Rechtsstatus der einzelnen Kirchen zu garantieren oder zu verbessern, gefangene Geistliche zu befreien, möglichst viele Bischofssitze zu besetzen und die Kirchenorganisation entweder intakt zu halten oder wieder neu aufzubauen. Und Erzbischof Agostino Casaroli, der hochintelligente „Außenminister" der Kirche und gewiegtester Ostverhandler Pauls VI., begründete diese Politik auch: „Wenn in einem Land einige Diözesen jahrelang ohne Bischöfe sind, besteht die Gefahr, daß die Kirche auseinanderfällt. Daher muß man mit dem Bischof beginnen, damit ein Mittelpunkt da ist, an dem sich die Gläubigen orientieren können." Dafür nimmt der Vatikan auch in Kauf, daß in Ungarn oder in der ČSSR Priester zu Bischöfen geweiht werden, die dem Regime genehm und in Einzelfällen auch hörig sind. Denn einigen dieser Männer fehlt jene Widerstandskraft gegenüber dem Kommunismus, wie sie Gläubige in diesen Ländern zeigen.

„Die Kirche, die einen zeitweiligen Vorteil dem Evangelium und dem menschlichen Ehrgefühl vorzieht, die sich selbst zu retten versucht, und dies um den Preis des Verrats an den Menschen und an Christus, kann nicht bestehen." Diese erschütternde Klage kommt aus dem Mund eines tschechoslowakischen Priesters, dem 1976 wie vielen seiner Mitbrüder vom Staat die Genehmigung zur Ausübung seiner priesterlichen Tätigkeit entzogen worden war – ohne daß sein zuständiger Bischof einen Finger für ihn gerührt hätte. „In dieser Kirche ist vielleicht alles außer einem: daß sie glaubwürdiges Zeugnis ablegt für Jesus Christus. Ihr Zeugnis ist nur das schreckliche Schauspiel, wohin Christen gelangen, wenn sie aufhören, das Evangelium den Armen und den unter Anfechtungen Leidenden zu predigen, wenn sie die Armen preisgeben und nur um die Erhaltung ihrer Privilegien kämpfen. Dies betrifft nicht nur hiesige Ereignisse, das betrifft die ganze sogenannte Politik und Diplomatie des Heiligen Stuhles . . ." Harte Worte, bittere Worte. Sie entspringen der Enttäuschung über die kirchliche Bestätigung einiger Priester und Bischöfe, die durch Jahrzehnte mit den Kommunisten kollaboriert hatten, während andere Geistliche und im geheimen geweihte Bischöfe Verfolgung litten.

Aus einem ähnlichen Geist heraus warnte 1977 die im Samisdatverfahren hergestellte und verbreitete Untergrundzeitschrift „Chronik der Katholischen Kirche in Litauen" den Vatikan, für diese Kirche neue Bischöfe zu ernennen, da alle von den Sowjetbehörden akzeptierten Kandidaten Agenten des Staates seien: „Litauen braucht keine neuen Bischöfe, sondern neue Priester", hieß es da. „Die Zukunft der Kirche in Litauen hängt nicht von der Zahl der Bischöfe und Administratoren ab, sondern von der Arbeit der aufopferungsvollen gewöhnlichen Priester an der Seelsorgefront."

Obwohl in Polen völlig andere Voraussetzungen bestehen, hat Kardinal Wyszynski mehrmals seine Unzufriedenheit kundgetan. Dabei sprach er aus einer Position der Stärke, da er ja einen völlig intakten und verläßlichen Episkopat und eine imponierende Kirche repräsentierte. Schon 1965, zum Ende des Konzils, hielt er vor Papst Paul VI. eine kritische Rede, wie sie sich der Papst von einem Kardinal noch kaum jemals hatte anhören müssen: „Wenn uns etwas schmerzt, dann vor allem der Mangel an Verständnis bei unseren Brüdern in Christus . . .", sagte Wyszynski. „Wenn uns etwas kränkt, dann nur der Mangel an Vertrauen, den wir manchmal fühlen, trotz der Treuebeweise zur Kirche und zum Heiligen Stuhl, die wir erbracht haben, indem wir die Angebote eines leichten, bequemeren Lebens ablehnten . . ." Und 1974, als Wyszynski bei der Bischofssynode wieder einmal in einer großen Rede die Kirchenpolitik des polnischen Staates anprangerte, wurde die Veröffentlichung dieser Rede durch eine Intervention des Staatssekretariates verhindert. Sie hat damals nicht in den Rahmen der Ostpolitik gepaßt.

Die Argumente der Vatikandiplomatie gegen alle Vorwürfe lauteten: Von unserer Position aus können wir viel besser mit den Vertretern der kommunistischen Behörden verhandeln als die starkem Druck ausgesetzten lokalen Bischöfe. Zuoft hatte der polnische Episkopat jedoch das Gefühl, daß über seine Köpfe hinweg Arrangements getroffen würden, die nicht immer die volle Zustimmung der Ortskirche fanden. Und

Wyszynski mahnte: „Diplomatie darf die Evangelisationsarbeit nicht behindern."

Als der für die Verbindungen zu Polen zuständige Monsignore Luigi Poggi im Frühjahr 1975 nach Krakau kam, führte ihn Kardinal Wojtyla nach Nowa Huta. Am Beispiel des noch nicht vollendeten Kirchenbaues sollte der Diplomat die Lage des polnischen Katholizismus verstehen lernen. Die Ansprache Wojtylas war zwar frei von versteckten kritischen Untertönen, aber doch ein Appell an Poggi, über alle politischen und diplomatischen Ziele den Menschen nicht zu vergessen: „Der Kampf gegen Gott, gegen die Religion ist ein Kampf gegen den Menschen. Er führt dazu, daß die Menschen, die Gott bekennen und lieben, durch ihren Glauben Opfer von Diskriminierungen werden. Ist das etwa das Gute? Ist das Gerechtigkeit? Es kann dort keine gerechte Gesellschaft geben, wo die Gesetze des geistigen Lebens des Menschen nicht ganz und bis auf den Grund respektiert werden. Diese Gesetze aber lassen sich zusammenfassen in dem Recht auf die Religionsfreiheit und Gewissensfreiheit . . . Die Kirche kämpft für den Menschen überall, unter allen Regimen, auf jedem Kontinent, in jedem Kulturkreis und in jeder Zivilisation. Sie muß den Menschen verteidigen, denn er ist nach dem Bild und Gleichnis Gottes geschaffen, und er besitzt einzigartige Größe im ganzen Universum . . ." Und dann wies Wojtyla noch auf die historische Rolle der christlichen Nation Polen hin: „Um keines Interesses willen lassen sich die Sendung der Kirche und der Platz der Kirche in unserer Gesellschaft schmälern. Dieser Platz ist uns zugewiesen durch unsere tausendjährige Geschichte."

Damit ist auch das Grundsatzprogramm der Ostpolitik umrissen, wie sie von einem Papst aus Polen betrieben werden wird. Am Abend des 16. Oktober wurde Imre Miklos, der Leiter des ungarischen Kirchenamtes, bei einem Empfang im Budapester Hotel Gellert zum Telefon gerufen. Irgend jemand teilte ihm die Wahl Wojtylas mit. Und die Umstehenden hörten die spontane Reaktion des kommunistischen

Kirchenverwalters: „Um Gottes willen, schlimmer hätte es gar nicht ausgehen können. Wenn es doch nur Wyszynski wäre, da wüßten wir wenigstens, woran wir sind." Nun, langsam wissen sie es nun – vor allem, daß von diesem Papst keine seichten Kompromisse zu erwarten sind.

Auf höchster Ebene wurde in den kommunistischen Staaten die Wahl sicher mit einer gewissen Bestürzung aufgenommen. Aber dann reiste Imre Miklos als offizieller Vertreter seines Landes zur Amtseinführung Johannes' Paul II. nach Rom, und Polen entsandte sogar das Staatsoberhaupt Jablonski. Und bei privatem Kontakt äußerten polnische Diplomaten gegenüber westlichen Kollegen völlig offen ihre Freude und ihren nationalen Stolz über die Wahl ihres Landsmannes. Die Behörden räumten alle bürokratischen Hindernisse beiseite und ermöglichten einigen tausend Polen den Flug zu den römischen Feierlichkeiten. Und sie suchten auch nach einer Ausnahmeregelung für den Papst: Wojtyla möchte nämlich nun als Angehöriger des Vatikanstaates auch seinen polnischen Paß behalten. In Polen ist eine Doppelstaatsbürgerschaft jedoch nicht vorgesehen.

Die Beziehungen zwischen dem Heiligen Stuhl unter Wojtyla und der polnischen Regierung waren jedoch in den ersten Monaten von einer gewissen Unsicherheit der Polen bestimmt. Entgegen dem Wunsch des Papstes, Anfang Mai zur Feier des 900. Todestages des heiligen Stanislaus nach Krakau zu kommen, verschob man die Reise auf Juni. Und die schwankende Haltung der Partei und der Behörden wurde in der weihnachtlichen Zensuraffäre deutlich. Dabei ging es eben um diesen heiligen Stanislaus.

Vor 900 Jahren, zur Zeit der Investiturstreites zwischen Kaiser Heinrich IV. und Papst Gregor VII., nutzte der polnische Herzog Boleslaw II. der Kühne die Spannung zwischen Kaiser und Papsttum, um sich von der Vorherrschaft des Heiligen Römischen Reiches zu befreien, indem er für den Papst votierte, sich eine Krone aufsetzte und sein neues Königtum von Gregor bestätigen ließ. Dadurch übermütig und machttrunken geworden, wollte Boleslaw die Rechte der Magnaten und Kirchenfürsten beschneiden. Und Stanislaus, Bischof von Krakau, wagte es, den König zurechtzuweisen und offen gegen ihn aufzutreten. Diese klassische Konfliktsituation zwischen dem Herrscher und dem ersten Kirchenmann des Landes (ähnlich wie in England im 12. Jahrhundert Thomas Becket und Heinrich II. und im 16. Jahrhundert Thomas Morus und Heinrich VIII.) endete mit dem Märtyrertod des Bischofs 1079. Der König soll Stanislaus eigenhändig umgebracht haben. Die Empörung darüber war jedoch so groß, daß Boleslaw gestürzt wurde und aus Polen flüchten mußte. 150 Jahre später wurde Stanislaus heiliggesprochen und zum Nationalpatron Polens erhoben. Am Heiligen Abend wird in polnischen Familien ein Platz am Tisch freigelassen – für den heiligen Stanislaus.

Angesichts dieser Tradition und des kommenden Jubiläums war Stanislaus auch Mittelpunkt der Weihnachtsbotschaft Johannes' Paul II. an die Krakauer Diözese. Und dieser Stanislaus ist ein durch und durch politischer Heiliger, der immer wieder als Symbolfigur für eine Kirche dienen muß, die sich gegenüber der staatlichen Macht schützend vor das Volk stellt. In diesem Sinn hat auch Wojtyla über seinen Vorgänger auf dem Krakauer Bischofsstuhl geschrieben. Stanislaus sei ein „Befürworter der Menschenrechte und der Rechte des Volkes, ein prächtiges Beispiel der Sorge um die Menschenwürde, ein Symbol der moralischen Stärke und der Freiheit der Nation. Und die müsse jeder König achten . . .".

Eine klare Aussage, die jeder Pole verstehen mußte. Auch der Zensor. Als die Krakauer „Tygodnik Powszechny"-Redaktion die Korrekturfahnen des Textes von der Zensurstelle zurückbekam, waren diese und noch einige andere Passagen gestrichen. Das Blatt verzichtete daraufhin auf die Veröffentlichung der gesamten Botschaft. Doch bald hatte es sich herumgesprochen, daß die Behörden die Worte des Papstes ebenso zensieren wie die Erklärungen der polnischen Bischöfe.

Das internationale Aufsehen veranlaßte die Polen jedoch zu einem Rückzieher. Der Minister für Religionsangelegenheiten, Kazimierz Kakol, ließ die Bischöfe wissen, daß gegen eine Verlesung der unverstümmelten Papstworte in den Kirchen nichts einzuwenden sei, und in Rom teilte die polnische Botschaft ihrem Gesprächspartner im Staatssekretariat, Monsignore Poggi, mit, daß ein „übereifriger unterer Beamter“ die Schuld an der Affäre trage. Durch diesen Zwischenfall traten Unstimmigkeiten in der Warschauer Parteiführung zutage, und die Unsicherheit darüber, wie sie sich auf den Landsmann auf dem Heiligen Stuhl einstellen solle. Daß die Ernennung Prälat Macharskis zum Nachfolger Wojtylas in Krakau sofort, ohne die sonst üblichen Verzögerungen, die staatliche Zustimmung erhielt, muß wieder als ein Zeichen des guten Willens gewertet werden.

Wojtylas Linie dagegen war vom ersten Augenblick seines Amtsantrittes klar. Was er für die schweigende Kirche im Osten zu tun gedenke, fragten zwei Ukrainer Johannes Paul II. Er antwortete ohne Zögern: „Die schweigende Kirche spricht jetzt durch den Papst.“ Und seine Stimme drang in alle Welt und wurde sicher auch im Kreml vernommen. Der Ton war kompromißloser und undiplomatischer. Beim Angelus am Christkönigssonntag im November gedachte Johannes Paul II. „all jener Brüder, die vor Gericht gestellt und vielleicht zum Tod verurteilt werden – wenn nicht zum leiblichen, so doch zum bürgerlichen –, weil sie ihren Glauben bekennen, weil sie der Wahrheit treu bleiben, weil sie die wahre Gerechtigkeit verteidigen ...“ Zum Tag der Menschenrechte richtete der Papst ein Schreiben an UNO-Generalsekretär Waldheim, das durch seinen Inhalt auch an all die UNO-Mitglieder adressiert war, die diese Rechte verhöhnen: „Ich möchte feierlich verlangen, daß die Religionsfreiheit an jedem Ort und von jedermann für jeden einzelnen und für alle Völker respektiert werde.“ Der Papst erinnerte daran, wie viele Menschen unterdrückt und diskriminiert würden, ja selbst den Tod erleiden müßten, nur weil sie ihrem Glauben treu bleiben wollten. „Wie kann ein Staat Vertrauen und Zusammenarbeit fordern, der sich atheistisch nennt und behauptet, das Bekenntnis des Einzelnen zu achten, wenn er sich gegen den Glauben seiner Bürger stellt? Jedermann muß die Möglichkeit haben, seinen Glauben privat und öffentlich zu bekennen."

Da weiß jeder, wer damit gemeint ist. Auch in seiner Dankesbotschaft für die Teilnahme des polnischen Staatsoberhauptes an seiner Amtseinführung wies der Papst auf das „allgemein anerkannte Prinzip der Religions- und Gewissensfreiheit" hin. Und diese Zeilen wurden von der gesamten polnischen Presse veröffentlicht.

In einer Generalaudienz unmittelbar nach Weihnachten plädierte Wojtyla für „die Freiheit des menschlichen Geistes". Der Atheismus stehe dazu im Widerspruch, weil er „auf verschiedene Weise das Suchen nach Gott im sozialen, öffentlichen und kulturellen Leben behindert. Eine solche Haltung widerspricht den fundamentalen Rechten des Menschen". Und jedesmal, wenn Wojtyla dieses Thema anschneidet, merkt man ihm seine Bewegung an, sein Engagement. Er weiß, wovon er spricht.

Diesem Papst aus Polen ist auch bewußt, welche Wirkung oft nur ein paar Worte im Osten erzielen können, und wie sehr sie den bedrängten Gläubigen helfen, auszuharren und standhaft zu bleiben. „15 Jahre lang sind wir im Vatikan immer wieder vorstellig geworden, daß Paul VI. wenigstens einmal öffentlich einen Gruß auf Litauisch ausspräche", beklagte sich in Rom ein Exildiplomat aus Litauen. „Es war stets ohne Erfolg. Der Papst wollte die Sowjets nicht verärgern. Erst bei der letzten Osteransprache 1978 hat Paul VI. seinen Segenswunsch zum erstenmal auch litauisch gesagt. Und nun redete Johannes Paul II. schon bei seiner Inauguration nach einigen ukrainischen Sätzen auch litauisch. Wir waren zutiefst bewegt, und man kann sich gar nicht vorstellen, was die drei Millionen Katholiken in unserer Heimat dabei gefühlt haben. Viele konnten die Zeremonie ja über das

Fernsehen aus dem benachbarten Polen verfolgen, oder über das Radio . . ." Und auch die Weihnachtsbotschaft nach dem Segen „Urbi et orbi" enthielt wieder ein litauische und eine ukrainische Passage, und dann wünschte der Papst auch noch auf albanisch „Gesegnete Weihnachten" und gedachte damit des einzigen Landes der Welt, das die Religion von Staats wegen abgeschafft hat.

All diese Zitate erhellen das Denken des Papstes. Wie in Krakau baut Wojtyla auch in Rom auf seiner christlichen Anthroplogie auf und untermauert damit bei jeder sich bietenden Gelegenheit seine Forderung nach mehr Religionsfreiheit in den kommunistischen Staaten. Doch das sind Ideen, Worte, Reden. Hat der neue Papst bereits ostpolitische Zeichen gesetzt, ist er auf dem Gebiet der Weltkirche, das ihm am vertrautesten sein müßte, auch schon aktiv geworden?

Als erste erfuhren die Ungarn, daß sich im Vatikan manches geändert hatte. Papst Paul VI. und Erzbischof Casaroli waren es zufrieden, nach der unfreiwilligen Emigration Kardinal Mindszentys und nach seiner Amtsenthebung die ungarischen Bischofsstühle 1975 wieder besetzen zu können. Dem einstigen Sekretär Mindszentys, Laszlo Lekai, wurde nach dem Tod des streitbaren Kirchenfürsten 1976 die Kardinalswürde zuteil, und er verzichtete auf alle staatsrechtlichen Ansprüche aus seinem Titel als Primas von Ungarn; bei seiner feierlichen Einsetzung in der gewaltigen Kathedrale von Esztergom räumte Lekai in der Predigt ein, daß es in Ungarn auch „Nichtgläubige in großer Zahl" gäbe, und insbesonders wies er auf „den energischen Schwung ihrer Leitung" hin.

Diesem Schwung scheint die neue Bischofsgarnitur nicht so ganz gewachsen zu sein. Der relativ hohe Lebensstandard, der zu einer Form von kommunistischem „Konsumismus" führt, und der sanfte Druck der politischen Verwaltung haben die ungarische Kirche in eine kritische Lage versetzt. Zwischen den Gläubigen und den Bischöfen tat sich oft ein Zwiespalt auf, es entwickelte sich kein rechtes Vertrauensverhältnis. Die paar modernen Basisgemeinden in Budapest und anderswo stehen eher im Gegensatz zu den Bischöfen. Und Kirchenamtsleiter Miklos warnte die Bischöfe auch vor solchen unkontrollierbaren Entwicklungen. Der ungarischen Parteiführung schwebt das Idealbild einer streng hierarchischen Kirche vor, die mehr mit ihrer eigenen Administration beschäftigt ist als mit Katechisierung und Evangelisation.

Daß Ungarn dieser Situation sehr nahe ist, wird auch von vielen Katholiken befürchtet; und vor allem von den Polen. So kam es während der letzten Sedisvakanz zu einem Zusammenstoß zwischen Lekai und Wyszynski. Der ungarische Kardinal hatte seinen Kollegen die Kirchensituation in einem sehr rosigen Licht geschildert. Da erhob sich Wyszynski und korrigierte ihn zornig. Denn gerade in Ungarn sei das katholische Leben überaus lau und von vielen Gefahren bedroht. Dieser Ansicht scheint auch Wojtyla zuzuneigen. Darum setzte er noch im Dezember den Ostspezialisten Monsignore Poggi mit einer persönlichen Botschaft nach Ungarn in Bewegung. Ausführlichen Hinweisen auf die historischen Gemeinsamkeiten im Schicksal der Ungarn und der Polen folgte eine Mahnung des Papstes an Lekai und die übrigen Bischöfe: „Wenn wir an diese Dinge denken, so wollen wir auch unserer Überzeugung Ausdruck verleihen, daß die katholische Kirche, die in der Geschichte Ungarns eine so wichtige Rolle gespielt hat, auch in Zukunft in der Lage sein soll, das geistliche Gesicht Eurer Heimat zu formen. Und zwar dadurch, daß zu den Söhnen und Töchtern Ungarns das Licht des Evangeliums Jesu Christi gebracht wird, der durch so viele Jahrhunderte immer Licht in das Leben der ungarischen Bürger gebracht und ihre Lebensweise und Lebensüberzeugung geformt hat ..." Und der Papst wünschte, daß „dieses Licht durch Eure bischöfliche Tätigkeit zum Leuchten gebracht wird, daß Eure Priester seelsorglich tätig und die Ordensgemeinschaften und Laien eine apostolische Tätigkeit vollbringen können. Dies ist sehr wichtig. Man muß die Seele des Menschen formen, die Herzen und das Gewissen. Ihr sollt die Gebote der Liebe lernen ...". Und dann kam noch der Kernsatz der Botschaft: „Unsere geliebten hochwürdigen Brüder, Ihr sollt danach streben, daß Ihr Euer apostolisches Zeugnis so ablegt, daß dies einen Effekt hat und daß Eure nationalen Traditionen immer in Ehren gehalten werden. Ihr sollt in Verbundenheit mit dem Nachfolger des heiligen Petrus und mit den Bischöfen der Kirche bleiben . . ."

In diesem im geschraubten Stil des Staatssekretariates noch mit dem Pluralis majestatis verfaßten Schreiben wird nichts Negatives gesagt. Und doch enthüllt jeder Satz über das, was sein soll, einiges darüber, wie es nicht ist. Anscheinend formt die Kirche das Gesicht Ungarns nicht mehr, und auch die Evangelisation funktioniert nicht wunschgemäß. Das Licht leuchtet nicht so recht, und auch das Zeugnis der Bischöfe wird vom Papst bezweifelt. Er meinte damit wohl einige allzu eifrige Bekenntnisse Lekais und seiner Mitbrüder zum sozialistischen Staat. So sagte zum Beispiel der Bischof von Pécs (Fünfkirchen), Joszef Cserhati: „Das Grundziel des sozialistischen Staates ist der Aufstieg und die Beglückung des Menschen, weshalb auch unsere Gläubigen das innere, geistige Klima des Landes als gesund betrachten." Aus eigener Erfahrung weiß Wojtyla aber: die Macht der Kirche in diesen Systemen beruht darauf, daß sie die Realität des Sozialismus zwar anerkennt und mit ihm koexistieren muß, aber sich doch als geistige Gegenkraft und als echte Alternative präsentiert. Und das scheint dem ungarischen Episkopat nicht immer zu gelingen. Unter Paul VI. hätte diese Botschaft sicher anders gelautet.

Trotz des Vorrangs, den er spirituellen und pastoralen Zielen gibt, bleibt es Johannes Paul II. nicht erspart, sich auch auf dem ihm eher ungewohnten diplomatischen Parkett zu bewegen und mit regierenden Kommunisten zu reden und Höflichkeiten auszutauschen. Seit Johannes XXIII. Chruschtschows Schwiegersohn Adschubej empfangen und der Chruschtschow-Tochter einen Rosenkranz geschenkt hat, und seit Podgorny als sowjetisches Staatsoberhaupt 1967 bei

Paul VI. war, wird die Visite im Vatikan auch in das Romprogramm der meisten hohen Offiziellen aus dem „sozialistischen Lager" einbezogen. Auch Parteichefs wie Kadar und Gierek suchten das Gespräch mit Paul VI. Und nach Polens Staatschef Jablonski war der erste prominentere Kommunist der bulgarische Außenminister Petar Mladenov, dem Wojtyla die Hand reichte. Danach verlautete, daß sich der Papst befriedigt gezeigt habe, weil die wenigen bulgarischen Katholiken nun mehr Möglichkeiten hätten, ihre Religion zu praktizieren als früher.

Die erste wesentliche „ostpolitische" Begegnung hatte Johannes Paul II. kurz vor seinem Abflug zur Lateinamerikanischen Bischofskonferenz nach Mexiko Ende Januar 1979 mit dem sowjetischen Außenminister Andrej Gromyko. Dieser gewiegteste und langlebigste Sowjetdiplomat, der bis ins Politbüro aufgestiegen ist, wird sich wohl kaum haben träumen lassen, daß er einmal einem ehemaligen polnischen Erzbischof in ehrerbietiger Haltung gegenübersitzen würde. Denn für die polnische Kirche und all die Rücksichten, die Polens Kommunisten auf sie nehmen müssen, haben die Sowjets wenig Verständnis. Bei internen Diskussionen werden sie auch kaum ein gutes Haar an Wyszynski und Wojtyla lassen. Die Papstwahl hat sie jedoch vor neue Probleme gestellt. Und darum war es auch der Wunsch des Kreml, in den schon lange geplanten Rombesuch des Außenministers eine Audienz beim Papst einzubauen. Denn jetzt mußte er diesen Mann einmal kennenlernen, um wenigstens zu erahnen, was dieser Papst unter Ostpolitik versteht.

Gromyko war die Etikette einer solchen Vatikanvisite nicht mehr fremd. Bereits 1965 war der Außenminister in New York Paul VI. vorgestellt worden, nachdem er zuerst der Friedensbotschaft des Papstes vor der UNO Beifall gespendet hatte. Und am 27. April 1966 hörte sich Gromyko in der Privatbibliothek Montinis im Vatikan 45 Minuten lang schweigend die Klagen des Papstes über die schwierige Lage der Katholiken in der Sowjetunion an. Als Antwort bemerkte der Kremldiplomat lediglich, daß er für diese Probleme nicht zuständig sei. Am 14. November 1970 dauerte ein neuerlicher Dialog zwischen Papst und Sowjetaußenminister eineinhalb Stunden. Und am 21. Februar 1974, bei dem dritten Treffen in den Privatgemächern des Papstes, sagte Gromyko zu, die Beschwerden des Papstes in Moskau weiterzuleiten.

Was das für die rund vier Millionen Katholiken in der UdSSR gebracht hat? Nun, der Vatikan konnte in Litauen und Lettland die von den Sowjets zerschlagene Hierarchie zumindest teilweise wieder aufbauen – wobei die Gläubigen, wie wir schon gesehen haben, jedoch einige Zweifel an der Zuverläßigkeit der Bischöfe anmeldeten. Einige Bischöfe durften seitdem auch mehrmals nach Rom reisen, zur Zeit studieren dort ein lettischer und ein litauischer Priester mit offizieller Genehmigung. Aber weiterhin gilt trotz der verfassungsmäßig verankerten „Religionsfreiheit" in der UdSSR das gesetzliche Verbot des Katechismusunterrichtes für Kinder. Und immer wieder wandern Priester deswegen ins Gefängnis oder ins Arbeitslager.

Die „Chronik der Katholischen Kirche in Litauen" berichtet in jeder Nummer von Schikanen gegen Priester und Gläubige, von Hausdurchsuchungen, Verhaftungen, tätlichen Angriffen usw. Sie nennt die Namen von KGB-Agenten, die in die Priesterschaft eingeschleust worden sind. Sie deckt auch die politische Verseuchung des Priesterseminars in Kaunas auf. Die Untergrundzeitschrift ermahnt die Seminaristen, sich nicht dem Druck zu beugen und dem KGB zu verkaufen: „Wir haben nur wenige Priester, deshalb braucht Litauen energische Priester von lauterer Gesinnung. Wie viele Priester und Bischöfe wurden für ihre Loyalität zu Kirche und Land zu Tode gemartert? Und wie viele sterben heute vorzeitig, weil der Archipel GULAG ihre Kräfte aufgezehrt hat? Ihr Platz darf nicht von rückgratlosen Charakteren eingenommen werden, an ihrer Stelle brauchen wir Männer, brennend von jugendlichem heiligen Idealismus. Eure Aufgabe wird es sein, den Geist der Nation aufzurichten und mutig gegen Lügen,

Verleumdungen, Haß und den Geist der Unterwerfung aufzustehen ... Darum laßt euren Willen weder durch Versprechungen noch durch Drohungen brechen. Besser das Seminar zu verlassen, als das ganze Leben mit dem Schandmal eines ‚Spitzels' herumzukriechen. Wenn ihr aus irgendwelchen Ursachen Verbindungen zum KGB habt, so brecht sie ab – um jeden Preis, auch um den eures Lebens ...“

Das ist die Stimme einer Untergrundkirche. Und ihr Echo hallte auch durch den Vatikan, als Gromyko Wojtyla eine Rekordzeit von eineinhalb Stunden gegenübersaß. Denn der Papst kennt diese Stimme; all die Nöte der Nachbarkirche in Litauen sind ihm zutiefst vertraut. Ein wesentlicher Teil der Katholiken dort ist selber polnisch. Und Wilna untersteht theoretisch dem polnischen Episkopat – ebenso wie einen Bischof von Wilna gibt es in Polen auch noch einen Bischof von Lemberg.

Trotz gewisser nationaler Gegensätze zwischen Litauern und Polen betreibt die polnische Kirche ein geheime Ostmission in der Sowjetunion und hilft, wo und wie sie kann – mit Bibeln und religiösen Büchern, mit Geld und auch mit Priestern. „Wenn ich manchmal nach Lemberg fahre, dann sitze ich dort viele Stunden im Beichtstuhl, weil die paar alten Mitbrüder, die dort noch amtieren, völlig überlastet sind“, erzählte ein polnischer Pfarrer. Über die Details all dieser Untergrundverbindungen wird jedoch besser geschwiegen. Für Wojtyla ist das alles eine Wirklichkeit, über die er gründlich Bescheid weiß. Darum sagen die Litauer heute auch: „Früher hatten wir für manche Entschlüsse des Vatikans nur eine Entschuldigung: daß man in Rom unsere Situation eben nicht richtig einzuschätzen vermag. Und wir litten sehr oft unter Unverständnis und Verständnislosigkeit. Heute ist das anders. Selbst wenn dieser Papst einmal eine bei uns unpopuläre Entscheidung treffen muß, werden wir sie eher ertragen und uns damit trösten, daß Johannes Paul II. weiß, was er tut ...“

Jedem Katholiken im Osten klingt noch der historische

Mahnruf des Papstes bei der Inauguration in den Ohren: „Habt keine Angst! Öffnet, ja reißt die Tore weit auf für Christus! Öffnet die Grenzen der Staaten, die wirtschaftlichen und politischen Systeme, die weiten Bereiche der Kultur, der Zivilisation und des Fortschritts seiner rettenden Macht! Habt keine Angst ...“ Den Katholiken hat dieser Ruf Mut gemacht, und bei denen, die sie verfolgen, hat er zumindest Unbehagen erzeugt – auch wenn sie es bis jetzt noch nicht laut ausgesprochen haben.

10. Kapitel

Ein Mann für unsere Zeit

Unter dem goldenen Himmelsglanz des leuchtenden Deckenfreskos vom Triumph des Namen Jesu in der Kirche Il Gesù blickte Papst Wojtyla um eine Spur strenger als sonst. Am Silvestertag hatte er sich in der Hauptkirche der Jesuiten eingefunden, um dort zum Jahresende das Tedeum anzustimmen. Wenn er sich in der Kirche umschaute, mußte er auch das Grab des Ignatius von Loyola bemerken. Da stoßen symbolische Glaubensfiguren die Ketzer in den Abgrund, und marmorne Barockenglein sind mit heiligem Eifer dabei, Bücher zu zerreißen, die Schriften eines Luther, eines Calvin, eines Zwingli und anderer Reformatoren, die von der Kirche als Irrlehrer verdammt worden sind. Und an dieser Stätte stellte sich auch Johannes Paul II. schützend vor die Lehre der Kirche, in diesem besonderen Fall vor die Morallehre. Von seinem Lieblingsthema, den Menschenrechten, ausgehend, kam Wojtyla auf die Scheidung und auf die Abtreibung: „Bei allem Respekt gegenüber Andersdenkenden ist es vom objektiven und unparteiischen Standpunkt aus schwer vorstellbar, wie man zur menschlichen Würde beiträgt, wenn man die eheliche Treue preisgibt oder gestattet, daß das im Mutterschoß empfangene Leben vernichtet und zerstört wird. Konsequenterweise kann man nicht zugeben, daß Programme, die ein solches Verhalten vorschlagen, erleichtern, zulassen, dem objektiven Wohl des Menschen, dem sittlich Guten dienen und dazu beitragen, das menschliche Leben wirklich menschlicher, wirklich menschenwürdiger zu machen . . ."

Ähnlich hätten auch Paul VI. und Johannes Paul I. sprechen können. Und wer Wojtyla ein wenig kennt, durfte von diesen Sätzen nicht überrascht sein. Aber eben weil sie nun aus seinem Mund kamen, erhob sich mit einem Schlag in ganz Italien ein großer Sturm. Und der Papst aus Polen erfuhr zum erstenmal, was es heißt, in das politische Spiel der Italiener zu geraten. Bis zu diesem Zeitpunkt war Wojtyla Liebkind der italienischen Presse. Doch nun, 75 Tage nach seiner Wahl, hatten die Flitterwochen ein Ende, und eine Zeitung meinte, der Papst sollte sich besser Pius XIII. nennen. Zum erstenmal war die Publizität eher negativ, und der Papst erhielt nun einige Tage lang zum Frühstück ein Bündel schlechter Kritiken serviert.

So verspottete „Espresso" ihn ob seiner bei jeder Gelegenheit demonstrierten Vielsprachigkeit als „Simultandolmetscher Gottes", attackierte die ständig auf Wojtyla gerichteten Fernsehkameras, dieses „ununterbrochene Spektakel für Mondovision", und mahnte, „diesen Tornado der Elektronik nicht mit einem Sturm des Glaubens zu verwechseln". Eugenio Scalfari, der Direktor der linken Tageszeitung „la Repubblica" war es, der Wojtyla empfohlen hatte, sich in Pius XIII. umzutaufen: „Auch Papst Pacelli verbrachte einen wesentlichen Teil seines Tages damit, in überfüllten Generalaudienzen Skifahrer, Radrennfahrer und Geburtshelfer zu empfangen. Aber diese Aktivität genügt nicht, um einen großen Papst zu machen." Und der erste massive Angriff von kommunistischer Seite wurde nicht in Warschau oder Moskau verfaßt, sondern in der Redaktion der „Unità", dem Zentralorgan der italienischen KP: Wojtyla sei ein „antilaizistischer, sich nach der Vergangenheit zurücksehnender Pontifex . . . Das ist der Papst, den wir haben und dem die Italiener mit beispielhaftem Respekt zuhören. Sie hätten nur einen kleinen Wunsch vorzubringen: Daß Johannes Paul II. zu gewissen Dingen wenigstens einmal 20 Minuten lang still wäre".

An diesen Ton mußte sich Papst Wojtyla erst gewöhnen. Die italienische Wirklichkeit hatte ihn umfangen. Der Tiber war noch immer nicht breit genug. Papstworte haben in Italien auch heute noch viel mehr politisches Gewicht als anderswo, selbst wenn dieser Papst ein Ausländer ist. Was sind nun die Hintergründe dieser ersten Konfrontation Wojtylas mit der laizistischen öffentlichen Meinung Italiens? Es geht dabei vor allem um den Platz der Kirche in Italien, um die Stellung des Papstes und seinen Einfluß auf das italienische Tagesgeschehen. Daß die Kirche mehr an den Rand gerückt ist und viel von ihrer politischen Durchschlagskraft eingebüßt hat, wurde spätestens durch das Scheidungsreferendum 1974 deutlich. Trotz einem massiven Einsatz des Klerus erbrachte es ein klares Ja für die Scheidung. Und im Frühjahr 1978 nahm das Parlament bei Stimmenthaltung der Christdemokraten auch ein liberales Abtreibungsgesetz an. Ein Teil der italienischen Bischöfe polemisierte weiter dagegen. Kurz vor Weihnachten hatte die Bischofskonferenz noch einmal darauf hingewiesen, daß alle an einer Abtreibung Beteiligten automatisch exkommuniziert seien. Und die Agitation für eine Volksabstimmung zur Abschaffung des Gesetzes wurde wieder verstärkt. Nun hatte es nach Weihnachten den Anschein, als ob der neue Papst das Angriffssignal zu einer Großoffensive gegen dieses Gesetz gegeben hätte. Denn drei Tage vor der Predigt in Il Gesù beglückwünschte Wojtyla katholische Ärzte, die sich weigerten, Abtreibungen durchzuführen, zu ihrer Haltung; und die Mütter, die sich der Abtreibung widersetzen, pries er als „Heldinnen des Glaubens". Darauf folgten dann die Erklärung in der Jesuitenkirche und noch ein weiterer Hinweis bei einer Generalaudienz. Für Kardinal Benelli aber, dem Erzbischof von Florenz, waren die Papstworte Anlaß, sich mit all seiner Energie und Dynamik in die Kampagne für das Anti-Abtreibungsreferendum zu stürzen. Voller Leidenschaft schimpfte er dieses Gesetz „eine Eiterbeule, die es von der Wurzel her auszurotten" gelte. Von da an war der Papst wieder in den Schlagzeilen, und die Leitartikler nutzten die reichen Möglichkeiten der italienischen Sprache zu ätzenden Kommentaren.

Im Lichte dieser Auseinandersetzung erhielt auf einmal jeder Schritt des Papstes, jede seiner Bewegungen eine tiefere Bedeutung. Warum hatte er sich ausgerechnet Il Gesù für sein Statement ausgesucht? Wußte er nicht, daß der letzte Papst, der dort das Silvester-Tedeum gefeiert hatte, Pius IX. war, im Jahre 1869, zum letztenmal als Souverän des Kirchenstaates, bevor Rom dann 1870 von den Truppen des neuen Italiens erobert wurde und der Papst sich als „Gefangener" hinter die Mauern des Vatikans zurückzog? Sollte die Wahl dieser Kirche eine Kampfansage an den italienischen Staat sein? Oder hatte Wojtyla eher daran gedacht, daß auf der Piazza Gesù auch das Hauptquartier der Christdemokratischen Partei liegt?

Und viele Zeitungen hatten keine Zweifel: Wojtyla wendet seine polnischen Erfahrungen nun auf seine italienische Umwelt an. Er ist es gewohnt, im Staat einen Feind der Kirche zu sehen und stets Gegenpositionen zu allen Regungen dieses Staates einzunehmen. Darum fühlt er sich auch verpflichtet, den italienischen Bischöfen in ihrem Kampf gegen die Abtreibung den Rücken zu stärken. Das politische Gefühlsleben der Italiener sei ihm jedoch völlig fremd. Die laizistische Gesellschaft reagiere deshalb so empfindlich, weil wesentliche Teile Italiens so lange unter der Herrschaft der Kirche gestanden wären und die Kirche ihre Machtansprüche bis heute nicht völlig aufgegeben hätte usw. usw.

Viel Druckerschwärze wurde in diesen ersten Januartagen des Jahres 1979 auf den Papst verwendet, und Wojtyla mußte es zum erstenmal so richtig zu Bewußtsein gekommen sein, was es heißt, in Italien im Scheinwerferlicht zu stehen. Er unternahm auch einiges, um das Bild, das da von ihm entworfen wurde, etwas zu korrigieren.

Der Papst habe nur aus moralischen und religiösen Gründen gegen Abtreibung und Scheidung gesprochen und keinesfalls die Absicht gehabt, sich in die italienische Innenpolitik einzumischen, schwächte Radio Vatikan ab. In einer seiner nächsten Generalaudienzen lobte Johannes Paul II. die Neujahrsbotschaft des Staatspräsidenten Pertini. Und dann erinnerte er sich überaus freundlich seines Zusammentreffens mit Pertini unmittelbar nach seiner Wahl, und wie ihm der Präsident damals von seiner Mutter erzählt und wie gut er sich mit diesem feinen Manne verstanden habe. Nun, Wojtylas Anliegen war unverkennbar. Auf die Kritiken, die ihm eine Feindstellung zum laizistischen Staat vorwarfen, antwortete der Papst mit Komplimenten für den höchsten Repräsentanten dieses Staates. Gleichzeitig drückte Johannes Paul II. jedoch auch Benelli in einem Brief seine Hochachtung aus. Das war also Wojtylas Premiere auf der politischen Bühne Italiens, ob er sie nun gewollt hat oder nicht.

Viele Italiener reagierten enttäuscht auf diesen Wirbel. Sie hatten ja gehofft, daß die italienische Kirche ohne einen mit dem heimischen Politalltag verquickten Papst nun selber mehr auf Distanz zum italienischen Tagesgeschehen gehen würde. Nach der Wahl eines ausländischen Papstes müßte sich die Kirche hier entprovinzialisieren, wünscht auch Dom Franzoni, der frühere Abt von San Paolo fuori le Mure. Wegen seines sozialkritischen Engagements hatte sich der junge Abt mit den Kirchenoberen überworfen. Nun arbeitet er bei „Com Nuovi Tempi", einem christlichen linken Wochenblatt, und hat in der Via Ostiense, nicht weit von der Benediktinerabtei, in einem einfachen Saal eine katholische Basisgemeinde um sich geschart. Wann immer die italienischen Medien einen „fortschrittlichen" Standpunkt zu Kirchenfragen haben wollen, holen sie Dom Franzonis Meinung ein. Im November glaubte er, daß die Weltkirche von Wojtyla nur profitieren könne, weil es nun mit dem Italozentrismus vorbei sei, weil die vielen speziellen Probleme Italiens nun nicht mehr allesamt dem Kirchengebäude auf das Dach fallen würden. „Die italienische Kirche hatte durch ihre Nähe zum Papst und zum Vatikan zwar eine scheinbar privilegierte Stellung, in Wirklichkeit ist sie jedoch noch im Mittelalter verhaftet und fern unserer säkularisierten Zeit." Dom Franzoni, der immer gegen die Vermischung kirchlicher Angelegenheiten mit weltlichen Interessen gekämpft hat, sieht es nur von Vorteil an, daß Wojtyla aus einer Kirche kommt, die zur staatlichen Macht auf Distanz steht, die statt einer Allianz ein dialektisches Verhältnis zur Macht akzeptiert.

Auch Wojtyla hat sich stets zu dieser Position bekannt. Die polnische Kirche kann zwar nicht schalten und walten, wie sie will. Aber sie ist unabhängig von jeder staatlichen Hilfe, sie ist völlig auf sich selbst gestellt, hat ihre materiellen Besitzungen eingebüßt und auch dadurch Freiheit gewonnen – und das ist ihre Stärke. Zu einer Zeit, als der Konflikt zwischen Kirche und Staat wieder einen Höhepunkt erreicht hatte, im Millenniums-Frühling 1966, hatte Jerzy Turowicz, der Chefredakteur des „Tygodnik Powszechny“, sicher mit Wissen und Billigung, ja vielleicht sogar auf Anregung Wojtylas über die Rolle der Kirche in der Gesellschaft sehr grundsätzlich geschrieben: „Die Mission der Kirche ist nicht an die Nation, sondern an die Menschen, an jeden Menschen adressiert ... Die Kirche schlägt der Welt keine fertigen Lösungen ihrer sozialen, wirtschaftlichen und politischen Probleme vor, die Welt muß diese Probleme selbst lösen ... Die Kirche ist bereit, zu dienen mit Rat und Hilfe, sie erinnert an die Prinzipien, die respektiert werden müssen ... Auch in Polen müssen die Formen kirchlicher Präsenz verändert werden, nicht nur weil es in Polen ein sozialistisches System gibt, sondern vor allem, weil die polnische Gesellschaft schon heute eine pluralistische ist und immer mehr sein wird ... In einer pluralistischen Situation wird es immer selbstverständlicher, daß die geeignetste Form gegenseitiger Beziehungen die Trennung der Kirche vom Staat ist ... Die Lage in Frankreich und den USA zeugt davon, daß die Trennung der Kirche vom Staat, gegründet auf gegenseitige wohlwollende Neutralität, die Lösung der Zukunft ist. Das gilt auch für Polen. Und wenn das in unserem Land bestehende Modell der Trennung schlecht funktioniert, so heißt das noch keineswegs, daß der Grundsatz nicht richtig wäre ...“

Das sind Ansichten, die der Papst sicher auch heute noch

unterstreichen würde. Die italienische Hierarchie denkt wie auch so mancher Kirchenpolitiker im Vatikan jedoch anders darüber. Deshalb wird es Wojtyla immer wieder passieren, daß er durch seine Stellung als Bischof von Rom in die italienischen Affären hineingezogen wird. Das ist ein Nebenprodukt seiner Romanisierung. Denn der Papst bleibt eine Persönlichkeit des italienischen Lebens, auch wenn er in einem anderen Land geboren und groß geworden ist. Aus dieser Sicht wurde Wojtyla zu einer gefährlichen Konkurrenz für sämtliche italienische Politiker. Neidvoll mußten sie zuschauen, wie seine Popularitätskurve sofort senkrecht nach oben stieg. Mit dieser Beliebtheit bei den Massen kann sich kein Berlinguer messen. Wenn der Papst bei seiner Rückkehr vom Kurzurlaub in Castel Gandolfo unterwegs in der römischen Vorstadt bei den Kanalräumern und Straßenkehrern Station macht, um die von ihnen selbstgebastelte Krippe zu bewundern, dann bewegt das die Bevölkerung wesentlich mehr als jede große Kundgebung des KPI-Chefs. Und auch die DC kann den Magnetismus des Papstes nur bestaunen.

In einer Öffentlichkeit, deren beliebtester Zeitvertreib es ist, an sämtlichen Führergestalten und aus der Menge herausragenden Persönlichkeiten zu zweifeln, sie ohne Erbarmen zu sezieren und jede ihrer Regungen den schonungslosesten Härtetests zu unterziehen, schien dieser Papst wegen seiner Beliebtheit zuerst gegen alle Angriffe gefeit. So war das intellektuelle Establishment, das die italienische Meinungsindustrie beherrscht, glücklich, als sich endlich Gelegenheit bot, Wojtyla aus seinen himmlischen Höhen herunterzuholen und ihn auf eine Ebene mit den von ihnen täglich zerzausten Politikern zu stellen.

Ein Wojtyla hält solche Stürme aus. Seine Anziehungskraft wurde durch diese Welle der Kritik eher noch gesteigert. Trotz aller Zuneigung kann Johannes Paul II. jedoch nicht in jeder Hinsicht der Papst sein, den sich die Leute in ihrer Phantasie ausmalen. In dem Rausch der Begeisterung nach dem Wunder seiner Wahl erwartete sich jeder alles von ihm.

Und die Frage, wer dieser Mann aus Polen denn nun wirklich sei, wie man ihn einstufen könne, ob irgendeine dieser gängigen Markenbezeichnungen wie konservativ oder liberal oder fortschrittlich oder reaktionär auf ihn passe, wurde vorerst einmal verdrängt. Dom Franzoni etwa zählte von Anfang an zu jenen Beobachtern der römischen Szene, die den Papst trotz seiner zeitgemäßen Attitüde eher als Konservativen einstuften. Obwohl der ehemalige Abt sehr oft mit Papst Paul VI. nicht übereinstimmte, hält er ihn von seiner Kultur her, durch seine starke Bindung zum französischen Geistesleben, für einen moderneren Menschen als Wojtyla: „Wojtyla nimmt in den meisten Fragen eine konservative Haltung ein, er ist ein Konservativer, aber ein sympathischer Konservativer, ein ehrlicher und anständiger Mann. Aber seine Kultur ist noch präkonziliar. Seine Erfahrungen kommen aus einer Kirche, die die Ideen des Konzils nicht verwirklicht hat und unter den Umständen, in denen sie existiert, auch nicht verwirklichen konnte. Wojtyla versteht es, Sympathie zu wecken, und das ist eine große Gabe. Es kommt nun jedoch darauf an, was er damit beginnt, ob er diesen Schatz an Sympathie zur Befreiung des Menschen verwendet oder zur Stabilisierung der etablierten Ordnung."

Die Polen würden sich gegen die Vorwürfe, ein eher gestörtes Verhältnis zum Konzil und seinen Beschlüssen zu haben, heftig wehren. Und Pater Bartolomeo Sorge, der Direktor der einflußreichen römischen Jesuitenzeitschrift „Civiltà Cattolica", einer der wichtigsten politischen Berater Pauls VI. in den letzten Jahren, ist da ebenfalls völlig anderer Ansicht. Er nennt Wojtyla den ersten Papst, der „ein Sohn des Konzils" ist. Betrachtet man die Reden Johannes' Paul II. in diesem Licht, fällt sofort auf, wie oft er sich auf das Konzil beruft. Und ein Theologe bezeichnete die Dogmatische Konstitution „Lumen gentium" über die Kirche als „Magna Charta" dieses Papstes – ein Dokument, das allem Triumphalismus abschwört und die kirchliche Hierarchie als Dienst und nicht als Herrschaft versteht.

Aber dieser Wojtyla wurde nicht nur im Konzil geformt. Zu seinen römischen Erfahrungen kommt die polnische Volksfrömmigkeit. Neben allen intellektuellen Überlegungen und durchgeistigten Debatten über Glaubensinhalte schätzt Wojtyla die frommen Bräuche zutiefst. Er weiß, wie sehr in seinem Lande eine anderswo vielleicht schon als überholte Manifestation abgetane Prozession für das Bekenntnis der Religion und für die Selbstdarstellung der Gläubigen wichtig ist. Und auch die priesterliche Kleidung, das Festhalten an den Normen und am Gehorsam in der Kirche, den Respekt vor ihren Moralgesetzen wird ein Wojtyla immer verteidigen.

Nach dem Tode Pauls VI. versuchte einer der besten katholischen Publizisten im deutschen Sprachraum, David A. Seeber, Chefredakteur der „Herder Korrespondenz", eine Bilanz des abgelaufenen Pontifikates zu ziehen. Er schrieb über die inneren Konflikte der Kirche nach dem Konzil und ihre Nöte: „Und je mehr diese Spannungen und Zweifel wuchsen, um so mehr schien man sich auf die Kirche, statt auf den Glauben, den sie verkündet, zu konzentrieren, und um so mehr wurden auf beiden Seiten, auf seiten der Hierarchie und des Lehramtes wie auf seiten der aufmüpfigen Theologen und Gläubigen, aus uneingestandenen Schwächen im eigenen Glaubensbekenntnis lauter Autoritätsfragen. Um so überraschter mußte man dann feststellen, daß ein grassierender praktischer Atheismus immer mehr Felder besetzt hatte, daß immer mehr Terrain religiös verödete und daß man sich trotz aller kirchlichen Gewissenserforschung und freundlicher Weltzuwendung nicht mit dem Bedrängendsten beschäftigt hatte: mit der Glaubensnot der Christen in einer in ihrem Lebensstil atheistisch gewordenen Umwelt . . ."

Solche Gedanken dürften auch einem Wojtyla nicht fremd sein. Wird doch immer wieder von seinen Freunden betont, daß er kein juristischer und kein autoritärer Mensch sei und den Menschen immer über alle Normen und Vorschriften stelle. Auch hat er niemals vor der Wirklichkeit dieser Welt die Augen verschlossen. Anderseits ist der Papst von der

Notwendigkeit innerkirchlicher Disziplin überzeugt. Zum Wohlgefallen der Kurie und des Papstes hat sich Kardinal Wojtyla dazu bekannt, als er bei den Fastenexerzitien im Vatikan 1976 die vielen Widerstände gegen päpstliche Entscheidungen beklagte: „In den letzten Jahren ist dieser Widerspruch entschieden gewachsen: sowohl ein organisierter Widerspruch nach dem Programm des Anti-Evangeliums, als auch ein Widerspruch aus scheinbar christlichen oder ‚humanistischen' Milieus, die gewissen christlichen Traditionen verbunden sind. Es genügt, sich der Kampagne gegen die Enzyklika ‚Humane vitae' zu erinnern . . ." Und damals nannte Wojtyla wie bei seiner Predigt in Il Gesù die Menschenwürde die Basis aller kirchlichen Moralgesetze. „Die Menschenwürde kann nur durch einen richtigen und verantwortungsvollen Gebrauch der menschlichen Freiheit gewahrt werden. Und das gilt für alle Entscheidungen, die das ganze Leben betreffen, sowohl in der Ehe wie im Priestertum . . ."

Den Priestern gegenüber hatte Wojtyla gleich im ersten Monat seines Pontifikates deutlich seine Linie erklärt. Und alle Vorkämpfer für eine Lockerung des Zölibates oder einer weiteren Liberalisierung der priesterlichen Amtsauffassung und Disziplin erhielten vom Papst keinerlei Ermunterung – im Gegenteil. Für den Papst erfordert das schwere Priesteramt eine totale Identifizierung mit seinen Pflichten und äußeren Zeichen. Am 9. November hatte Johannes Paul II. den römischen Klerus zu einer Sonderaudienz geladen. Und als Bischof von Rom sagte er zu seinen Priestern unter anderem: „Die Menschen brauchen uns, sie brauchen uns über alle Maßen, nicht als Teilzeit-Priester wie einen Halbtagsangestellten. Wir sind notwendig als diejenigen, die Zeugnis geben und in den anderen das Bedürfnis wecken, Zeugnis abzulegen. Und wenn es bisweilen scheinen mag, als wären wir nicht nötig, dann bedeutet dies, daß wir anfangen müssen, ein noch klareres Zeugnis abzulegen . . ." Und dann wandte sich Wojtyla gegen die Pseudomodernismen im Priesterberuf: „Bilden wir uns nicht ein, es wäre ein Dienst am Evangelium, wenn wir unser priesterliches Charisma zu ‚verwässern' versuchten durch ein übertriebenes Interesse für das weite Gebiet der irdischen Probleme; wenn wir unseren Stil des Lebens und Handelns verweltlichen möchten; wenn wir auch die äußeren Zeichen unserer Priesterberufung verwischen. Wir müssen uns den Sinn für unsere einzigartige Berufung bewahren, und diese Einzigartigkeit muß sich auch in unserer Kleidung zeigen. Schämen wir uns ihrer nicht! Gewiß leben wir in der Welt! Doch wir sind nicht von der Welt!" Der Dienst des Priesters verlange auch einen „entsprechenden Lebensstil": „Daher muß unser Priestertum lauter und aussagestark sein. Und wenn es in der Überlieferung unserer Kirche eng an den Zölibat gebunden ist, dann eben um dieser dem Evangelium gemäßen Lauterkeit und Aussagekraft willen. Darauf deuten ja auch die Worte unseres Herrn über den Zölibat ‚um des Himmelreiches willen' hin."

Von einem Polen, von einem Wojtyla, hatte sich aber auch niemand eine Lockerung des Zölibates erwartet. Er vertritt jene Auffassungen vom Priesteramt, wie sie in seiner Heimat gelten. Denn nach dem Ende der „Italianisierung" der Kirche bricht nun eine Polonisierung an. Das Beispiel Polens wird Wojtyla den Bischöfen und Priestern noch oft vorhalten. Und einem Wojtyla nehmen auch viele sogenannte progressive Katholiken eher traditionsbezogene konservative Ansichten ab, weil er es versteht, diesen überlieferten Grundsätzen eine moderne Fassung zu verleihen.

Die Aussprache vor dem römischen Klerus war nach den programmatischen Erklärungen zum Beginn des Pontifikates der erste deutlichere Hinweis auf Wojtylas Amtsführung. Sonst beschäftigte ihn in diesen ersten Wochen eher die Sympathiewerbung. Er präsentierte sich dem Volk, der Kirche, der Welt, um binnen kürzester Zeit alle Papstvorstellungen mit seiner Person zu identifizieren. Seine erste kirchenpolitische Tat setzte Johannes Paul II., als er den Rebellenbischof Lefebvre am 19. November 1978 empfing.

Mancher Katholik hatte unter der Gehorsamsverweigerung

dieses Konzilgegners und Verteidigers der tridentinischen lateinischen Messe, bei der der Priester dem Volk den Rücken zukehrt, mehr gelitten als unter der Auflehnung vieler linker Priester und Laien. Denen konnte man immer vorwerfen, daß sie nicht mehr zur Kirche gehörten, oder man versuchte, sie aus der Kirche zu drängen. Lefebvre und seine Anhänger dagegen predigten die Treue zur Kirche, allerdings zu einer Kirche im vorkonziliaren Zustand. Und dadurch gerieten sie in offenen Gegensatz zum Papst. Obwohl Paul VI. Lefebvre davor gewarnt hatte, die von ihm ausgebildeten traditionalistischen Priesterkandidaten zu weihen, weil das einen „irreparablen Bruch mit der Einheit und der Liebe der kirchlichen Gemeinschaft" bedeutete, ließ sich der Bischof nicht abhalten. Bei einer spektakulären Zeremonie im Sommer 1977 in Econe in der Schweiz beschuldigte er Rom, den „Geist der Verwirrung" in die Kirche getragen und „Söldnern, Wölfen und Dieben" Raum gegeben zu haben: „Das ist nicht mehr unsere Kirche, das ist nicht mehr unsere katholische Kirche. Das ist nicht mehr unser katholischer Glaube . . ." Paul suspendierte den Erzbischof von allen seinen Funktionen, aber dieser weihte weiter seine Priester, las die Messe und lehnte nicht nur die Konzilreformen ab, sondern auch das Ja der Kirche zur Religionsfreiheit, zu ökumenischen Bestrebungen, zum demokratischen Staat und zum politischen Pluralismus.

Zwischen Paul und Lefebvre war ein Gespräch nicht mehr denkbar, ein neuer Papst mußte sich jedoch sofort ernsthaft diesem drohenden Schisma zuwenden. Eines wurde Wojtyla jedoch gleich entgegengehalten. Wenn er Lefebvre empfängt, solle er auch Dom Franzoni, oder den Theologen Hans Küng, oder Don Mazzi von der Florentiner Basisgemeinde Isolotto oder irgendwelchen anderen prominenten Kirchenkritikern progressiver Gesinnung eine Audienz gewähren. Fürs erste schien es Wojtyla jedoch leichter, dem Traditionalisten die Hand hinzuhalten. Und Lefebvre nahm Wojtylas Einladung an, weil der Mann aus Polen nicht unbedingt unter die von dem Bischof so verteufelte Richtung der Liberalen fällt.

Johannes Paul II. kam dem Rebellen freundlich entgegen. Nach einem kurzen Gespräch unter vier Augen rief er den in einem Nebenraum wartenden Kardinal Seper, den Präsidenten der Glaubenskongregation, hinzu. Und der las Lefebvre den Katalog seiner Verfehlungen gegen die Gesetze der Kirche vor. Lefebvre hörte zu, es wurden noch ein paar Worte gewechselt und eine Periode des Nachdenkens vereinbart. Die Atmosphäre der Audienz sei „brüderlich und sachlich" gewesen, hieß es in Kurienkreisen. Lefebvre selbst, sonst so überaus gesprächig und mitteilsam, bewahrte strengste Diskretion und äußerste sich mit keinem Wort zu der Begegnung mit dem Papst. Im Januar wurde er daraufhin mehrmals in das Gebäude des früheren Heiligen Offiziums geladen, um dort in einem „hearing" sechs Theologen der Glaubenskongregation und Kardinal Seper Rede und Antwort zu stehen und die Bedingungen für eine Aussöhnung zu diskutieren.

Das war der Stand der Dinge Ende Januar 1979. Viele Katholiken begrüßten die Versöhnungsgeste des Papstes. Andere wieder erinnerten daran, daß linke kirchliche Dissidenten von der Glaubenskongregation weniger höflich und rücksichtsvoll behandelt worden sind. Doch Wojtyla möchte aufgerissene Gräben zuschütten, zu einem Einigungsfaktor und zum Friedensstifter werden. Dabei baut er auf das Vorbild seines tiefen Glaubens und die Überzeugungskraft seiner Lehre. „Wojtyla war immer ein Mann des Dialoges", sagen seine Freunde. Im Zeichen des Dialoges hatte er bald nach Lefebvre auch die Diskussion mit einem der führenden Köpfe der Linken unter den lateinamerikanischen Bischöfen nicht gescheut – mit Méndez Arceo, dem Bischof der mexikanischen Diözese Guernavaca, der eine „Kirche des Volkes" propagiert, aus der die Reichen ausgeschlossen sein sollen. Und er gilt auch als Verfechter der „Theologie der Befreiung". Kurz vor Weihnachten war Dom Helder Câmara, der charismatische brasilianische Bischof von Olinda und Recife, dieser wahre Repräsentant der Kirche der Armen, bei Wojtyla. Beide Bischöfe vertreten einen Katholizismus, der

der Kirche vorwirft, viel zu lange den Mächtigen Handlangerdienste geleistet zu haben. Sie sei eine Kirche der Privilegierten gewesen und habe die Religion benützt, um die Armen von der Gottgewolltheit ihres Elends zu überzeugen. In Wojtyla werden die beiden Lateinamerikaner sicher einen offenherzigen Gesprächspartner gefunden haben. Die marxistischen Heilsrezepte, mit denen manche ihrer Mitstreiter die evangelische Botschaft durchsetzen, erscheinen ihm jedoch nicht allzu brauchbar. Das hat er ja auch in Mexiko deutlich gesagt. Wojtyla konnte lange genug die Bedingungen des „realen Sozialismus" studieren. Er war zwar nicht in einer Kirche der Armen daheim, wohl aber in einer armen Kirche. Dem westlichen Konsumismus steht Wojtyla fast so skeptisch gegenüber wie dem östlichen Kollektivismus. Über beide Systeme hatte er immer wieder hart geurteilt, so auch 1976 bei den Exerzitien vor dem Papst im Vatikan: „Schrecklich ist das Bild des menschlichen Lebens in totalitären Regimen, in denen der Mensch seines essentiellen Daseinsgrundes beraubt ist: der Freiheit seines eigenen Urteils und seines eigenen Handelns. Es fehlt nicht an literarischen Werken, die ein trauriges Zeugnis von unserem ‚fortschrittlichen' Jahrhundert ablegen, das zu einer Epoche einer neuen Sklaverei, der Konzentrationslager und der Krematorienöfen geworden ist. Jedoch auch unter liberalen Regimen, wo die Menschen vom Wohlstand und den Exzessen der Freiheit krank sind, zeigt das menschliche Leben ein sehr trauriges Gesicht der Mißbräuche aller Art und der Frustration. Niemand kann die Phänomene der Drogensucht, des Terrors oder der Entführungen unschuldiger Menschen leugnen. Zu all dem kommt noch ein immer größerer Unterschied zwischen der Wohlstandsgesellschaft und der Dritten Welt, wo Millionen Menschen Hunger leiden und in äußerstem Elend leben . . ." Diese Sprache sagt auch einem Helder Câmara viel. Wer aus dieser Perspektive die Welt betrachtet, ist ein Unbequemer, keiner, der sich anpaßt und über menschliches, soziales und politisches Unrecht aus Opportunitätsgründen hinwegblickt. Diese Gesellschaftskritik Wojtylas ähnelt ein wenig dem Kulturpessimismus eines Dichters, der aus einem tieferen Osten in den Westen gekommen ist: Alexander Solschenizyn. Zwei Jahre nach den römischen Meditationen Wojtylas mußten wir uns von dem großen Russen in seiner Harvard-Rede ebensolche unangenehmen Wahrheiten sagen lassen: „Wir sind dem Geist abtrünnig geworden und haben uns der Materie zugewandt – unverhältnismäßig, maßlos . . . Das humanistische Bewußtsein hat die Existenz des Bösen im Menschen nicht eingestanden und ihm, dem Menschen, kein höheres Ziel zuerkannt als das Streben nach dem irdischen Glück . . . Über das physische Wohlbefinden und die Anhäufung materieller Werte hinaus sind alle anderen Eigenschaften, alle anderen Bedürfnisse des Menschen, nämlich die subtileren und höheren, der Aufmerksamkeit der Staatsapparate und der sozialen Systeme entgangen, als wohnte dem Menschen nicht ein tieferer Lebenssinn inne. So waren dem Bösen Tür und Tor geöffnet, so daß es heute ungehindert durch die Öffnungen zieht. Von sich aus allein löst die nackte Freiheit in keiner Weise alle Probleme der menschlichen Existenz, sondern wirft eine Menge neuer auf . . ." Die geistige Verwandtschaft ist verblüffend. Der durch die Existenz unter dem Kommunismus geschärfte Blick dieser beiden Männer beraubt auch unsere westlichen Glücksideale allen Flitters und Talmiglanzes. Wojtyla allerdings gibt sich mit dieser niederschmetternden Diagnose nicht zufrieden. Er bietet den Glauben als Medizin an, die Religion, die Erlösungsidee, das christliche Leben: „Wenn unsere weltlichen Statistiken, die Katalogisierungen des Menschen, wenn unsere politischen, wirtschaftlichen und sozialen Systeme mit ihren bescheidenen Möglichkeiten nicht in der Lage sind, jedem Menschen die Sicherheit zu geben, daß er als einzigartiges und einmaliges Lebewesen entstehen, leben und wirken kann, dann ist es Gott selbst, der ihm diese Sicherheit gibt . . .", rief Johannes Paul II. in seiner Weihnachtsbotschaft vor dem Segen „Urbi et orbi" vor den Fernsehkameras am Christtag 1978 Millionen Menschen zu.

Diese Sicherheit in Gott erlaubt es dem Papst jedoch nicht, sich von der Welt abzuwenden und weltfern zu sein. Das war Wojtyla auch als Erzbischof von Krakau nicht. In Rom wußte er von Anfang an um seine moralische Autorität, die weit über die Bereiche der katholischen Kirche hinaus anerkannt wird. Sein erschütterndes Friedensgebet am Neujahrstag 1979 mußten alle verstehen, ob sie nun Katholiken, andere Christen, Moslems, Buddhisten oder Atheisten waren. Wojtyla dachte die letzte Vaterunser-Bitte „Erlöse uns von dem Bösen!" weiter und definierte den Krieg als den Inbegriff allen Übels: „Man kann diesen Worten des Gebetes Christi schwer eine andere Bedeutung geben als die des Gegensatzes zum Frieden. Beten wir also: Erlöse uns von Krieg, Haß und Zerstörung menschlichen Lebens! Laß nicht zu, daß wir töten! Laß nicht zu, daß wir Mittel gebrauchen, die im Dienst des Todes und der Zerstörung stehen und deren Gewalt, Wirkungsgrad und Präzision alle bisher bekannten Grenzen überschreiten! Laß nicht zu, daß sie jemals gebraucht werden! Erlöse uns von dem Bösen! Schütze uns vor Krieg, vor jedem Krieg! Vater im Himmel, Vater des Lebens, der du den Frieden schenkst, dich bittet der Papst, Sohn einer Nation, die im Lauf der Geschichte wie kaum eine andere von den Schrecken, der Grausamkeit und der Katastrophe des Krieges heimgesucht wurde ..." Und zum Schluß wandte sich Wojtyla wie so oft in seinen Predigten der Muttergottes zu: „Verschone alle Mütter dieser Erde vor dem Tod ihrer Kinder, vor Folterungen, Sklaverei, Kriegszerstörung, Verfolgung, Konzentrationslager und Kerker ..."

Solch dramatische Aufrufe und das Gebet allein genügen dem Papst jedoch nicht. Als er vom Flüchtlingselend in Indochina hörte, sandte der Papst UNO-Generalsekretär Waldheim sofort eine Botschaft mit praktischen Vorschlägen für eine gemeinsame Aktion für die Vietnamesen. Angesichts der Kriegsgefahr wegen des Streites zwischen Argentinien und Chile um eine Insel an der Südspitze des Kontinents bot sich der Papst als Vermittler an – und die diplomatische Mission

Kardinal Samorès brachte die beiden zankenden Diktatoren Videla und Pinochet auch zu der Einsicht, daß sie sich in Frieden einigen konnten. Kardinal Bertoli reiste im Auftrag des Papstes nach dem Libanon, um sich in Beirut als Friedensstifter zu betätigen. Wenn es nach Wojtyla gegangen wäre, hätte er die Weihnachtsmette statt in Rom im Heiligen Land gefeiert. Doch die Politik hielt mit seinen Wünschen nicht Schritt. Der Frieden zwischen Israel und Ägypten ließ noch auf sich warten. In den ersten Monaten seiner Amtszeit hatte Johannes Paul II. bereits Frankreichs Präsident Giscard d'Estaing, Jordaniens König Hussein, viele Diplomaten, aber auch Führer der SWAPO, der südwestafrikanischen Volksorganisation, und Betty Williams und Mairead Corrigans, die Gründerinnen der nordirischen Frauen-Friedensbewegung empfangen. Bei der Neujahrsaudienz der beim Heiligen Stuhl akkreditierten Botschafter demonstrierte Johannes Paul II., daß er sich wie Paul VI. als Gewissen der Welt fühlt, aber dabei auch konkret handeln und helfen möchte. Er offerierte die diplomatischen Mittel des Vatikans, um wo immer es nötig und möglich sei, schlichtend in einen Zwist einzugreifen. Er sprach von der Spaltung der Welt in verschiedene Ideologien und den mit ihnen verknüpften Staatssystemen – und von seinem Respekt vor den Bemühungen auf der Suche nach Lösungen, damit die Menschen in Gerechtigkeit leben können: „Wir müssen alles, was diesem Anliegen dient, ungeachtet des jeweiligen Regimes respektieren. Wir müssen die jeweiligen Erfahrungen zum gegenseitigen Vorteil nutzen. Diese vielschichtige Suche nach Lösungen darf man jedoch nicht in ein Kampfprogramm mit dem Ziel der Macht über die Welt verwandeln ..." Da hörte man wieder den machtkritischen Wojtyla, und den Papst, dem alle Völker am Herzen liegen, ob sie sich nun zum katholischen Glauben bekennen oder nicht.

Darum sind auch so viele Nichtkatholiken unter den Massen, die jeden Sonntag zu Mittag zum Petersplatz strömen. „So viele Menschen hatten wir außer der Saison noch nie zum Angelus", bemerkte einer der Presseleute des Vatikans im Dezember. „Und der Andrang hält an." Das ist für Wojtyla die einfachste Form des Kontaktes mit den Massen. Sie kommen, um ihm für ein paar Minuten zuzuhören und seinen Segen zu empfangen. Die weiße Gestalt hoch oben im dritten Stock des Papst-Palastes, in dem Fenster mit seinem Wappentuch, ist weit weg und doch ganz nah. Die Lautsprecher lassen seine Stimme aus den Kolonnaden hallen: „In der Öffnung zu Gott strebt der Mensch von jeher nach Selbstverwirklichung. Glaube ist der Anfang und die Bedingung dieser Selbstverwirklichung . . .", verkündete Johannes Paul II. am Dreikönigstag. Und die Art, wie er es sagte, überzeugte auch die, die nicht glauben, zumindest davon, daß er selber bedingungslos glaubt, was er sagt.

Seine kräftige Stimme schallte über den Petersplatz wie damals, an dem ersten Abend, als die Welt noch nicht fassen konnte, daß ein Papst aus einem fernen Lande erkoren worden war. In imponierender Weise hatte Wojtyla von seinem Amt Besitz ergriffen. Er, den man nie der Unbescheidenheit zeihen konnte, trug als Papst sofort ein gesundes Selbstbewußtsein zur Schau und eine vertrauenerweckende Selbstsicherheit – so als ob er damit ausdrücken möchte: „Ich habe dieses Amt nicht angestrebt, aber nun, da es mir durch Gottes Willen zugefallen ist, muß ich auch selbstverständlich tun, was das Amt von mir fordert, und mit Gottes Hilfe bin ich auch befähigt dazu . . ." Wo immer sich Wojtyla zeigt, ist es, als ob die Menschen schon lange auf ihn gewartet hätten. „Alles, was dieser Papst sagt, wird in das große Licht gestellt, das von ihm ausgeht", meint Kardinal König. Aus Wojtylas Mund werden auch unangenehme Wahrheiten angenommen. Die Menschen erwarten von ihm, daß er nicht wankt und schwankt. Denn dieser Mann steht in einer bodenlosen Zeit auf festem Grund. Am Rand gähnender Tiefen bietet er Halt, und in einer völlig verunsicherten Gesellschaft verheißt er Sicherheit. Die Italiener nennen Johannes Paul II. einen „papa bravo", einen guten, einen tüchtigen Papst . . .

11. Kapitel

Die Kirche in unserer Welt
Johannes Paul II. und seine Enzyklika „Der Erlöser des Menschen"

„Der Erlöser des Menschen, Jesus Christus, ist die Mitte des Kosmos und der Geschichte. Zu ihm wenden sich mein Denken und Fühlen in dieser feierlichen geschichtlichen Stunde, die die Kirche und die ganze Menschheitsfamilie heute durchleben. Tatsächlich stehen wir jetzt schon nahe dem Jahr 2000, da Gott in seinem unerforschlichen Ratschluß mir als Nachfolger des geliebten Papstes Johannes Paul I. das Amt zum Dienst der ganzen Kirche übertragen hat, das mit der Kathedra des Petrus in Rom verbunden ist. Es fällt schwer, in diesem Augenblick zu sagen, welche Bedeutung jenes Jahr im Ablauf der Menschheitsgeschichte haben wird und wie es für die einzelnen Völker, Nationen, Länder und Kontinente ausfallen wird, wenn man auch bereits heute versucht, einige Ereignisse vorauszusehen.
Für die Kirche und für das Volk Gottes ... wird jenes Jahr ein wichtiges Jubiläum darstellen. Wir nähern uns dem Datum, das uns ... die Kernwahrheit unseres Glaubens in Erinnerung ruft und in besonderer Weise wieder bewußt macht, die der hl. Johannes am Anfang seines Evangeliums ausgedrückt hat: ‚Das Wort ist Fleisch geworden und hat unter uns gewohnt' ...
Am 16. Oktober des vergangenen Jahres habe ich mich mit der ganzen Seele Christus, dem Erlöser, zugewandt, als mir nach der rechtmäßig erfolgten Wahl die Frage gestellt wurde: ‚Nimmst du an?' Damals antwortete ich: ‚Im Glaubensgehorsam gegenüber Christus, meinem Herrn, und im Vertrauen auf die Mutter Christi und seiner Kirche nehme ich ungeachtet der großen Schwierigkeiten an.' Diese meine Antwort möchte ich heute allen ohne Ausnahme öffentlich bekanntgeben und so bezeugen, daß mit dieser ersten und grundlegenden Wahrheit der Menschwerdung, die dort erwähnt wird, gerade jener Dienst verbunden ist, der nach der Annahme der Wahl zum Bischof von Rom und zum Nachfolger des Apostels Petrus meine besondere Aufgabe auf diesem Bischofssitz geworden ist."

Wir kennen diese Sprache schon, diesen so durch und durch persönlichen Stil, Worte, hinter denen nicht nur Ideen, sondern auch ein Mensch steht. Die Kirche und die Welt sind es gewöhnt, daß sich der Papst viel direkter, viel unmittelbarer an sie wendet als alle seine Vorgänger. Ohne alle majestätischen Floskeln, eben so, wie der Glaube in unserer Zeit verkündet gehört. Und so ist auch die Antrittsenzyklika Johannes' Paul II. geschrieben. Vom ersten Fastensonntag, dem 4. März 1979, datiert, wird sie nach ihren Anfangsworten „Redemptor hominis" genannt. (Zu diesem Zeitpunkt war die erste Auflage dieses Buches bereits in Druck.) Schon in den ersten Wochen seines Pontifikates hatte sich der Papst ohne die Hilfe von Experten und Kommissionen darangemacht, handschriftlich – wohl in jener stillen Zeitspanne zwischen neun und elf am Vormittag oder spät in der Nacht – seine Gedanken über die Kirche und ihre Stellung in unserer Gesellschaft darzulegen. Aber er greift auch über die Kirche hinaus und betrachtet alle großen Zeitfragen aus der Sicht des gläubigen Katholiken. Im Zentrum des Denkens steht seine christliche Anthropologie, die auch Wojtylas frühere Schriften und Reden geprägt hat. So wird auch die Enzyklika zu einem Bekenntnis der persönlichen Philosophie dieses Papstes aus Polen. Was er über den Zustand der Welt zu sagen hat, seine gesellschaftskritischen Überlegungen, all das weist jedoch weit über den katholischen Bereich hinaus. Hier stellt sich ein moderner Mensch den Problemen der Gegenwart und all den Fragen, die bis zur Jahrtausendwende auf uns zukommen werden.

Nach dem Rückblick auf den Beginn seines Pontifikates gedenkt Johannes Paul II. Pauls VI. und beschäftigt sich mit der kritischen nachkonziliaren Periode der Kirche. Paul VI. habe es verstanden, in dieser Zeit trotz der verschiedenen internen Schwächen der Kirche ihr wahres Antlitz nach außen hin darzustellen:

„Auf diese Weise ist auch ein großer Teil der Menschheitsfamilie, so meine ich, in den verschiedenen vielschichtigen Lebensbereichen sich dessen bewußter geworden, wie notwendig für sie die Kirche Christi, ihre Sendung und ihr Dienst wirklich sind. Dieses Bewußtsein hat sich mitunter als stärker erwiesen als die verschiedenen kritischen Einstellungen, mit denen man die Kirche, ihre Institutionen und Strukturen, die Männer der Kirche und ihre Tätigkeit ‚ab intra', von innen her angegriffen hat. Diese wachsende Kritik hat zweifellos verschiedene Gründe; anderseits sind wir sicher, daß sie nicht immer ohne echte Liebe zur Kirche erfolgt ist. Gewiß hat sich unter anderem darin auch die Tendenz gezeigt, den sogenannten Triumphalismus zu überwinden, von dem während des Konzils so oft die Rede war. Wenn es richtig ist, daß die Kirche, indem sie dem Beispiel ihres Meisters folgt, der ‚demütig von Herzen' war, auch selbst in der Demut begründet ist, die allem gegenüber, was ihre Eigenart und ihr menschliches Wirken betrifft, eine kritische Haltung bewahrt und an sich selbst immer hohe Ansprüche stellt, so muß ebenso auch die Kritik ihre angemessenen Grenzen haben. Andernfalls hört sie auf, konstruktiv zu sein, offenbart sie nicht mehr die Wahrheit, die Liebe und Dankbarkeit für die Gnade, deren wir hauptsächlich und in vollem Maße in der Kirche und durch die Kirche teilhaftig werden. Ferner bringt sie nicht die Haltung des Dienens zum Ausdruck, sondern den Willen, die Meinung der anderen nach der eigenen Meinung zu dirigieren, die man mitunter noch auf allzu unbedachte Weise verbreitet.
Wir schulden Paul VI. Dank, weil er jedes Körnchen Wahrheit, das sich in jeder Meinung findet, geachtet und zugleich die providentielle Ausgeglichenheit des Steuermanns des Schiffes bewahrt hat. Die Kirche, die mir – über Johannes Paul I. – fast unmittelbar danach anvertraut worden ist, ist gewiß nicht frei von Schwierigkeiten und internen Spannungen. Zur gleichen Zeit aber ist sie im Innern mehr gefestigt gegen Übertreibungen der Selbstkritik: man könnte sagen, daß sie kritischer ist gegenüber den verschiedenen unbesonnenen Kritiken, widerstandsfähiger hinsichtlich der verschiedenen ‚Neuheiten', reifer im Geist der Unterscheidung, besser ausgerüstet, um aus dem bleibenden Schatz ‚Neues und Altes' hervorzuholen, mehr konzentriert auf ihr eigenes Geheimnis und darum verfügbarer für die Sendung zum Heil aller: Gott ‚will, daß alle Menschen gerettet werden und zur Erkenntnis der Wahrheit gelangen'."

Der Papst bekennt sich dann zur Kollegialität in der Führung der Kirche:

„Das Prinzip der Kollegialität hat sich in der schwierigen nachkonziliaren Periode als besonders aktuell erwiesen, da die gemeinsame und einmütige Haltung des Bischofskollegiums – das vor allem durch die Synode seine Einheit mit dem Nachfolger Petri bezeugt hat – dazu beigetragen hat, die Zweifel zu beseitigen, und ebenso die richtigen Wege für die Erneuerung der Kirche in ihrer weltweiten Dimension aufgezeigt hat . . .“

Den Weg zur Einheit der Christen will Johannes Paul II. im Sinne des persönlichen Beispiels Papst Pauls VI. verfolgen:

„. . . Wir müssen uns um die Einheit bemühen, ohne uns durch die Schwierigkeiten entmutigen zu lassen, die uns begegnen oder sich längs des Weges anhäufen können; anderenfalls bleiben wir dem Wort Christi nicht treu, verwirklichen wir nicht sein Testament. Ist es erlaubt, sich dieser Gefahr auszusetzen?
Es gibt Personen, die sich gern wieder zurückziehen würden, weil sie sich mit Schwierigkeiten konfrontiert sehen oder die Ergebnisse der ersten ökumenischen Arbeit als negativ beurteilen. Einige äußern sogar die Meinung, daß diese Bemühungen der Sache des Evangeliums schaden, zu einem weiteren Bruch in der Kirche führen, geistige Verwirrung in den Fragen des Glaubens und der Moral hervorrufen und in einem entsprechenden Indifferentismus enden werden. Es ist vielleicht gut, daß die Menschen, die diese Meinung vertreten, ihrer Besorgnis Ausdruck geben; dennoch muß man auch in dieser Hinsicht die richtigen Grenzen wahren. Selbstverständlich verlangt diese neue Etappe im Leben der Kirche von uns einen sehr überzeugten, tiefen und verantwortungsbewußten Glauben. Die echte ökumenische Arbeit besagt Öffnung, Annäherung, Bereitschaft zum Dialog, gemeinsame Suche nach der Wahrheit im vollen biblischen und christlichen Sinn. Keinesfalls bedeutet sie oder kann sie bedeuten, auf die Schätze der göttlichen Wahrheit, die von der Kirche beständig bekannt und gelehrt worden ist, zu verzichten oder ihnen in irgendeiner Weise Abbruch zu tun . . .“

Wojtyla begrüßt auch den Dialog mit den nichtchristlichen Religionen und würdigt die „Schätze der menschlichen Spiritualität bei den Mitgliedern dieser Religionen“:

„. . . Geschieht es nicht manchmal, daß die starken religiösen Überzeugungen der Anhänger der nichtchristlichen Religionen die Christen beschämen, die ihrerseits oft so leichtfertig die von Gott geoffenbarten und von der Kirche verkündeten Wahrheiten in Zweifel ziehen und so sehr dazu neigen, die Grundsätze der Moral aufzuweichen und dem ethischen Permissivismus die Wege zu öffnen? Es ist edel, bereit zu sein, jeden Menschen zu verstehen, jedes System zu analysieren und das, was richtig ist, anzuerkennen; das besagt jedoch keinesfalls, die Gewißheit des eigenen Glaubens zu verlieren oder die Grundsätze der Moral aufzuweichen, deren Fehlen sich bald im Leben der ganzen Gesellschaft bemerkbar macht und unter anderem die entsprechenden bedauerlichen Folgen verursacht.“

Von den Problemen der Kirche wendet sich Johannes Paul II. nun dem Geheimnis der Erlösung und seiner Bedeutung für die Menschheit zu:

„Der Erlöser der Welt! In ihm hat sich in neuer und herrlicher Weise die Grundwahrheit über die Schöpfung offenbart, die das Buch der Genesis bezeugt, wenn es mehrere Male wiederholt: ‚Gott sah, daß es gut war.‘ Das Gute hat seine Quelle in der Weisheit und in der Liebe. In Jesus Christus erhält die sichtbare Welt, die von Gott für den Menschen geschaffen ist – jene Welt, die mit der Sünde ‚der Vergänglichkeit unterworfen‘ wurde –, erneut ihre ursprüngliche Verbindung mit eben dieser göttlichen Quelle der Weisheit und Liebe zurück. In der Tat, ‚Gott hat die Welt so geliebt, daß er seinen einzigen Sohn hingab‘. Wie im Menschen-Adam diese Verbindung zerbrochen ist, so wird sie im Menschen-Christus wiederhergestellt. Überzeugen uns, Menschen des zwanzigsten Jahrhunderts, etwa nicht die Worte, die der Völkerapostel in eindrucksvoller Beredtsamkeit über die Schöpfung gesagt hat, die ‚bis zum heutigen Tag seufzt und in Geburtswehen liegt‘ und die ‚sehnsüchtig auf das Offenbarwerden der Söhne Gottes‘ wartet, über die Schöpfung, die ‚der Vergänglichkeit unterworfen ist‘? Offenbart nicht sogar der ungeheuere Fortschritt, den man niemals zuvor gekannt hat und der sich vor allem während unseres Jahrhunderts in der Beherrschung der Welt durch den Menschen ereignet hat, auch hier in noch nicht dagewesenem

Grade jene vielfältige Unterwerfung ‚unter die Vergänglichkeit'? Es genügt an dieser Stelle, nur auf bestimmte Phänomene hinzuweisen wie die Gefahr der Umweltverschmutzung in Gegenden, wo eine schnelle Industrialisierung vonstatten geht, die bewaffneten Konflikte, die ausbrechen und sich andauernd wiederholen, oder die Aussicht auf eine mögliche Selbstzerstörung durch den Einsatz von Atomwaffen, der Wasserstoff- oder Neutronenbombe oder ähnlichem, die mangelnde Achtung vor dem ungeborenen Leben. Ist die Welt dieser neuen Epoche, die Welt der Weltraumflüge, die Welt der wissenschaftlichen und technischen Errungenschaften, die nie zuvor erreicht worden sind, nicht gleichzeitig auch die Welt, die ‚seufzt und in Geburtswehen liegt' und die ‚sehnsüchtig auf das Offenbarwerden der Söhne Gottes wartet'?"

Was hat nun die Erlösung durch die Ankunft Jesu Christi für den Menschen in dieser Welt zu bedeuten? Der Papst versucht die menschliche Dimension dieses Geheimnisses zu definieren:

„Der Mensch kann nicht ohne Liebe leben. Er bleibt für sich selbst ein unbegreifliches Wesen; sein Leben ist ohne Sinn, wenn ihm nicht die Liebe geoffenbart wird, wenn er nicht der Liebe begegnet, wenn er sie nicht erfährt und sich zu eigen macht, wenn er nicht lebendigen Anteil an ihr erhält. Und eben darum macht Christus, der Erlöser, . . ., dem Menschen den Menschen selbst voll kund. Dieses ist . . . die menschlichste Dimension im Geheimnis der Erlösung. In dieser Dimension findet der Mensch die Größe, die Würde und den Wert, die mit seinem Menschsein gegeben sind. Im Geheimnis der Erlösung wird der Mensch ‚neu bestätigt' und in gewisser Weise neu geschaffen. Er ist neu erschaffen! . . . Welchen Wert muß der Mensch in den Augen des Schöpfers haben, wenn ‚er verdient hat, einen solchen und so großen Erlöser zu haben', wenn ‚Gott seinen Sohn hingegeben hat', damit er, der Mensch, ‚nicht verlorengeht, sondern das ewige Leben hat'.

Dieses tiefe Staunen über den Wert und die Würde des Menschen nennt sich Evangelium, Frohe Botschaft. Dieses Staunen rechtfertigt die Sendung der Kirche in der Welt, auch und vielleicht vor allem ‚in der Welt von heute'. Dieses Staunen und zugleich die Überzeugung und Gewißheit, die in ihrer tiefsten Wurzel Glaubensgewißheit ist, die aber auf verborgene und geheimnisvolle Weise auch jeden Aspekt des wahren Humanismus beseelt, ist eng mit Christus verbunden. Dies bestimmt auch seinen Platz, sein . . .

besonderes Bürgerrecht in der Geschichte des Menschen und der Menschheit . . .
Die grundlegende Aufgabe der Kirche in allen Epochen und besonders in der unsrigen ist es, den Blick des Menschen, das Bewußtsein und die Erfahrung der ganzen Menschheit auf das Geheimnis Christi zu lenken und auszurichten, allen Menschen zu helfen, mit dem tiefen Geheimnis der Erlösung, die sich in Jesus Christus ereignet, vertraut zu werden. Gleichzeitig berührt man damit auch die tiefste Schicht im Menschen, die Sphäre des menschlichen Herzens, des Bewußtseins und des Lebensgeschickes der Menschen."

Zum Auftrag der Kirche gehört, daß sie niemals am Menschen vorbeigehen darf. Alle Wege der Kirche führen zum Menschen:

„. . . *Der Mensch in der vollen Wahrheit seiner Existenz, seines persönlichen und zugleich gemeinschaftsbezogenen und sozialen Seins – im Bereich der eigenen Familie auf der Ebene der Gesellschaft und so vieler verschiedener Umgebungen, auf dem Gebiet der eigenen Nation oder des eigenen Volkes oder vielleicht auch nur des eigenen Klans oder Stammes, schließlich auch im Bereich der gesamten Menschheit –, dieser Mensch ist der erste Weg, den die Kirche bei der Erfüllung ihres Auftrags beschreiten muß: er ist der erste und grundlegende Weg der Kirche, ein Weg, der von Christus selbst vorgezeichnet ist und unabänderlich durch das Geheimnis der Menschwerdung und der Erlösung führt . . .*
Da also der Mensch der Weg der Kirche ist, der Weg ihres täglichen Lebens und Erlebens, ihrer Aufgaben und Mühen, muß sich die Kirche unserer Zeit immer wieder neu die ‚Situation' des Menschen bewußtmachen. Sie muß seine Möglichkeiten kennen, die eine immer neue Richtung nehmen und so zutage treten; zugleich aber muß die Kirche die Bedrohungen kennen, die über dem Menschen hängen. Sie muß sich all dessen bewußt sein, was offenkundig dem Bemühen entgegensteht, das Leben der Menschen ‚immer humaner zu gestalten', damit alle Bereiche dieses Lebens der wahren Würde des Menschen entsprechen . . ."

Nun zeichnet der Papst ein überaus kritisches und bedrückendes Bild von der Situation des Menschen in unserer Welt, und er gelangt damit auch zum nichttheologischen Kernstück der

Enzyklika, zu jenen Passagen, die an die gesamte Menschheit adressiert sind und das größte Aufsehen erregt haben:

„Der Mensch von heute scheint immer wieder von dem bedroht zu sein, was er selbst produziert, das heißt vom Ergebnis der Arbeit seiner Hände und noch mehr vom Ergebnis der Arbeit seines Verstandes und seiner Willensentscheidung. Die Früchte dieser vielgestaltigen Aktivität des Menschen sind nicht nur Gegenstand von ‚Entfremdung', weil sie von demjenigen, der sie hervorgebracht hat, einfach hingenommen werden; allzu oft und nicht selten unvorhersehbar wenden sich diese Früchte, wenigstens teilweise, in einer konsequenten Folge von Wirkungen indirekt gegen den Menschen selbst. So sind sie tatsächlich gegen ihn gerichtet oder können es jederzeit sein. Hieraus scheint das wichtigste Kapitel des Dramas der heutigen menschlichen Existenz in seiner breitesten und universellen Dimension zu bestehen. Der Mensch lebt darum immer mehr in Angst. Er befürchtet, daß seine Produkte, natürlich nicht alle und auch nicht die Mehrzahl, aber doch einige und gerade jene, die ein beträchtliches Maß an Genialität und schöpferischer Kraft enthalten, sich in radikaler Weise gegen ihn selbst kehren könnten; er fürchtet, sie könnten Mittel und Instrumente einer unvorstellbaren Selbstzerstörung werden, vor der alle Katastrophen der Geschichte, die wir kennen, zu verblassen scheinen . . .

Dieser Zustand der Bedrohung, die die eigenen Produkte dem Menschen erzeugen, wirkt sich in verschiedenen Richtungen aus und zeigt unterschiedliche Intensitäten. Wir scheinen uns heute wohl der Tatsache mehr bewußt zu sein, daß die Nutzung der Erde, jenes Planeten, auf dem wir leben, eine vernünftige und gerechte Planung erfordert. Gleichzeitig aber bewirken diese Nutzung zu wirtschaftlichen und sogar militärischen Zwecken, diese unkontrollierte Entwicklung der Technik, die nicht eingeordnet ist in einem Gesamtplan eines wirklich menschenwürdigen Fortschrittes, oft eine Bedrohung der natürlichen Umgebung des Menschen, sie entfremden ihn in seiner Beziehung zur Natur, sie trennen ihn von ihr ab. Der Mensch scheint oft keine andere Bedeutung seiner natürlichen Umwelt wahrzunehmen, als allein jene, die den Zwecken eines unmittelbaren Gebrauchs und Verbrauchs dient. Dagegen war es der Wille des Schöpfers, daß der Mensch der Natur als ‚Herr' und besonnener und weiser ‚Hüter' und nicht als ‚Ausbeuter' und skrupelloser ‚Zerstörer' gegenübertritt.

Der Fortschritt der Technik und die Entwicklung der heutigen Zivilisation, die von der Vorherrschaft der Technik geprägt ist, erfordern eine entsprechende Entwicklung im sittlichen Leben und in der Ethik. Diese scheint jedoch leider immer zurückzubleiben. Der Fortschritt, der ja andererseits so staunenswert ist, weil wir in ihm auch echte Zeichen der Größe des Menschen mühelos entdecken können, wie sie uns in ihren schöpferischen Anfängen schon im Buch der Genesis bei der Darstellung der Schöpfung offenbart worden sind, muß darum doch auch vielfältige Sorgen wecken. Die erste Sorge betrifft die wesentliche und grundlegende Frage: Macht dieser Fortschritt, dessen Urheber und Förderer der Mensch ist, das menschliche Leben auf dieser Erde wirklich in jeder Hinsicht ‚menschlicher'? Macht er das Leben ‚menschenwürdiger'? Zweifellos ist dies in mancher Hinsicht der Fall. Die Frage meldet sich jedoch hartnäckig wieder, wenn es um das Wesentliche geht: Wird der Mensch als Mensch im Zusammenhang mit diesem Fortschritt wirklich besser, das heißt geistig reifer, bewußter in seiner Menschenwürde, verantwortungsvoller, offener für den Mitmenschen, vor allem für die Hilfsbedürftigen und Schwachen, und hilfsbereiter zu allen?

... Überwiegt unter den Menschen, ‚in der Welt des Menschen', die von sich aus das Gute und das Böse enthält, das Gute vor dem Bösen? Wachsen tatsächlich in den Menschen und untereinander die Nächstenliebe, die Achtung vor den Rechten des anderen – sei es der einzelne, eine Nation oder ein Volk – oder nehmen vielmehr die Egoismen verschiedener Art und die übertriebenen Nationalismen anstelle einer echten Vaterlandsliebe zu sowie das Streben, andere über die eigenen legitimen Rechte und Verdienste hinaus zu beherrschen, wie auch die Tendenz, allen materiellen und wirtschaftlichen Fortschritt allein zu dem Zweck auszunützen, um die Vorherrschaft über andere zu besitzen oder diesen oder jenen Imperialismus zu fördern? ...

Wenn sich diese Zeit, die Zeit unserer Generation, die sich dem Ende des zweiten Jahrtausends unserer christlichen Ära nähert, uns als eine Zeit großen Fortschritts offenbart, so erscheint sie uns andererseits auch als eine Zeit vielfältiger Bedrohungen für den Menschen, über die die Kirche mit allen Menschen guten Willens sprechen und immer im Gespräch bleiben muß. Die Situation des Menschen in der heutigen Zeit scheint ... noch fern zu sein von den objektiven Forderungen der sittlichen Ordnung wie auch von den Forderungen der Gerechtigkeit und mehr noch von der sozialen Liebe ...

... In der Tat besteht schon eine wirkliche, erkennbare Gefahr, daß der Mensch bei dem enormen Fortschritt in der Beherrschung der gegenständlichen Welt die entscheidenden Fäden, durch die er sie beherrscht, aus der Hand verliert und ihnen auf verschiedene Weise sein Menschsein unterordnet und selbst Objekt wird von vielfältigen, wenn auch oft nicht direkt wahrnehmbaren Manipulationen durch die Organisation des gesellschaftlichen Lebens, durch das Produktionssystem und durch den Druck der

sozialen Kommunikationsmittel. Der Mensch kann nicht auf sich selber verzichten, noch auf den Platz, der ihm in der sichtbaren Welt zukommt; er darf nicht Sklave der Dinge, Sklave der Wirtschaftssysteme, Sklave der Produktion, Sklave der eigenen Produkte werden. Eine Zivilisation von rein materialistischem Charakter verurteilt die Menschen zu solcher Sklaverei, wenn dies auch mitunter zweifellos gegen die Absichten und Programme ihrer maßgeblichen Führer geschieht. Der gegenwärtigen Sorge um den Menschen liegt ganz gewiß dieses Problem zugrunde . . .

. . . Die Situation des Menschen in unserer Epoche ist sicher nicht einförmig, sie ist auf vielfältige Weise differenziert. Diese Differenzen haben ihre geschichtlichen Gründe, aber auch eine stark ethische Komponente. Allgemein bekannt ist das Bild der Konsumgesellschaft, die einen gewissen Überfluß an den für den Menschen und die ganze Gesellschaft notwendigen Gütern besitzt – gemeint sind die reichen und weit fortgeschrittenen Gesellschaften –, während die übrigen, zumindest in weiten Schichten, Hunger leiden und viele Personen in ihnen täglich an Hunger und Unterernährung sterben. Hand in Hand damit geht für die einen ein bestimmter Mißbrauch der Freiheit, der mit einer konsumistischen Verhaltensweise verbunden ist, die nicht von der Ethik gezügelt wird; gleichzeitig wird dadurch die Freiheit der anderen beschränkt, die schon großen Mangel leiden und somit in noch stärkere Armut und ins Elend getrieben werden.

Dieser Vergleich, der allgemein bekannt ist, und der Gegensatz, auf den die Päpste unseres Jahrhunderts, in jüngster Zeit Johannes XXIII. und Paul VI., in ihren Lehrschreiben des öfteren hingewiesen haben, erscheinen wie die gigantische Vergrößerung des biblischen Gleichnisses vom reichen Prasser und dem armen Lazarus.

Der Umfang des Problems führt uns zur Prüfung der Strukturen und Mechanismen im Bereich der Finanzen und des Geldwertes, der Produktion und des Handels, die mit Hilfe von verschiedenen politischen Druckmitteln die Weltökonomie beherrschen: sie zeigen sich unfähig, die aus der Vergangenheit überkommenen Ungerechtigkeiten aufzufangen oder den Herausforderungen und ethischen Ansprüchen der Gegenwart standzuhalten. Indem sie den Menschen selbstverursachten Spannungen aussetzen, in beschleunigtem Tempo die Reserven an Grundmaterien und Energie vergeuden und den geophysischen Lebensraum schädigen, bewirken sie, daß sich die Zonen des Elends mit ihrer Last an Angst, Enttäuschung und Bitterkeit unaufhörlich weiter ausdehnen.

Diese dramatische Lage darf uns nicht gleichgültig sein: derjenige, der höchsten Profit daraus zieht, und derjenige, der davon Unrecht und Schaden erleidet, ist in jedem Fall der Mensch. Die dramatische Situation wird noch dadurch verschärft, daß bessergestellte Gesellschaftsschichten sowie die reichen Länder, die Werte im Übermaß anhäufen und oft durch Mißbrauch von ihrem eigenen Reichtum krank werden, daran beteiligt sind. Das Fieber der Inflation und die Plage der Arbeitslosigkeit sind weitere Symptome dieser schweren moralischen Unordnung auf Weltebene, die darum kühne und schöpferische Entscheidungen nötig macht, wie sie die Würde der menschlichen Person fordert.

Die Verwirklichung dieser Aufgabe ist nicht unmöglich. Das Prinzip der Solidarität im weiteren Sinne muß die wirksame Suche nach Institutionen und geeigneten Mechanismen bestimmen, sowohl im Bereich des Welthandels, wo man sich von den Gesetzen eines gesunden Wettbewerbs leiten lassen sollte, wie auch im Bereich einer umfassenden und unmittelbaren Umverteilung der Reichtümer und ihrer Kontrolle, damit die Völker, die noch auf dem Weg ihrer wirtschaftlichen Entwicklung sind, nicht nur ihre wesentlichen Bedürfnisse befriedigen, sondern auch stufenweise, aber doch wirksam vorankommen können.

Man wird auf diesem schwierigen Weg der unbedingt notwendigen Veränderung der Strukturen des Wirtschaftslebens nur dann Fortschritte machen, wenn eine wahre Umkehr der Mentalität, des Willens und des Herzens stattfindet. Die Aufgabe erfordert den entschlossenen Einsatz der Menschen und Völker in Freiheit und Solidarität. Allzu oft verwechselt man jedoch Freiheit mit dem Instinkt für das individuelle oder kollektive Interesse oder sogar mit dem Instinkt, sich durchzusetzen und zu beherrschen, ganz gleich, mit welchen ideologischen Farben dies versehen wird. Offenbar existieren solche Instinkte; es wird aber keine wirklich menschenwürdige Wirtschaftspraxis geben, wenn diese nicht aufgegriffen, ausgerichtet und geleitet werden durch die wertvolleren Kräfte im Inneren des Menschen, von denen die wahre Kultur der Völker abhängt. Von diesen Quellen muß das Bemühen ausgehen, das der echten Freiheit des Menschen Gestalt gibt und darum fähig sein wird, diese auch für den wirtschaftlichen Bereich zu sichern. Das notwendige wirtschaftliche Wachstum mit seinen ihm eigenen Gesetzmäßigkeiten muß in die Perspektive einer ganzheitlichen und solidarischen Entwicklung der einzelnen Menschen und Völker einbezogen werden, ... Sonst wird der Teilbereich ‚wirtschaftliches Wachstum' so übermächtig, daß er den gesamten Bereich des menschlichen Lebens seinen partiellen Erfordernissen unterordnet, dabei den Menschen erstickt, die Gesellschaft zersetzt und schließlich in den eigenen Spannungen und Exzessen steckenbleibt.“

Johannes Paul II. weist dann auf die moralische Verantwortung der Menschen hin und erinnert an die Evangeliumsworte: „Ich war hungrig, und ihr habt mir nichts zu essen gegeben; . . . ich war nackt, und ihr habt mich nicht bekleidet; ich war . . . im Gefängnis, und ihr habt mich nicht besucht."

. . . Diese Worte erhalten eine noch eindringlichere Mahnung, wenn wir daran denken, daß anstelle von Brot und kultureller Hilfe den neuen Staaten und Nationen, die zur Unabhängigkeit erwachen, mitunter große Mengen von modernen Waffen und Zerstörungsmitteln angeboten werden, die bewaffneten Auseinandersetzungen und Kriegen dienen sollen, welche in diesen Ländern nicht so sehr für die Verteidigung ihrer legitimen Rechte oder ihrer Souveränität notwendig sind, sondern vielmehr eine Form des Chauvinismus, des Imperialismus, des Neokolonialismus verschiedenster Art darstellen. Wir alle wissen, daß die Gebiete, in denen auf der Erde Elend und Hunger herrschen, in kurzer Zeit hätten fruchtbar gemacht werden können, wenn die ungeheuren Geldsummen anstatt für Waffen, die dem Krieg und der Zerstörung dienen, zur Nahrungsmittelproduktion eingesetzt worden wären, die dem Leben dient.
Vielleicht bleiben diese Überlegungen teilweise ‚abstrakt', vielleicht bieten sie der einen oder anderen ‚Seite' Gelegenheit, sich gegenseitig anzuklagen, wobei jede ihre eigene Schuld vergißt. Vielleicht werden sie auch neue Anklagen gegen die Kirche hervorrufen. Diese verfügt über keine anderen Waffen als nur über die Waffen des Geistes, über Waffen des Wortes und der Liebe; sie kann es aber nicht unterlassen, ‚das Wort zu verkünden . . . zu gelegener und ungelegener Zeit'. Deswegen hört sie auch nicht auf, jede der beiden Seiten zu bitten und alle zusammen im Namen Gottes und im Namen des Menschen aufzufordern: Tötet nicht! Bringt den Menschen keine Zerstörung und Vernichtung! Denkt an eure Brüder, die Hunger und Elend erleiden! Achtet die Würde und die Freiheit eines jeden Menschen!"

Im letzten „weltlichen" Abschnitt der Enzyklika zeigt sich das tiefe Engagement des Papstes in der Frage der Menschenrechte:

Unser Jahrhundert ist bisher ein Jahrhundert der großen Unglücke für den Menschen, der großen Verwüstungen, nicht nur der materiellen, sondern auch und vielleicht sogar vor allem der moralischen, gewesen. Es ist gewiß nicht leicht, unter diesem Gesichtspunkt Epochen und Jahrhunderte miteinander zu vergleichen; ihre Beurteilung hängt nämlich auch von geschichtlichen Kriterien ab, die sich ändern. Aber auch ohne solche Vergleiche muß man feststellen, daß dieses Jahrhundert bisher eine Periode gewesen ist, in der die Menschen sich gegenseitig viele Ungerechtigkeiten und Leiden zugefügt haben. Ist dieser Entwicklung nun endgültig Einhalt geboten? Wir dürfen es in jedem Fall nicht unterlassen, mit Achtung und großer Hoffnung für die Zukunft an die großartigen Anstrengungen zu erinnern, mit denen man die Organisation der Vereinten Nationen ins Leben gerufen hat; Anstrengungen, die darauf abzielen, die objektiven und unverletzlichen Menschenrechte zu umschreiben und festzusetzen, wobei sich die Mitgliedstaaten gegenseitig verpflichteten, diese genau zu beachten. Die Verpflichtung ist von fast allen heutigen Staaten übernommen und ratifiziert worden; das sollte eine Garantie dafür sein, daß die Menschenrechte in der ganzen Welt zum Grundprinzip aller Bemühungen um das Wohl des Menschen werden . . .

Wenn aber nun trotz dieser Voraussetzungen die Menschenrechte auf verschiedene Weise verletzt werden, wenn wir Zeugen von Konzentrationslagern, von Gewalt und Torturen, von Terrorismus und vielfältigen Diskriminierungen sind, so muß das eine Folge anderer Vorbedingungen sein, die die Wirksamkeit der humanistischen Voraussetzungen in jenen modernen Programmen und Systemen bedrohen oder oft auch zunichte machen. Somit drängt sich notwendig die Pflicht auf, diese Programme unter dem Gesichtspunkt der objektiven und unverletzlichen Menschenrechte einer ständigen Revision zu unterziehen . . .

Schon seit der ersten Hälfte dieses Jahrhunderts, als sich verschiedene totalitäre Staatssysteme entwickelten, die dann bekanntlich zu der furchtbaren Kriegskatastrophe führten, hat die Kirche ihre Haltung gegenüber diesen Regimen klar umrissen; denn diese handelten nur scheinbar im Interesse eines höheren Gutes, nämlich für das Wohl des Staates, während die Geschichte dagegen zeigen sollte, daß dies nur das Wohl einer bestimmten Partei war, die sich mit dem Staat identifizierte. In Wirklichkeit haben diese Regime die Rechte der Bürger eingeschränkt, indem sie ihnen die Anerkennung gerade jener unverletzlichen Bürgerrechte versagten, die um die Mitte unseres Jahrhunderts auf internationaler Ebene offiziell festgelegt und anerkannt worden sind . . .

Das Wesen des Staates als politischer Gemeinschaft besteht darin, daß die Gesellschaft, die ihn bildet, das Volk, Herr seines eigenen Geschickes ist.

Dieser Sinn wird nicht verwirklicht, wo wir an Stelle der Machtausübung mit moralischer Beteiligung der Gesellschaft oder des Volkes sehen, daß die Macht von einer bestimmten Gruppe allen anderen Gliedern dieser Gesellschaft aufgezwungen wird . . .

Die Kirche hat stets gelehrt, daß es Pflicht ist, sich für das Gemeinwohl einzusetzen, und hat dadurch auch für jeden Staat gute Bürger erzogen. Sie hat ferner immer gelehrt, daß sie grundlegende Verpflichtung der staatlichen Autorität ist, für das Gemeinwohl der Gesellschaft Sorge zu tragen; hiervon leiten sich ihre Grundrechte ab. Gerade wegen dieser Voraussetzungen, die der objektiven ethischen Ordnung angehören, können die Rechte der staatlichen Gewalt nicht anders verstanden werden als auf der Grundlage der Achtung der objektiven und unverletzlichen Menschenrechte. Jenes Gemeinwohl, dem die Autorität im Staate dient, ist nur dann voll verwirklicht, wenn alle Bürger ihrer Rechte sicher sind. Andernfalls endet man beim Zusammenbruch der Gesellschaft, gelangt man zum Widerstand der Bürger gegen die Autorität oder zu einem Zustand der Unterdrückung, der Einschüchterung, der Gewalt, des Terrors, wovon uns die Totalitarismen unseres Jahrhunderts zahlreiche Beispiele gegeben haben. Auf diese Weise berührt das Prinzip der Menschenrechte zutiefst den Bereich der sozialen Gerechtigkeit und wird zum Maßstab für ihre grundlegende Überprüfung im Leben der politischen Institutionen.

Zu diesen Rechten zählt man berechtigterweise auch das Recht auf Religions- und Gewissensfreiheit . . . Die Einschränkungen der religiösen Freiheit von Personen und Gemeinschaften ist gewiß nicht nur eine schmerzliche Erfahrung, sondern trifft vor allem auch die Würde des Menschen unabhängig von der Religion, die einer bekennt, oder vom Weltverständnis, das er hat. Die Beschränkung der Religionsfreiheit und deren Verletzung stehen im Gegensatz zur Würde des Menschen und zu seinen objektiven Rechten . . . Denn sogar das Phänomen der Ungläubigkeit, der Religionslosigkeit und des Atheismus versteht man als menschliches Phänomen nur in bezug zum Phänomen der Religion und des Glaubens. Es ist deshalb schwierig, auch schon vom ‚rein menschlichen' Gesichtspunkt her eine Position hinzunehmen, nach der nur der Atheismus das Bürgerrecht im öffentlichen und sozialen Leben besitzt, während die gläubigen Menschen fast aus Prinzip kaum geduldet oder als Bürger zweiter Klasse behandelt werden oder sogar – was auch schon geschehen ist – der Bürgerrechte völlig beraubt sind.

. . . Wenn wir davon absehen, auf Einzelheiten in diesem Bereich einzugehen, für den wir ein besonderes Recht und eine besondere Pflicht haben, so

geschieht das vor allem deshalb, weil wir zusammen mit allen, die Qualen der Diskriminierung und der Verfolgung um des Namen Gottes willen erdulden, vom Glauben an die erlösende Kraft des Kreuzes geleitet werden. Dennoch möchte ich mich kraft meines Amtes im Namen aller Gläubigen der ganzen Welt an diejenigen wenden, von denen in irgendeiner Weise die Gestaltung des sozialen und öffentlichen Lebens abhängt. Wir fordern von ihnen dringend die Achtung der Rechte der Religion und des Wirkens der Kirche. Wir beanspruchen kein Privileg, sondern die Achtung eines elementaren Rechtes. Die Verwirklichung dieses Rechtes ist eine der grundlegenden Proben für den wahren Fortschritt des Menschen in einem jeden Regime, in jeder Gesellschaft, in jedem System und in jeder Lage."

Das letzte Drittel der Enzyklika widmet Johannes Paul II. der Sendung der Kirche. Dabei ermahnt er die Theologen, unter Berufung auf die Unfehlbarkeit des Lehramtes, ihre „Tätigkeit nicht von der fundamentalen Einheit in der Verkündigung des Glaubens und der Moral zu entfernen". Der Papst beschäftigt sich weiters mit den einzelnen Sakramenten und hebt die Wichtigkeit der Ohrenbeichte hervor. Die Priester weist er einmal mehr auf die Bedeutung des Zölibats hin. (Am Palmsonntag befaßte sich Johannes Paul II. in einem eigenen Rundschreiben mit diesem Thema, bei dem es für ihn keine Kompromisse gibt.) Der Papst verteidigt auch die Unauflöslichkeit der Ehe und meint schließlich:

„In unserer Zeit ist man mitunter der irrtümlichen Meinung, daß die Freiheit Selbstzweck sei, daß jeder Mensch dann frei sei, wenn er die Freiheit gebraucht, wie er will, und daß man im Leben der einzelnen und der Gesellschaft nach einer solchen Freiheit streben solle. Die Freiheit ist jedoch nur dann ein großes Geschenk, wenn wir es verstehen, sie bewußt für all das einzusetzen, was das wahre Gute ist . . ."

Zum Schluß der Enzyklika wendet sich Johannes Paul II. Maria zu:

. . . Das Wesen der mütterlichen Liebe, die die Mutter Gottes in das Geheimnis der Erlösung und in das Leben der Kirche einbringt, findet seinen

Ausdruck in ihrer besonderen Nähe zum Menschen in allen wechselvollen Ereignissen seines Lebens ... Darum muß Maria auf allen Wegen des täglichen Lebens der Kirche gegenwärtig sein ..."

Das große Lehrschreiben des Papstes endet mit einem Gebet:

„*... Ich bitte vor allem Maria, die himmlische Mutter der Kirche, sie möchte während dieses Gebetes im neuen Advent der Menschheit bei uns bleiben, die wir die Kirche bilden, den Mystischen Leib ihres eingeborenen Sohnes. Ich hoffe, daß wir dank eines solchen Gebetes den Heiligen Geist aus der Höhe empfangen können und so Zeugen Christi werden ‚bis an die Enden der Erde' wie jene, die am Pfingsttag aus dem Abendmahlssaal in Jerusalem in die Welt hinausgegangen sind.*
Mit meinem Apostolischen Segen!
Gegeben in Rom zu St. Peter, am 4. März, dem ersten Fastensonntag des Jahres 1979, des ersten meines Pontifikates."

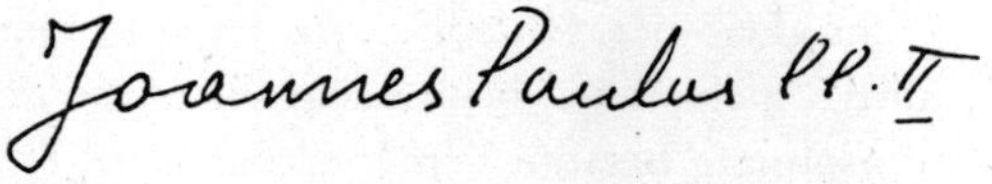

12. Kapitel

Polnische Pilgerfahrt

Blumen, Blumen, Blumen. Wohl zehn Minuten lang regnete es sie auf das Podium. Der Papst hob seine Hände gleichzeitig grüßend und abwehrend. Die Sträuße und Sträußchen flogen fünfzig und hundert Meter weit. Die Massen in dem ausgedehnten und doch viel zu kleinen Hof des Krakauer Klosters Skalka standen so dicht gedrängt, so Kopf an Kopf, so Brust an Brust, daß die von hinten nach vorne geworfenen Blumen nicht zu Boden fallen konnten, sondern einfach weiterbefördert wurden, bis sie vor den Füßen des Papstes landeten. Johannes Paul II. blickte gerührt auf dieses wildwogende Meer von Rosen und Nelken und Händen unter ihm. Der Blumensturm legte sich erst, als der Papst nochmals die Arme ausbreitete und „Ich liebe euch alle" ins Mikrophon rief.

Eine unvergeßliche Szene der historischen Pilgerfahrt und Heimkehr des Papstes nach Polen zwischen dem 2. und 10. Juni 1979. Unvergeßlich und mit keinem anderen historischen Geschehen zu vergleichen – diese größte Manifestation des katholischen Glaubens und der Religionstreue im kommunistischen Machtbereich und die neuerliche Bestätigung der Wirkung dieses Mannes auf die Menschen. In Skalka, am Freitag, dem 8. Juni, dem siebenten Tag der Reise, traf sich der Papst mit der Jugend, mit den Studenten aus Krakau und den Abordnungen aus anderen Diözesen. Etwa 30.000 oder 40.000 hatten sich vor der barocken Klosterfassade zwischen die alten Mauern gepfercht, dort wo vor 900 Jahren der Bischof Stanislaus vom König getötet worden war. Die staatlichen Regisseure der Pressebetreuung hätten es lieber gesehen, wenn die Journalisten diesem Rendezvous mit den jungen Leuten ferngeblieben wären. Im offiziellen Programm wurden die Studenten nicht erwähnt. Man setzte auch keine Busse ein. Die, die kamen, erlebten jedoch jene wunderbare Kameradschaftlichkeit und natürliche Verbindung zwischen Wojtyla und dieser ihm huldigenden Menge. Die Studenten feierten ihn mit gelbweißen Fahnen, mit polnischen Fahnen, mit Transparenten („Man kann uns nicht zur Rechenschaft ziehen, wenn wir Polens Kultur verteidigen!") und immer wieder mit ihren Liedern, der Nationalhymne („Noch ist Polen nicht verloren") und dem „Sto lat" („100 Jahre sollst du leben"). „Ja, ja, hundert Jahre, ihr seid jung und ich bin alt", bemerkte der Papst. Ein wildes „Nein, nein, nein" war die Antwort. Wojtyla hatte eine Rede vorbereitet, aber er legte sie zur Seite. „Ich glaube, polnisch kann ich auch frei sprechen." Dann plauderte er mit der Jugend auf seine unnachahmliche persönliche Weise. Ein paar Scherze, Erinnerungen, Ermahnungen, ein wenig Sentimentalität: „Wenn ich wie ein zum Tode Verurteilter einen letzten Wunsch äußern dürfte, dann den, noch einmal an jenem See in den Masuren zu sein (wo Wojtyla 1958 die Nachricht von seiner Ernennung zum Bischof erreicht hatte)." Darauf Sprechchöre: „Komm doch wieder, komm doch wieder . . .!" Wojtyla: „Jetzt seid ihr gescheit, aber am 16. Oktober wart ihr nicht dabei. Da habt ihr mir nicht geholfen." Die Antwort: „Wir waren dabei . . ." Schließlich aus Zehntausenden von Kehlen: „Gott segne unseren lieben Papst . . ." Wojtyla aber: „Ich habe viel von euch gelernt, ich weiß aus meiner Arbeit mit euch, daß die Jugend anders ist, daß sie nicht nur für den Konsum lebt, sondern auch noch Ideale hat. Ja, und zum Schluß noch ein Satz aus meiner Rede: Ihr Jungen seid die Zukunft der Welt, dabei aber der kulturellen Tradition und Vergangenheit unserer Nation verbunden. Und jetzt geht nach Hause und seid schön ruhig, es ist schon halb elf. Wollt ihr das?" Darauf ein vielstimmiges „Nein, nein, wir wollen nicht". Der Papst: „Ihr sollt aber wollen. Tut es für mich. Gute Nacht."

Was wie ein heiterer Meinungsaustausch schien, wie ein Wortgeplänkel, wie ein Spiel, hatte einen ernsteren Hintergrund. An diesem Abend befürchteten der Papst und die Behörden noch größere Studentendemonstrationen. In Krakau war das Klima gespannter als anderswo. Und die Studenten warteten nur auf ein Zeichen und einen Anlaß. Nirgends war mehr Polizei zusammengezogen worden als hier. Ein Milizhubschrauber, der vor der Ankunft des Papstes über Skalka knatterte, wurde mit wüsten Buhrufen, Pfiffen und Fäusteschütteln bedacht, bis er abdrehte. Doch Wojtyla verstand es, die Wogen zu glätten. Statt eine seiner polemischen und kämpferischen Reden zu halten, gab er dieser Begegnung einen völlig privaten Charakter und mahnte die Jugend zur Ruhe. Und so blieb es auch ruhig in Krakau.

Und diese Ruhe, diese Disziplin, dieses untadelige Benehmen von Millionen, die souveräne Kontrolle, die die Kirche über die Massen ausübte, all das wurde während der ganzen Papstreise zu einer viel überzeugenderen Machtdemonstration des Katholizismus als irgendwelche lärmende Kundgebungen gegen Staat und Partei. Johannes Paul II. betonte immer wieder den religiösen Charakter seiner Pilgerfahrt. Dennoch war die Papstreise auch ein durch und durch politisches Ereignis und ein Stunde der Wahrheit für das kommunistische System. Denn noch nie konnte das polnische Volk deutlicher zeigen, wo seine Sympathien liegen und wem es sich zugehörig fühlt.

Als Parteichef Gierek und die anderen führenden Männer im Staat einsahen, daß sich der Papst-Besuch nicht verhindern ließ, legten sie sich eine Strategie zurecht, um den „Schaden" möglichst gering zu halten und selbst ein wenig von der Popularität des Papstes zu profitieren. Wojtyla sollte als Staatsgast empfangen werden. Gemeinsam mit den Bischöfen wurde das Programm ausgearbeitet. An den verschiedenen Stationen der Tour bekamen die Kirchenstellen zum erstenmal direkten Kontakt mit lokalen Polizei- und Parteiautoritäten. „Jetzt habe ich wenigstens die Telefonnummern von all den wichtigen Herren", sagte der Prior des Pauliner-Klosters Jasna Gora in Tschenstochau. Dabei trat eine merkwürdig zwiespältige Haltung zutage. Nach außen hin war auch der Staat bemüht, der Papstvisite einen würdigen Rahmen zu verleihen. Gewisse Wünsche des Papstes – etwa ein Besuch von Piekary Slaskie, dem oberschlesischen Arbeiter-Wallfahrtsort oder der Kirche von Nowa Huta bei Krakau – wurden abgelehnt. Auch die Fahrten im offenen Auto sollten auf ein Minimum reduziert werden, um den Triumphzugeffekt etwas zu vermindern. Der Hubschrauber wurde zum hauptsächlichen Transportmittel bestimmt – dadurch gewann der Papst allerdings auch mehr Zeit und hatte, während er in der Luft war, wenigstens einige Minuten Ruhe und Entspannung. Das polnische Fernsehen übertrug die Ankunft der Begegnung mit Gierek im Belvedere, den ersten Gottesdienst auf dem Warschauer Siegesplatz, die Veranstaltung in Auschwitz, die große Krakauer Messe und den Abschied. Die anderen Ereignisse wurden zum Teil vom regionalen TV ausgestrahlt. Bald spotteten die Polen jedoch über die Bildregie, die es ängstlich vermied, mit Ausnahme von Auschwitz-Birkenau, die gewaltigen Menschenmeere zu zeigen. Manchmal schien es, als ob der Papst als einsamer Pilger durch das Land wandelte und immer nur ins Leere grüßte und winkte. Auch der Ton wurde meist in sicherer Entfernung aufgenommen, damit Lieder, Gebete und Beifall der Hunderttausenden nicht zu mächtig aus den Lautsprechern tönten. Diese Einstellung und die vielen Schikanen örtlicher Behörden – Urlaubssperren in Betrieben, die Verweigerung von Transportfahrzeugen, dringende Mahnung, daß die Kinder an „Papsttagen" nicht in der Schule fehlen durften, übertriebene Polizeikontrollen, unnötige Straßensperren usw. –, all das konnte den überwältigenden Eindruck dieses Besuches nicht mindern. Im Gegenteil, dadurch wurde erst so recht die Hilflosigkeit und die Ohnmacht der Partei gegenüber dieser gigantischen Volksbewegung offenbar. Und die Kommentatoren der Parteipresse bemühten sich, die Ankunft des Papstes in Einklang mit dem polnischen Wiederaufbau zu bringen, und sie beschworen den Patriotismus und die Einheit des Volkes. Dieses Geschehen, das nach der Lehre und Praxis des Marxismus-Leninismus eigentlich gar nicht geschehen durfte, sollte seiner existentiellen Bedeutung und seiner Besonderheit beraubt werden – ein Staatsbesuch mit anschließenden religiösen Manifestationen. Und darum gestaltete sich der Empfang des Papstes am Samstag, dem 2. Juni, auf dem Warschauer Militärflugplatz, der für solche Anlässe reserviert ist, auch nach dem Protokoll, das bei der Ankunft von Staatsoberhäuptern üblich ist. Aber sonst war nichts wie üblich.

Die Luft flimmerte vor Hitze, und die Sonne brannte das Blau aus dem Himmel. Wochen hatte es schon nicht mehr geregnet, und diese ungewöhnlichen Hundstage im Frühling sollten noch weiter andauern. Der rote Teppich wurde ausgerollt. Die Ehrenkompanie – Heer, Luftwaffe und Marine – zog auf. Kardinal Wyszynski stand neben Staatspräsident Jablonski. Und als die Alitalia Boeing „Città di Bergamo“ gelandet war, stieg der Primas die Gangway hinauf, um den Papst im Flugzeug zu begrüßen. Und dann erschien die weiße Gestalt Johannes' Paul II. auf der Rolltreppe. Es war nicht der Papst, wie man ihn vom Petersplatz kennt oder von Mexiko. Er hatte die Lippen zusammengekniffen, damit sie nicht zuckten. Seine Augen waren schmal, und über seinem Gesicht lag Blässe. Dieser Papst, dieser Karol Wojtyla, der da in seine Heimat zurückkehrte, war nicht der Mann, der in Mexiko strahlend seine Arme ausgebreitet hatte, als ob er die ganze Welt ans Herz drücken wollte. Nein, nun in Warschau wirkte er fast schüchtern, verhalten, ja unsicher. Seine Gefühle schienen ihn zu überwältigen. Man merkte Wojtyla die Anspannung, die Rührung an, und wie er manchmal nur mit Mühe die Tränen unterdrückte; denn nun war er ja zum Abschiednehmen gekommen. Vor acht Monaten, als er mit verbeultem Hut und kleinem Gepäck auf ein paar Tage zum

Konklave nach Rom flog, hatte er kaum ahnen können, daß er eine solche Heimkehr erleben würde.

Das Unvorstellbare wurde auch wenige Minuten darauf Wirklichkeit. Der Papst hatte die polnische Erde geküßt, und nun schritt er die Ehrenkompanie ab. Vor der Fahne blieb er stehen und verneigte sich, und dann berührte er sie, und ging weiter – und hinter ihm, obwohl das nicht unbedingt dem Protokoll entsprach, die schlanke hohe Gestalt Wyszynskis. Was mögen die beiden Männer, deren halbes Leben in aufreibendem Kampf mit den Behörden vergangen war, die immer wieder um die Anerkennung der Rechte und Stellung ihrer Kirche durch den Staat hatten ringen müssen, in diesem Augenblick gedacht und empfunden haben? Die Soldaten präsentierten, die Hymnen wurden gespielt, der Staatspräsident, der Kirchenminister Kakol, der Außenminister, der Bürgermeister von Warschau, der Warschauer Parteichef und das diplomatische Korps – auch die Vertreter der sozialistischen Staaten – begrüßten den Papst. Und dann bestieg Johannes Paul II. den offenen speziell umgebauten gelbweißen Wagen, um zum erstenmal seinem Volk zu begegnen. Und das empfing ihn, als ob Polen keinen anderen Führer hätte als diesen Karol Wojtyla, der nun Johannes Paul II. hieß. Wie viele Leute an diesem Samstag die Straßen vom Flugplatz zur Kathedrale säumten? Sie wurden auf Millionen geschätzt. Als „Tygodnik Powszechny“ später vorsichtig von 700.000 bis 800.000 schrieb, reduzierte der Zensor diese Ziffern auf 125.000. Daraufhin hieß es in der katholischen Zeitung „viele, viele Menschen“. Schon in aller Früh hatten sich Warschaus Gläubige in und um den Kirchen versammelt. Sie hielten noch gemeinsame Gottesdienste ab und marschierten dann geschlossen ihrem Papst entgegen – mit Prozessionsfahnen, Spruchbändern, Heiligenbildern, Kränzen und Blumen, großen und kleinen Kreuzen, mit Musikkapellen und Trompeten, mit Beatbands und Gitarren. Weißgekleidete Mädchen waren geschmückt wie zur Erstkommunion, und die meisten Leute hatten trotz der Hitze ihren Sonntagsstaat angetan. Dazu strömten seit der Nacht bereits Hunderttausende aus den Nachbardiözesen in die Hauptstadt – mit Proviant und Schlafsäcken bepackt und bereit, in einem Park oder am Straßenrand zu übernachten.

Neben den blauen Uniformen der beim Volk verhaßten Polizei, der Miliz, wurde das Stadtbild von den „kirchlichen Milizen" beherrscht. Die Kirche hatte dem Staat für Ordnung garantiert und deswegen ihre eigene freiwillige Ordnertruppe aufgeboten. „Wie viele Divisionen hat der Papst denn?" soll Stalin gefragt haben. Nun, in diesen Tagen verfügte er in Polen über eine gewaltige „Heimatarmee". Sie war zwar unbewaffnet, aber wo der Papst auftrat, dort sorgten diese Zehntausenden von jungen und älteren Männern dafür, daß alles klappte. In Warschau trugen sie gelbe, blaue und grüne Feldmützen mit dem Wappen des Papstes. Und souverän dirigierten sie die Massen und lieferten gleichzeitig den Beweis dafür, was die Kirche in Polen auf die Beine zu stellen vermag. Zum Warschauer Panorama gehörten auch die gelbweißen Vatikan-Farben – oft in Kombination mit Polens Weiß und Rot. So sollte die Einheit zwischen der polnischen Nation und der Kirche kundgetan werden.

Dieses Warschau lag nun dem Papst zu Füßen, jubelte ihm zu, bereitete ihm ein Spalier der Freude und des Glücks, bestreute seinen Weg mit Blumen. Viele Menschen weinten, viele hielten ihm ihre Kreuze entgegen und riefen immer wieder „Segne uns, segne uns"! Da bemerkte man schon den Unterschied zwischen den Massen in Italien oder in Mexiko und hier in Polen. Bei aller Begeisterung waren sie leiser und nicht so ungebärdig. Die Mexikaner feierten den Papst, wie sie ihre siegreiche Fußballnationalmannschaft feiern. Bei den Polen hatte man immer das Gefühl, als ob sie sich in einer Kirche befänden und an einer sakralen Handlung teilnähmen, auch wenn sie am Straßenrand standen oder auf einem großen Platz. Wo immer der Papst mit seinen Polen in Berührung kam, hüllte ihn eine Atmosphäre der Liebe ein. Und diese Feierlichkeit war noch viel beeindruckender als alle Jubelhysterie und überbordenden Eviva-Stürme in anderen Ländern. Und der Papst begann seine Missionsarbeit – die Verkündigung seines pastoralen Programmes, wie er es in der Enzyklika „Redemptor hominis“ dargelegt hatte, aber auch die konsequente Kampagne für eine Verbesserung der rechtlichen Stellung der Kirche im polnischen Staatswesen. Bis zum letzten Tag ließ er diese Botschaft immer wieder hören, einmal schärfer, dann wieder diplomatischer, jedoch unbeirrbar. Die Kirche muß in der Gesellschaft den Platz einnehmen, der ihr gebührt. Schon bei dem Treffen mit Parteichef Gierek im Belvedere formulierte Wojtyla unmißverständlich, daß sich die Kirche nicht in die Kirchen einsperren lassen dürfe: „Die Kirche wünscht dem Volk auch in der zeitlichen Dimension ihres Lebens und ihrer Existenz zu dienen.“ Was damit gemeint ist, verstanden die Parteiführer sehr wohl und auch die katholischen Massen! Sie bestätigten es dem Papst bei all seinen Reden, wenn sie ihm mit der inoffiziellen Hymne der kämpfenden Kirche Polens unterbrachen: „Wir wollen Gott, wir wollen Gott in der Familie, in unserem Heim, in unserer Freizeit . . . Wir wollen Gott.“

Zum erstenmal schallte dieses Bekennerlied aus Hunderttausenden Kehlen am Samstag nachmittag über den Warschauer Siegesplatz. 200.000 glückliche Kartenbesitzer hatten vor dem riesigen Papstaltar Platz gefunden. Ein mächtiges Kreuz ragte über die Köpfe, in seltsamem Kontrast zu der Silhouette des Kulturpalastes im stalinistisch-sowjetischen Hochzeitstortenstil. „Jetzt heißt der Siegesplatz mit Recht so“, hatte Kardinal Wyszynski wenige Tage vorher ausgerufen, jener Platz, der einmal der Sachsenplatz war, dann nach Pilsudski benannt wurde und während der Besetzung „Adolf-Hitler-Platz“ geheißen hatte. Nun zelebrierte Johannes Paul II. die erste Messe eines Papstes in einem Land, das von einem kommunistischen Regime regiert wird. Und wer geglaubt hatte, Wojtyla würde vorsichtig und voller Rücksicht auf die staatlichen Autoritäten lediglich religiöse Themen berühren, wurde gründlich enttäuscht. Nachdem der Papst tiefbewegt vor dem Grab des Unbekannten Soldaten betend gekniet war und einen Kranz niedergelegt hatte, deckte er in seiner Predigt ganz klar das Mißverhältnis zwischen den offiziellen Vorstellungen von Nation und polnischer Geschichte und dem, was diese Begriffe wirklich bedeuten, auf. In jeder künftigen Sammlung großer Reden der polnischen Nation müßte Wojtylas Siegesplatz-Sermon verzeichnet sein. Da sprach nicht nur ein Papst, da sprach ein Pole über Polen, über ein christliches Polen, egal in welchen Machtzonen es liegt: „Man darf Christus aus der Geschichte des Menschen nirgendwo auf Erden ausschließen. Der Ausschluß Christi aus der Geschichte des Menschen ist ein Akt gegen den Menschen selbst. Ohne Christus kann man die Geschichte Polens nicht begreifen . . .“

Da unterbrach ihn das „Wir wollen Gott“, und der Papst wischte sich eine Träne aus den Augen. Und er wiederholte es noch einmal eindringlich: „Man kann ohne Christus die Geschichte der polnischen Nation nicht begreifen.“ So manchem Parteifunktionär, der vor dem Fernsehschirm saß, wird es kalt über den Rücken gelaufen sein, als der Papst auf Warschau zu sprechen kam, auf die Hauptstadt, „die sich im Jahre 1944 zu einer ungleichen Schlacht gegen den Angreifer entschloß, zu einer Schlacht, bei der sie von den alliierten Mächten im Stich gelassen war . . .“ Die Polen klatschten, weil sie wußten, daß der Papst damit nur die Sowjets meinte, die damals am anderen Weichselufer zugesehen hatten, wie Warschau unterging: „Heute bete ich auf diesem Siegesplatz in der Hauptstadt Polens mit euch allen, daß Christus unaufhörlich für uns ein geöffnetes Buch bleibe, das Leben für die Zukunft verheißt, für das Morgen unsres Polens . . .“ Eines christlichen Polens – und eines unabhängigen.

Erschüttertes Schweigen, brausender Beifall, zustimmende Gesänge, damit antworteten die 200.000. Auf jede leise Anspielung reagierten sie, jeder politische Hintersinn löste sofort Zeichen des Verständnisses aus, und für jede offen ausgesprochene Wahrheit empfanden sie Dankbarkeit. Wojtyla ließ ihnen Zeit zum Applaudieren, und er scheute sich nicht, vom Text abzuweichen, zu improvisieren und in einen direkten Dialog mit den Massen zu treten – wie noch so oft während dieser Reise.

Politisch legte sich Johannes Paul II. eindeutig fest. Seine Tage in Polen sollten ebenso ein nationales wie ein religiöses Ereignis sein. Er verkörperte die polnische Nation und formulierte ihre Wünsche und ihre Grundrechte – und dazu gehören die Bindung zur Religion und die Freiheit dieser Religion. Die Rede auf dem Siegesplatz klang wie eine Kampfansage, im Herzen der Hauptstadt Polens wurde das kommunistische Regime herausgefordert wie nie zuvor. Mancher Pole empfand, daß Wojtyla diesmal eigentlich die Sprache Wyszynskis sprach. Denn so nationalistisch hatte man ihn als Kardinal niemals gehört. Und in Gnesen (Gniezo), dem ersten Zentrum polnischen Herrschertums und polnischer Christianisierung sollte er sich noch so steigern, daß man schon zu befürchten begann, die ganze Polenfahrt würde zu einer einzigen Kundgebung eines neuen panslawischen Messianismus werden.

Hier am Grab des heiligen Adalbert stellte der Papst sein Slawentum in den Vordergrund, die Kraft slawischer Christlichkeit und die befruchtende Wirkung, die dieses slawische Papsttum auf die Weltkirche haben könnte. An diesem Pfingstsonntag wandte er sich nicht nur an die Polen, sondern auch an die anderen „slawischen Völker und alle, die in diesem Teil Europas wohnen“. Johannes Paul II. stellte sich als „der erste slawische Papst der Kirchengeschichte“ vor, der „in die Gemeinschaft der Kirche das Verständnis der Worte und Sprachen einführte, die noch fremd klingen für Ohren, die an romanische, germanische, angelsächsische und keltische Laute gewöhnt sind. ... Will Christus nicht vielleicht, daß dieser polnische, dieser slawische Papst gerade jetzt die geistige Einheit des christlichen Europas sichtbar macht, die zwar den zwei großen Traditionen von Ost und West viel verdankt, aber in beiden ‚einen Glauben, eine Taufe, einen Gott und

Vater aller verkündet?" Ja, Christus will es . . ." Das waren Sätze, bei denen man aufhorchte, die man zweimal las. Sollte man darunter verstehen, daß nun alles Heil aus dem Osten käme und daß die Slawen dazu berufen wären, die christliche Welt zu retten? Oder war es eher ein Appell an diese Welt, einen ihrer wesentlichen Teile nicht zu vergessen oder gar abzuschreiben? Die Gnesener Rede löste viele Diskussionen und bei manchen Journalisten ein gewisses Befremden aus. Aber zwei Tage später in Tschenstochau spann Wojtyla in seiner großen Erklärung vor der polnischen Bischofskonferenz die Gnesener Gedanken weiter. Und auf einmal, zwei Tage nach der ersten Europawahl, ließ er uns an seiner kühnen Vision eines durch das Christentum geeinten Europas teilhaben: „Europa, das unter seiner heutigen, anhaltenden, systembedingten, ideologisch und wirtschaftlich-politischen Zerrissenheit nicht aufhören kann, nach seiner grundlegenden Einheit zu trachten, muß sich dem Christentum zuwenden . . ." Und dieses Christentum „muß sich erneut für die Formung der geistigen Einheit Europas einsetzen. Wirtschaftliche und politische Gesichtspunkte allein sind dazu nicht in der Lage. Wir müssen dabei mehr an den Kern herangehen: an die ethischen Gründe . . ."

Faszinierende Perspektiven in einer Zeit, die unter einem geeinten Europa meist nur die EG-Staaten versteht. Von den Höhen des Lechberges in Gnesen und des Jasna Gora schweift der Blick weit und unbehindert nach Westen und nach Osten. Da mögen Vorstellungen leicht utopische Ausmaße annehmen. Im Journalistentroß wurde sofort an de Gaulles Europa vom Atlantik bis zum Ural erinnert. Auch Wojtyla möchte das kleine EG-Europa nicht wahrhaben, und allein schon durch die Wahl des Polen zum Papst in Rom wurde diese größere Einheit des Kontinents dokumentiert. Also eine moralische Wiedervereinigung im Namen des Christentums? Die gegenwärtige politische Lage läßt solche Ideen ein wenig wirklichkeitsfremd erscheinen. Aber hinter Wojtylas faszinierenden Worten steht der unbändige Glaube dieses Mannes, daß in dieser Welt nichts unmöglich ist. Er fand sich in Polen ja tagtäglich darin bestätigt, als er vor Hunderttausenden predigte und als Papst bejubelt wurde. Auch ein Wojtyla hätte sich mit all seinem Gottvertrauen noch vor einem Jahr solche Szenen nicht einmal erträumen können. Durch seinen Europa-Appell gewann der Papst, der in den Augen der internationalen Beobachter für kurze Zeit sein Polentum fast überbetont hatte, mit einem Schlag wieder weltweite Dimensionen. Und Polen wurde zur Plattform für seine Botschaft an Europa.

Unbekümmert um politische Auswirkungen oder geistige Auseinandersetzungen bemühten sich die Polen draußen in den Woiwodschaften, die Papstreise zu einem Volksfest zu gestalten. Die Stimmung war gelöster als in Warschau, heimeliger, der Papst schien den Menschen um eine Spur näher zu sein, der Besuch hatte seinen offiziellen Charakter verloren. Die Katholiken waren unter sich. Und bei dem Treffen mit der Jugend genoß Wojtyla diese Gemeinsamkeit aus vollem Herzen. Immer wieder stimmte er selber Lieder an, Pfadfinderlieder, Wanderlieder, und wehmütig aus Moniuszkos Oper „Halka“: „Fällt es dir nicht schwer, Bauer, die Heimat zu verlassen?“ und er wurde sentimental: „Wenn jemand von euch mein Paddelboot findet, dort irgendwo zwischen den Seen und Wäldern, dann kann er damit bis an sein Lebensende fahren. Von den Skiern spreche ich jetzt nicht. Das ist ein Thema für Krakau und Nowy Targ. Hier nichts davon. Denn hier gibt es nichts, worauf man Ski fahren könnte . . .“

Tags darauf in Tschenstochau, auf der monumentalen Rampe des Jasna-Gora-Klosters, dieses pompösesten Marienaltares Polens: Unten sangen Hunderttausende, aber die eine Stimme überdröhnte sie alle – mit Hilfe des Lautsprechers. Der sonore Bariton hielt sich nicht immer an die Noten, und manchmal wanderte er in die zweite Stimme ab. Dennoch hätte auch der teuerste Operntenor nicht soviel Wirkung zu erzielen vermocht wie Karol Wojtyla, als er mit seinen Polen

Singübungen veranstaltete. Er setzte den Wechselgesang von Gnesen fort, auch wenn ein paar Ausländer ihre Nasen über dieses „unpäpstliche Benehmen" rümpften. Die Polen verstanden ihn, und sie liebten ihn dafür. Ein paar Tage hielt der Papst noch durch, bei der Messe für die Niederschlesier und dann für die Oberschlesier, dieser so überzeugenden Arbeiterdemonstration für die Kirche. Doch die Anstrengung war zu groß. Die Stimme wurde rauh und heiser. Der Papst hatte Schmerzen im Kehlkopf und litt unter einer Verkühlung. Monsignore Noé an seiner Seite steckte ihm während der Zeremonien dann und wann eine Pille zu.

Das Programm blieb unverändert. Zwischen den Massenkundgebungen empfing der Papst immer wieder kleinere Delegationen, Bischöfe und Wissenschafter, Bergleute und Hochofenarbeiter usw. usw. Auch die drei Tage in Tschenstochau erlaubten ihm keine Atempause vor dem sentimentalsten, aufwühlendsten und schönsten Teil der Reise – der Heimkehr nach Krakau. Schwer dröhnte die große Siegmundsglocke vom Turm der Wawelkathedrale – und Karol Wojtyla hatte wieder Tränen in den Augen, als er zwischen den Menschenmauern seiner Krakauer in die Stadt einfuhr. Es war schon spät abends, und die Leute harrten noch immer vor der Franciskanska 3 aus, bis sich der Papst zeigte. Erzbischof Macharski streckte immer wieder eine Hand aus, um den Papst davor zu bewahren, aus dem Fenster zu fallen. Denn Johannes Paul II. stand auf der Höhe des Fensterbrettes im ersten Stock der Kurie. Hoch aufgerichtet, etwas nach vorn gebeugt, den wallenden roten Umhang über der weißen Soutane, ließ er seinen Blick über Tausende von jungen Menschen schweifen, die ihn wieder und wieder bejubelten, Lieder sangen und Beifall klatschten. Und sie gingen erst, als der Papst mit ihnen den „Engel des Herrn" gebetet hatte.

Nach acht Monaten schlief Wojtyla wieder in seinem einfachen Zimmer, in seinem alten Bett. Nun war er wirklich daheim. Doch die Heimat verlangte pausenlos nach ihm. Selbst als er am Samstag um fünf Uhr früh außer Programm auf den Militärfriedhof am Wojtyla-Familiengrab kniete, waren mehrere hundert Menschen da. Für alle Freunde hatte er Zeit, und gleichzeitig lief vor seinen Augen noch einmal der Film seiner Vergangenheit ab – oben auf dem Berg von Kalwaria Zebrydowska, auf den er schon als Bub gewallfahrtet war, und kurz darauf in seiner Geburtsstadt Wadowice.

Zum bekränzten Heimathaus winkte Johannes Paul II. im Vorbeifahren grüßend hinüber. Und vor der renovierten Kirche wurde der Papstbesuch zum Familienfest. Wojtyla drückte seinen Religionslehrer, Pfarrer Zacher, an die Brust, und in dem in hellem Glanz erstrahlenden Pfarrhof umarmte er alte Schulkollegen – 15 aus seiner Maturaklasse. Und Zbigniew Silkowski schwärmte: „Ist das nicht schön, jetzt ist der Papst mit dem Hubschrauber auf dem Sportplatz gelandet, auf dem wir immer miteinander Fußball gespielt haben." Vor dem Wojtyla-Haus aber, das ebenfalls frisch verputzt und durch eine Marmortafel gekennzeichnet ist, erzählte die 90jährige Lehrerin Helena Szczepanska jedem, der es hören wollte, in perfektem Deutsch oder Französisch, wie die Mutter Wojtylas vom kleinen Lolek im Kinderwagen behauptet hatte: „Wissen Sie, der wird einmal ein großer Herr."

Eine Stunde später totaler Szenenwechsel: Die langsam in die Ebene auslaufende liebliche Beskidenlandschaft wurde auf einmal zur Kulisse der Hölle: Auschwitz-Birkenau. Wieder strebten Hunderttausende zur Papstmesse auf dem Lagergelände, viele hingen im Stacheldraht, um einen besseren Blick zu haben. Dabei drängten sich einem jedoch die grauenvollen Bilder von den Häftlingen auf, die sich in den elektrisch geladenen Zaun geworfen hatten. Und da war die Rampe von Birkenau, der Schienenstrang, an dem für Hunderttausende die Entscheidung über Tod oder Leben gesprochen wurde. Jetzt lagerten Menschen friedlich im Gras. Und die Geleise liefen bis zum Papstaltar, ja das Podium berührte sie sogar. Welche Hungerqualen mußten die Häftlinge hier erleiden, nun reihten sich am Rande des Lagers die Buden und die Büffetwagen mit Pepsi-Cola, heißen Würsten und belegten

Broten. Im Pressezentrum im Hauptgebäude des Lagers telefonierte man unter Häftlingszeichnungen von brutalen SS-Folterknechten. Suchte man draußen unter dem Dach einer Baracke ein wenig Schatten, stand man vor dem riesigen Foto von der Selektion der Neuankömmlinge in Birkenau.

Der Papst hatte vorher in der Todeszelle Maximilian Kolbes gebetet, und nun, an diesem „Golgotha unserer Zeit“, wie er es nannte, predigte er wider den Haß und den Krieg und für die Menschenrechte. „Ich spreche nicht nur mit den Gedanken an diejenigen, die umkamen, ich spreche im Namen aller, deren Rechte irgendwo auf der Welt mißachtet und vergewaltigt werden ...“ Eine besondere politische Note erhielt die Rede, als der Papst auf die Tafeln an dem Mahnmal in Schrift und Sprache der verschiedenen Völker hinwies. Nach der hebräischen („An diesem Gedenkstein darf niemand gleichgültig vorbeigehen“) erwähnte Wojtyla auch die russische: „Wir wissen, von welchem Volk sie spricht. Wir wissen, welchen Anteil dieses Volk an dem schrecklichen Krieg um die Freiheit der Völker hatte ...“ Und Polens Parteifunktionäre waren dem Papst dankbar für diese Bemerkung, die nicht im vorbereiteten Text der Rede stand. Denn die scharfen nationalistischen und kompromißlosen Erklärungen in Warschau und Gnesen hatten in Moskau bereits ein leises Donnergrollen ausgelöst. Mit den Stößen eines Erdbebens verglich Kardinal König die Auswirkungen dieser Papstreise in Osteuropa. Das bekamen die Kommunisten auch in den Nachbarländern zu spüren. Auch dort, wo die Partei glaubte, die Religion schon längst wieder überwunden zu haben, gewinnt sie dank dieses Papstes wieder an Kraft.

In Nowy Targ, auf der Hochebene am Rande der Tatra, predigte der Papst über die nahen Grenzen hinweg zur katholischen Slowakei. Und zu dem Bauernvolk der Tatra; wie er vorher die Arbeiter aufgerufen hatte, nicht Sklaven, sondern Herren ihrer Arbeit zu sein, so unterstrich er nun das Recht der Bauern auf den eigenen Boden. Wieder waren es unvergeßliche Bilder – kilometerlange Prozessionen am Horizont, als die Menschen aus allen Richtungen zur Papstmesse zusammenströmten. Eine Million vielleicht, die Goralen in ihrer Tracht, den weißen, buntbestickten Lodenhosen und ihren Topfhüten, das Gefiedel ihrer Geigen, und dann die langgezogenen Lieder der „Oasen"-Jugend, 3000 waren zu Fuß nach Nowy Targ marschiert, aus ganz Polen. Nun sangen sie ihr Lied, leise, melodisch, sanft und doch herausfordernd: „Christus ist der König."

Polens König hieß in dieser Woche nach Pfingsten Karol Wojtyla oder Johannes Paul II. Mit dem ihm total ergebenen Massen hätte er alles anfangen können. All die Zeichen der Liebe, der Anhänglichkeit und der bedingungslosen Loyalität aus allen Bevölkerungsschichten verführten ihn jedoch nicht zum Triumphalismus, er vertrat hier nicht die herrschende Kirche, obwohl er wie ein Herrscher auftreten konnte: „Es gibt keinen Imperialismus der Kirche, sondern nur ihren Dienst", rief er vor der imponierendsten Menschenzusammenballung seiner Reise aus, beim großen Finale auf den Krakauer Blonie vor etwa drei Millionen am Dreifaltigkeitssonntag. „Man braucht sich nicht zu fürchten! Man muß die Grenzen öffnen!" Diese Botschaft hatte Johannes Paul II. schon bei seiner Amtseinführung im Oktober in Rom verkündet. Aber diesmal in Krakau herrschte dabei keine solche Jubelstimmung wie an dem Herbstsonntag auf dem Petersplatz. Wojtyla war während seiner Predigt vom Abschiedsschmerz bewegt, und seine Wehmut übertrug sich auf die Massen. In Feierlichkeit und Würde sagte ihm das Volk Lebewohl. Alles, was Johannes Paul II. bei der Pontifikalmesse zum Stanislaus-Jubiläum aussprach, klang wie ein Vermächtnis. Es war die Botschaft eines Mannes, der nach diesen dramatischen, erschütternden und einmaligen Erfahrungen wußte, daß es ihm vielleicht niemals mehr vergönnt sein würde, in seine Heimat zurückzukehren. Nein, Wojtyla triumphierte nicht. Er wirkte bescheiden, aber dafür um so eindringlicher, überzeugender, beschwörender. „Seid stark, seid stark", wiederholte er immer wieder, so als ob er von seiner Kraft etwas zurücklassen wollte. Er mahnte wie ein besorgter Vater, der auf eine lange Reise geht. Der Papst erneuerte nochmals das Bekenntnis zur christlichen Kultur Polens und forderte das Volk auf, dieser Tradition treu zu bleiben, das Gottvertrauen nicht zu verlieren und für den „Sieg der sittlichen Ordnung in dieser so schweren Epoche unserer Geschichte" zu beten. „Verliert niemals die Freiheit des Geistes, durch die er den Menschen befreit. Verachtet nie die Liebe, ohne die das menschliche Leben weder Wurzel noch Sinn hat." Die Leute klatschten, und viele weinten.

„In dieser einen Woche wurden alle unsere jahrelangen Bemühungen um die Eindämmung des kirchlichen Einflusses auf die Gesellschaft zunichte gemacht", gestand ein polnischer Parteimann resignierend einem katholischen Journalisten. „Wir müssen wieder von vorne anfangen." Auf dem Krakauer Flugplatz umarmte Johannes Paul II., dieser Papst aus dem katholischesten Land der Welt, zum Abschied spontan Präsident Jablonski, den höchsten Repräsentanten eines kommunistischen und atheistischen Staatswesens. Die Polen fragten tags darauf, ob diese Geste Jablonski bei den Parteiführern schaden könnte. Die Antwort: „Ja, weil sie auf ihn eifersüchtig sind."

13. Kapitel

Das Attentat, die Zeit davor und danach

Ein Tag nach dem 13. Mai 1981: An die Holzbarrieren, die sonst die Massen der Pilger einzäunen, sind ein paar Rosensträuße gebunden. Die Leute starren auf das Pflaster, auf die Glassplitter am Boden. Sie suchen die Spuren des Unfaßbaren, stehen ratlos vor der Stelle, wo es geschehen ist, nicht weit vom Bronzetor, nahe den mächtigen Säulen der Kolonnaden. Ein amerikanischer Fernsehreporter postiert einen Priester vor seiner Kamera mit der Stätte des Attentates als attraktivem Hintergrund. Der Priester spricht ins Mikrophon: „Der Heilige Vater kam näher, er winkte und lächelte, auf einmal knallten zwei Schüsse – mehr habe ich nicht gehört. Wir sahen, wie er zusammensackte und wie sich sein Sekretär über ihn beugte. Dann raste der Wagen davon. In dem Tumult sahen wir plötzlich, wie eine verwundete Frau hochgehoben wurde, und da schrie jemand aus unserer Gruppe: ‚Das ist ja Anne' . . ." Pfarrer Daniel Szastak aus Buffalo in den USA war mit seiner Pilgergruppe über Lourdes nach Rom gereist. Anne Odret gehörte dazu. „Ich war heute vormittag bei ihr im Spital. Es geht ihr besser. Sie hat gesagt, warum es gerade ihr passieren mußte. Ich sagte darauf, warum mußte es ausgerechnet dem Heiligen Vater passieren . . ."

Das fragten sich in diesen Stunden und Tagen Millionen Menschen. Freundlich, fröhlich und fromm, eine Mischung von Andacht, Massenjubel und Kirmes waren diese Großaudienzen auf dem Petersplatz, diese Mittwochauffahrten, wenn es die Witterung erlaubte. Johannes Paul II. genoß die

Begegnung mit den Menschen, mit Katholiken und Nichtkatholiken, Weißen, Schwarzen, Braunen, Gelben. Unmittelbar bevor ihn die Schüsse Ali Agcas trafen, hatte er noch ein Kind hochgehoben. Manche kritische Katholiken hatten über den Schaucharakter so vieler päpstlicher Veranstaltungen bereits die Nase gerümpft. Jetzt dachte nur jeder an den Mann in der Gemelli-Klinik, der um sein Leben rang. Auf dem Petersplatz wird die neue Nummer des „Osservatore Romano" verkauft: „Stunden der Hoffnung und des Gebetes" lautete die Schlagzeile. In der Unendlichkeit des Petersdomes mischen sich die Betenden mit den Touristen. Die Fremdenführer sagen ihre Geschichte von den marmornen Päpsten auf. Aber man hat nur den einen vor sich, der so viel Leben in die Kirche brachte und um dessen Leben nun Millionen in aller Welt bangen. Vor dem Bronzetor grüßen Schweizergardisten stramm einen Monsignore. Das Kirchenregiment funktioniert weiter. Weil jedoch der eine Mann nicht da ist, liegt eine ungeheure Leere über dem Palast der Päpste.

Augenblicksimpressionen am Tag nach dem Attentat. Als am Abend des 14. Mai die Scheinwerfer den Petersplatz wieder einmal in das romantische blaue Licht so vieler unvergeßlicher Abende tauchten und die Kuppel des Domes aus dem Nachthimmel modellierten, zitierte ein Priester über den Lautsprecher die Worte des Papstes kurz nach dem Anschlag: „Man soll ihnen vergeben." Zehntausende von Römern aus allen Pfarreien, junge und alte, viele Priester, Mönche und Nonnen waren herbeigeströmt, um gemeinsam mit Kardinal Poletti, dem Vikar von Rom, für die Genesung des Heiligen Vaters zu beten. Schwermütig hallten die Lieder über den Platz, in den Gesichtern spiegelte sich wieder Zuversicht. Und als der Kardinal die Gebetsstunde schloß und noch einmal den Segen Gottes über den Papst herabflehte, flackerte auf einmal zögernd Beifall auf, er wurde stärker und stärker, die Menschen klatschten und riefen: „Evviva il Papa", fast so, als ob Johannes Paul II. selber oben am Fenster des Vatikanpalastes erscheinen würde.

Ein paar Wochen vergingen, und seine weiße Gestalt zeigte sich am Fenster. Er sollte weiterleben, wieder vor den Massen erscheinen, in Rom und überall in der Welt. „Seine Zeit war noch nicht abgelaufen, seine Mission ist noch nicht erfüllt. Darum wurde er gerettet. Gott hat es nicht gewollt, daß der Papst stirbt." Ein Mann der Kurie, einer, der nun schon den dritten Papst aus nächster Nähe kennengelernt hat, strahlte ruhiges Gottvertrauen aus. „Als ich die Nachricht hörte, war mein erster Gedanke: Das mußte ja einmal passieren. Aber ich bin überzeugt, daß Johannes Paul II. seinen Stil nicht ändern wird."

Seinen Stil hat er nicht geändert, Wojtylas Persönlichkeit machte jedoch einen tiefen Wandel durch. Seit dem 13. Mai 1981 ist er ein anderer; und dann folgte noch der 13. Dezember desselben Jahres, der Tag, an dem in Polen das Kriegsrecht verhängt wurde. Als Johannes Paul II. kurz darauf im Fernsehen beim Weihnachtsgottesdienst zu sehen war, erblickte man einen gebeugten gealterten Mann. Der Papst hat sich seinen Glauben bewahrt, aber er strahlt nicht mehr diese Freude am Glauben aus. Er zeigt noch immer seine Stärke und seinen Willen, aber dahinter steht das Wissen, daß sich durch diese seine Eigenschaften und durch seine Gebete und beschwörenden Worte die Welt nicht unbedingt im Sinne des Papstes wandelt. Johannes Paul II. hatte die Grenzen seines Amtes und seiner Persönlichkeit erfahren.

Unmittelbar nach dem Attentat lieferte die politische Wirklichkeit Italiens ein drastisches Beispiel dafür. Am Sonntag danach sollte ein Referendum über eine weitere Liberalisierung des Abtreibungsgesetzes stattfinden. Gegen den Rat mancher Kurienmitglieder hatte der Papst in aller Öffentlichkeit vehement opponiert. Die Presse warf ihm Einmischung in die italienische Innenpolitik vor. In seiner Mittwochansprache wollte Wojtyla darauf antworten: „Die Kirche nimmt immer und überall das Recht in Anspruch, in wahrer Freiheit den Glauben zu verkünden, ihre Soziallehre kundzumachen und auch politische Angelegenheiten einer sittlichen Beurteilung zu unterstellen, wenn die Grundrechte der menschlichen Person oder das Heil der Seelen es verlangen.“ Er ist nicht mehr dazugekommen, diese Rede zu verlesen. Die Befürworter der Fristenlösung befürchteten jedoch, daß die Welle des Mitgefühls für den Papst nach dem Attentat das Resultat der Volksabstimmung beeinflussen könnte. Deshalb forderten einige vergeblich die Verschiebung auf einen späteren Termin. Die Wirkung blieb jedoch aus. Das Referendum brachte eine klare Mehrheit für den liberaleren Gesetzesentwurf. Der Schock über den Mordanschlag, die Sorge um den verwundeten Papst, all das ließ das politische Verhalten der Italiener unberührt.

Aus seiner polnischen Sicht hatte Johannes Paul II. seine politische Kraft überschätzt. „Italien ist nicht Polen“, sagt ein römischer Jesuit. „Und manchmal scheint der Papst nicht zu begreifen, daß Italien auch kein katholisches Land im polnischen oder irischen Sinn ist, es ist eher heidnisch und fern der Kirche.“ Diesen Eindruck erhält der Papst jedoch kaum, wenn er als Bischof von Rom seine turbulenten Sonntagsausflüge in die römischen Pfarreien unternimmt oder die einzelnen Diözesen des Landes besucht. Da erscheint der Papst als der gute Hirte, dem jeder gerne nahe sein möchte. Da hat sich die Magie seiner Persönlichkeit auch durch die nun schon fast fünf Jahre seines Pontifikates noch nicht abgenützt. Das Amt und das damit verbundene Prestige verlangen jedoch von ihm, daß er ebenso Apostel und Bischof ist wie Kirchenpolitiker und eine moralische Führergestalt für die ganze Welt. Und so faßt Wojtyla sein Papsttum auch auf.

Als das amerikanische Nachrichtenmagazin „Time“ Ende 1979 den Ajatollah Khomeini zum „Mann des Jahres“ erkor, protestierten viele Leser dagegen. Unter dem Eindruck der Polenreise und vor allem nach dem überragenden Publicity-Erfolg seines USA-Besuches hätten sie lieber Johannes Paul II. gewählt. Auch in der Redaktion der Zeitschrift war der Papst der stärkste Konkurrent des unversöhnlichen Mullahs aus dem Iran. Weil Khomeini durch seine Revolution und ihre Folgen den Lauf der Welt jedoch konkreter bestimmt hatte als der Papst durch seine Reden und Reisen und Botschaften und Massenaudienzen, erklärten die Time-Redakteure den Ajatollah zur dominierenden Persönlichkeit dieses Jahres.

Doch nur wenige Wochen vorher hatte „Time" über den Mangel an überzeugenden Führungspersönlichkeiten in der amerikanischen Politik geklagt und Wojtyla als den beeindruckendsten und natürlichsten Führer der Welt hingestellt. Begründet wurde dieses Urteil damit, daß der Papst „eine moralische Präsenz geltend gemacht habe, durch die ein Hunger nach einer stärkeren geistlichen Führung offenbar geworden sei". Und angesichts der vielen Zeichen der Schwäche und Unsicherheit auf unserem Globus betrachteten viele Menschen einen Mann wie Karol Wojtyla als ein Geschenk des Himmels, auch wenn sie nicht unbedingt an denselben Himmel glauben wie der Papst.

Auf die überraschende Wahl vom Oktober 1978 folgte eine Welle der Euphorie. Die Dynamik Johannes Pauls II. erfaßte das katholische Volk und all die Hindernisse, die sich der Glaubenspraxis im modernen Alltag entgegenstellen, schienen auf einmal viel leichter überwindbar zu sein. Oft wurden die Katholiken von Angehörigen anderer Religionsgemeinschaften und von Nichtglaubenden um diesen Mann beneidet. Er wurde als eine weit über kirchliche Bereiche hinausragende Autorität geschätzt, die für die ganze Menschheit nur von Nutzen sein konnte.

Langsam verhauchte der erste Rausch. Nicht bei den Massen. Wo immer Wojtyla auftritt, bleibt er die Kultfigur, der die Herzen zufliegen, und seine bloße Anwesenheit vermag Begeisterungsstürme zu erzeugen. Trotzdem hatte Johannes Paul II. schon im ersten Abschnitt seines Pontifikates harter Kritik standhalten müssen. Sie kam weniger von außen als von innen. Der Kern der fortschrittlichen Katholiken in Westeuropa und in den USA war eher enttäuscht. Die Leute, die das Konzil ernst nahmen und die Kirche von

Grund auf erneuern wollten, bemängelten, daß sich Wojtyla zwar ständig auf das Konzil berufe, aber doch vor allem das Modell der polnischen Kirche vor Augen habe; und danach wolle er auch die Weltkirche formen. Der Entzug der Lehrerlaubnis für den bekannten Tübinger Theologen Hans Küng erregte viel Widerspruch. Die experimentierfreudige niederländische Kirche wurde durch eine Sondersynode in Rom gebremst. Ihre Reformer-Bischöfe wurden vom Papst zur Kapitulation vor der Autorität des Vatikans veranlaßt. Den Jesuitenorden stellte der Papst durch einen kommissarischen Leiter für einige Zeit unter Kuratel, und dem konservativen Laienorden „Opus Dei" gewährte er die rechtliche Unabhängigkeit von den Landesbischöfen und klassifizierte ihn dadurch als eine Art „Spezialtruppe" zu seiner persönlichen Verwendung. Die Laiisierung von Priestern wurde wesentlich erschwert, und die Forderung nach Disziplin in den verschiedensten Sparten der Kirche immer wieder betont. Daneben suchte der Papst weiter unermüdlich und ohne Rücksicht auf seine Gesundheit immer wieder die Nähe zu den Katholiken in aller Welt.

Bis zur Eröffnung des Heiligen Jahres im März 1983 waren es mit der strapaziösen und konfliktbeladenen Lateinamerikatour insgesamt 16 Auslandsreisen: 1979 Mexiko, Polen, Irland, die USA und die Türkei; 1980 Zaïre, Kongo, Kenia, Ghana, Obervolta und Elfenbeinküste, Frankreich, Brasilien, Bundesrepublik Deutschland; 1981 Philippinien und Japan. Genau ein Jahr nach dem Attentat pilgerte Johannes Paul II. in das portugiesische Fatima, um der Muttergottes für die Errettung zu danken. Vorher war er bereits im Februar in sieben Tagen durch vier afrikanische Länder „gewirbelt": Nigeria, Benin, Gabun und Äquatorial-Guinea. Über 14.000 Kilometer im Flugzeug, nur neun Monate, nachdem er zwischen Tod und Leben geschwebt war. Auf Portugal folgte England – und wegen des Falklandkrieges ging Wojtyla auch nach Argentinien. Anschließend sprach er vor den Vertretern internationaler Organisationen in Genf, im Herbst stand

Spanien am Programm und schließlich 1983 die Krisenzone Mittelamerika mit Costa Rica, Nicaragua, Panama, El Salvador, Guatemala, Honduras, Belize und Haiti. Für „den missionarischen Aufschwung der Kirche“ seien diese Pilgerreisen ein Symbol, sagte Johannes Paul II. vor den Kurienkardinälen.

Nicht alle Katholiken sind da völlig seiner Meinung. Manche möchten diese Wandermission, diese Kirchenregierung aus dem Flugzeug reduzieren, der „Hubschrauberpapst“ solle sich mehr auf Rom beschränken und seinen „Kollegen“ in der Kirchenführung, den Landesbischöfen, freiere Hand lassen, heißt es. Andere wieder sind von den positiven Folgen eines solchen Sonderereignisses überzeugt. Aus der Fülle der päpstlichen Reden – für die Kritiker ist es eine Überfülle – können sich die örtlichen Priester und Katecheten dann jene Sätze herausgreifen, die für ihre Arbeit am nützlichsten sind.

Wenn Wojtyla einmal da ist, lassen sein Charme und sein Charisma meist allen Widerspruch verstummen. Wir erlebten das in der Bundesrepublik Deutschland. Vor seiner Ankunft herrschte herbstliche Tristesse. „Die Stimmung ist wie das Wetter im November – trüb und mies“, schrieb Elmar Brodfeld, der Chefredakteur der deutschen Ausgabe des „Osservatore Romano“. Andere Länder harrten des Papstes in freudiger Erwartung. Die Menschen wollten sich von einem großen Mann faszinieren lassen, weil da einer mitten in die Welt geht, um dafür Zeugnis abzulegen, daß diese Welt nicht alles ist. Und die Welt weiß es ihm zu danken. Deutschlands Katholiken und Nichtkatholiken zweifelten über Sinn und Unsinn des Besuches. Sie stellten peinliche Kostenrechnungen auf, als ob all die Millionen, die für das Papstspektakel ausgegeben wurden, sonst den Hungernden in allen Kontinenten zugeflossen wären. Meinungsforscher verkündeten, daß der Papstbesuch 57 Prozent der Bundesbürger völlig gleichgültig war. Trotzdem schien es, als ob dieses säkulare Deutschland fast ein wenig Angst vor dem Papst als Gegenkraft zu den Wertvorstellungen der Wohlstandsgesellschaft hätte; aber auch eine Angst vor dem sinnlichen Erlebnis dieser Massenveranstaltungen, eine Angst vor der Freude an einer so außergewöhnlichen Begegnung, als ob solche Gefühle in der Öffentlichkeit nur noch in Fußballstadien gestattet wären.

Der Papst wußte über diese Stimmung Bescheid. Auf dem Kölner Flughafen fand der erste Kontakt mit der bundesrepublikanischen Wirklichkeit hinter einem grauen Regenvorhang statt. Und schutzlos dem Regen preisgegeben, mußte Johannes Paul II. am Flugzeugeingang mit gefalteten Händen die 21 Salutschüsse abwarten, die ihm als Staatsoberhaupt gebührten. Dann flehte Wojtyla Gottes Segen „über alle Deutschen in der Welt", also auch über die in der DDR, herab. Und er schloß die Begrüßung mit einem „Gott beschütze die Bundesrepublik Deutschland".

In den Vorberichten war unterstrichen worden, daß der Papst Gast im Lande Luthers sei. Er verlangte auch ausdrücklich eine Etappe im Norden, in Osnabrück, wo die Katholiken in der Stadt mit 41 Prozent gegen 47 Prozent Protestanten in der Minderheit sind (und in der Diözese zählen sie nur 15 Prozent der Bevölkerung). Und hier sprach Wojtyla, dem als Pole keine große Erfahrung in der Ökumene nachgesagt wurde, über das Verhältnis zwischen Christen und Christen: „Gebt in aller Demut und ohne jede Selbstgefälligkeit Zeugnis von den inneren Werten eures Glaubens und ermutigt unaufdringlich und liebenswürdig auch eure evangelischen Mitchristen, ihre eigenen Glaubensüberzeugungen und religiösen Lebensformen zu kräftigen und zu vertiefen." Vor den 140.000 im Osnabrücker Stadion predigte der Papst das „gegenseitige Verstehen, das besonders leicht ist, wenn beide Seiten ihren Glauben gut kennen und ihn freudig bejahen".

Mainz war dann der Ort der historischen Begegnung mit den Bischöfen des Rates der Evangelischen Kirchen Deutschlands: „Ich erinnere mich in dieser Stunde daran, daß Martin Luther 1510/11 als Pilger, aber auch als Suchender und Fragender zu den Gräbern der Apostelfürsten nach Rom kam. Heute komme ich zu Ihnen, zu geistlichen Erben Martin

Luthers; ich komme als Pilger. Ich komme, um mit dieser Begegnung in einer gewandelten Welt ein Zeichen der Verbundenheit in den zentralen Geheimnissen unseres Glaubens zu setzen.“ So begrüßte Johannes Paul II. die evangelischen Bischöfe, und in seiner Ansprache zitierte er den Kommentar Martin Luthers zum Römerbrief des Apostels Paulus. Bei aller Versöhnlichkeit und Gemeinsamkeit wurde auch das Trennende offenbar, als der hannoveranische Landesbischof Eduard Lohse einige Fragen über aktuelle ökumenische Probleme stellte: Warum Rom das gemeinsame Abendmahl von Protestanten und Katholiken nicht gestatte, und warum Ehen von Katholiken und Protestanten, die vor evangelischen Geistlichen geschlossen werden, kirchenrechtlich ungültig seien. Die Vertreter der Evangelischen Kirche rechneten mit keiner direkten Antwort des Papstes. Das konkrete Ergebnis des Mainzer Treffens ist eine Kommission, die über diese und ähnliche Fragen diskutiert.

Der Papst hatte durch diese Kontakte und durch seine Herzlichkeit, Sicherheit und Ausstrahlung trotz des miserablen Wetters schon in den ersten 48 Stunden die Deutschlandreise von aller Verkrampfung befreit. Er benahm sich, als ob es nie irgendwelche negativen Töne gegeben hätte. Er erteilte den Deutschen eine Lektion in Gelöstheit – und sie freuten sich darüber. Sie waren auch bereit, kritische Worte und Appelle anzuhören. So etwa, als der Papst beim Empfang durch Bundespräsident Carstens auf Schloß Brühl die öffentliche Moral unter die Lupe nahm: „Es ist ein sehr bedauerlicher und folgenschwerer Fehler, wenn man in der modernen Gesellschaft den berechtigten Pluralismus mit Wertneutralität verwechselt und im Namen einer falsch verstandenen Demokratie auf ethische Normen und Verwendung der moralischen Kategorien von Gut und Böse im öffentlichen Leben zunehmend verzichten zu können glaubt.“ Bei aller Achtung vor der Trennung von Kirche und Staat beharrte der Papst vor den Politikern auf der Mitverantwortung der Kirche für das Gemeinwohl der Bürger. Sie könne es niemals unterlassen,

„im Namen der Wahrheit als sittliches Vergehen oder als Sünde zu bezeichnen, was offenkundig gegen die Würde des Menschen und Gottes Gebot verstößt". Die Botschaft zieht sich durch alle Äußerungen Wojtylas seit seiner Wahl: „Nachdem die scheinbar so verheißungsvollen großen Ideologien und Messianismen des letzten Jahrhunderts kläglich gescheitert sind und die Menschheit an den Rand des Abgrundes getrieben haben, ermutigt die Kirche heute um so nachdrücklicher die Völker, sich nun wieder auf den Menschen selbst, auf seine wahre Würde und seine unveräußerlichen Grundrechte zu besinnen."

Chöre, Hymnen, Fahnen und Kreuze, Scharen von Priestern, Sonderzüge, Autobuskolonnen, Begeisterung, Frömmigkeit, Neugier und eine gute Portion Opferwillen, bei diesem so ganz und gar unpäpstlichen Wetter stundenlang in Nässe und Kälte auszuharren – das alles prägte diese deutschen Papsttage. Und in Bayern, wo der Papst wie in ein Heimatland zu kommen schien, resümierte Franz Kardinal König, der Erzbischof von Wien: „Die Stimmung wurde besser, je länger der Papst hier war und je weiter er nach Süden gekommen ist. Diese Reisen haben einen Sinn, sie gehören zum Stil dieses Papstes. Er empfindet es als einen Auftrag, nicht um sich selber in den Vordergrund zu stellen und sich feiern zu lassen, sondern um der Sache zu dienen. Er glaubt damit die stärkste Wirkung zu erzielen. Und durch die Medien wird seine Botschaft ja in phantastischer Weise weitergetragen. Dadurch werden die Christen aktiviert, in ihrem Glauben bestärkt, und viele, die abseits stehen, kommen wieder näher."

Medien und Medienleute, Künstler und Kunst waren das Thema in der letzten Veranstaltung des Papst-Marathons durch deutsche Lande. Im Herkulessaal der Münchner Residenz drängte sich Prominenz aus dem Kulturleben. Man merkte Wojtyla an, wie wohl er sich in dieser Versammlung fühlte. Da gelang ihm auch eine der klarsten Aussagen eines Papstes zur modernen Kunst, zum schöpferischen Prozeß in

unserer Zeit. Wesentliche Teile dieser Rede dürfte er selber geschrieben haben. „In der heutigen Kunst, in Literatur und Theater, in der bildenden Kunst, im Film und weithin in der Publizistik wird der Mensch aller romantischen Verbrämung und Verklärung entkleidet – er wird, wie man sagt, in ungeschminkter Realistik dargestellt. Dazu gehören in der heutigen Kunst das Aufzeigen der Verirrungen und Verwirrungen, der Ängste und der Verzweiflung, der Absurdität und Sinnlosigkeit, die Darstellung einer zur Karikatur entarteten Welt und Geschichte. Oft wird dies verbunden mit dem Abbau aller Tabus. Das Schöne scheint als Kategorie der Kunst auszufallen zugunsten einer Darstellung des Menschen in seiner Negativität, in seinem Widerspruch, in seiner Ausweglosigkeit, in der Abwesenheit von jeglichem Sinn. Das scheint das aktuelle ‚Ecce homo' zu sein. Die sogenannte ‚heile Welt' wird Gegenstand von Hohn und Zynismus . . ."
Und dann die entscheidende Stelle: „Gegen die Darstellung des Bösen in seinen Formen und Gestalten ist auch im Namen des christlichen Glaubens und der Kirche an sich nichts einzuwenden. Das Böse ist eine Realität, deren Ausmaß gerade unser Jahrhundert, gerade auch Ihr Land und meine Heimat, bis an die äußersten Grenzen erlebt und erlitten haben. Ohne die Realität des Bösen ist auch die Realität des Guten nicht zu ermessen. Das ist kein Freibrief für das Böse, aber ein Hinweis auf seinen Ort. Und hier ist auf einen nicht unwichtigen und nicht ungefährlichen Tatbestand hinzuweisen. Kann der Spiegel des Negativen in der Vielfalt heutiger Kunst nicht zum Selbstzweck werden? Kann er nicht zum Genuß am Bösen, zur Freude an der Zerstörung und am Untergang, kann er nicht zum Zynismus und zur Menschenverachtung führen? Wenn die Realität des Bösen gezeigt wird, dann will diese das Furchtbare als furchtbar aufzeigen, erschüttern. Somit zielt diese Darstellung nicht darauf, daß es beim Bösen bleibt; vielmehr darauf, daß es nicht schlimmer, sondern anders, besser wird . . ." Rauschender Beifall dankte dem Heiligen Vater, und die Debatten über seine Ausein-

dersetzung mit der Kunst gingen noch lange weiter. Da hatte ein Mann, der selber Künstler war, Schauspieler, Lyriker, durch sein Bekenntnis zur Kunst die Brücke zu vielen kreativen Menschen geschlagen, die nicht unbedingt zum braven Kirchenvolk zählen.

Die Papsttage in Deutschland haben großen Eindruck hinterlassen, und Christen wie Nichtchristen noch lange beschäftigt. Selbst der Widerspruch, die offenen Fragen, die eine Jugendführerin dem überraschten Johannes Paul II. auf der Münchner Theresienwiese vor 600.000 und einem Millionenpublikum an den Fernsehschirmen stellte, gehört positiv zu diesem Ereignis. Der Papst, der sonst fast nur Redner ist, wurde zum Zuhören gezwungen. Er wurde auf die große Kluft zwischen der kirchlichen Morallehre und der Wirklichkeit angesprochen und auch auf das Zölibat. Doch da folgte Wojtyla eisern der Linie, nach der er sich schon in Polen gerichtet hatte. Gewisse Lehrsätze oder Meinungen wiederholt er immer wieder, von jeder Tribüne, in allen Kontinenten. Dazu gehört auch seine Weisung an die Priester, sich aus der aktuellen Politik herauszuhalten.

Wer kann die Szene im Frühjahr 1983 auf dem Flughafen von Managua vergessen? Da fiel der Priester, Dichter und Kulturminister Ernesto Cardenal vor dem Papst auf die Knie und griff nach der Hand des Papstes, um sie zu küssen. Der zog sie zurück, und mahnte ihn: „Sie müssen Ihr Verhältnis zur Kirche in Ordnung bringen.“ Cardenal ist gegen ausdrückliches Verlangen des Vatikans zusammen mit einem anderen Priester, Außenminister Miguel d'Escoto Brockmann, in der Regierung geblieben. Auf Grund seiner Erfahrungen in Polen lehnt der Papst alle Formen einer marxistischen Revolution entschieden ab: „Man braucht keine fremden Ideologien, um den Menschen zu lieben und zu verteidigen. Im Zentrum der christlichen Botschaft steht die Lehre von der Würde des Menschen.“ Der Mensch dürfe auch aus christlicher Sicht nicht zu einem bloßen Werkzeug der Produktion oder einem Handlanger politischer und sozialer Mächte reduziert werden.

Und die Auseinandersetzung mit diesen Mächten scheute Johannes Paul II. auch in Zentralamerika nicht. Ja, man warf ihm vor, daß er sich Schulter an Schulter mit Diktatoren gezeigt habe. In San Salvador durchbrach er das offizielle Programm, um am Grab des von Rechtsextremisten ermordeten Bischofs Romero zu beten. Aber am Flughafen schüttelte er Major d'Aubisson die Hand – dem vermutlichen Auftraggeber der Killer. In Guatemala mußte er mit Präsident Rios Montt reden, obwohl der unmittelbar vor der Ankunft des Papstes sechs Oppositionelle trotz eines Gnadengesuches des Vatikans hinrichten hatte lassen. Die Linken werfen dem Papst seine Aufwertung der örtlichen Machthaber vor. Vom Papst wollte aber auch die Revolutionsregierung in Nicaragua profitieren. Als ihnen seine Wirkung auf die Massen jedoch gefährlich erschien, mobilisierte sie ihre Jugendorganisation, um die Papstmesse in Managua durch Zwischenrufe und Sprechchöre zu stören. Ein zorniger und grimmiger Wojtyla donnerte einmal ein „Seid endlich still" ins Mikrophon. Journalisten, die ihn ständig auf seinen Reisen begleiteten, fanden, daß er zum erstenmal seine Fassung verloren zu haben und auch besorgt schien, was nun noch alles passieren würde. Da war in ihm sicherlich auch das Trauma des Attentates wachgeworden.

Trotzdem eilte Johannes Paul II. von diesen Zwischenfällen unbeirrt als ein Rufer nach mehr Gerechtigkeit durch diese Krisenzone. Und am Schluß, in Haiti, wurden Präsident Duvalier und die anderen Vertreter der herrschenden Schichten unruhig, als ihnen der Papst schonungslos ins Gewissen redete: „Die Gesellschaft muß besser organisiert, die größere Teilhabe aller ermöglicht werden; in den Verantwortlichen muß die Bereitschaft zum selbstlosen Dienst geweckt werden; es besteht das berechtigte Verlangen nach einer freien Meinungsäußerung in den Massenmedien und in der Politik; Güter und Dienstleistungen müssen für alle leicht erreichbar sein und dürfen nicht nur wenigen vorbehalten bleiben: ... Dabei kann keine Rede davon sein, von Reichtümern und oder von einer Konsumgesellschaft zu träumen, sondern nur von einem Lebensstandard, der der Menschen und Kinder Gottes würdig ist ..." Dieses Ziel will der Papst jedoch nicht durch Klassenkampf und Gewalt erreichen, sondern durch eine „unblutige Revolution der Liebe". Ein lokaler Priester sagte zu einem Journalisten: „Wenn ich das von der Kanzel verkünde, schimpft man mich einen Kommunisten. Jetzt kann ich aber den Papst zitieren."

Ein wesentliches Instrument kirchlicher Sozialpolitik ist das wohl wichtigste Dokument des Papstes bisher, seine Enzyklika „Laborem exercens" („Durch Arbeit muß sich der Mensch sein tägliches Brot besorgen ...") anläßlich des 90jährigen Jubiläums der ersten großen Sozialenzyklika „Rerum novarum". Ursprünglich sollte das Rundschreiben am 15. Mai 1981 publiziert werden. Die Wochen im Krankenhaus nach dem Attentat erlaubten dem Papst den Text noch einmal zu überdenken und zu redigieren. Als das Dokument schließlich am 16. September herauskam, wurde es von allen Seiten als wesentliche Aussage zu den sozialen Fragen der Gegenwart begrüßt. Der Mensch sei nicht für die Arbeit da, sondern die Arbeit für den Menschen. Und der Arbeiter habe Vorrang vor dem Kapital: „Wenn der Mensch arbeitet und sich dabei der Gesamtheit der Produktionsmittel bedient, so möchte er zugleich, daß die Früchte dieser Arbeit ihm und den anderen zugute kommen und daß er bei diesem Arbeitsprozeß Mitverantwortlicher und Mitgestalter in der Werkstätte sein darf, in der er tätig ist."

In seinen Äußerungen über die Gewerkschaften hatte Wojtyla viel von den Grundsätzen der polnischen „Solidarnoscsz" verschmolzen. Und er verwendete das Wort Solidarität des öfteren. Der „arbeitslose Zusammenschluß von Menschen zur Verteidigung der ihnen zukommenden Rechte" sei „ein positiver Faktor der sozialen Ordnung und Solidarität, von dem man nicht absehen kann". Diese Sätze erinnern aber auch daran, daß das Attentat auf den Papst möglicherweise eben wegen der Gewerkschaftsbewegung in Polen inszeniert worden ist. Denn ohne diesen polnischen Papst und seine erste Reise in die Heimat hätte die Arbeiterbewegung wohl kaum so viel Dynamik und Kraft gehabt. Deshalb paßte die Beseitigung dieses „Störfaktors“ sehr wohl in eine internationale Strategie östlicher Geheimdienste.

Der Papst selber soll dieser Überzeugung sein. Trotzdem setzt er sich weiterhin immer wieder Gefahren aus. In Portugal wollte sich ein ehemaliger Priester mit einem Messer auf den Papst stürzen. Die Lateinamerikareise verursachte seinen Sicherheitsverantwortlichen Alpträume. In Rom selbst sind heute die Kontrollen strenger geworden. Bei der Anno-Santo-Eröffnung am 25. März 1983 hatten die Menschen nur mit Karten Zutritt zum Petersplatz, an den Barrieren wurden viele mit Metalldetektoren überprüft; und als sich der Papst in strömendem Regen in feierlicher Prozession über den Platz bewegte, drehten ihm die Schweizergardisten im Spalier den Rücken zu und fixierten die Menge. Johannes Paul II. rann das Wasser über die Stirn, sein Gesicht zeigte Ärger, er wirkte aber auch müde und so, als ob er sich manchmal am Kreuzesstab festhalten müßte. Erst als er vor der Heiligen Pforte stand, schien sich seine Stimmung zu bessern, und er verkündete seine Botschaft, die alle unsere Sorgen einschloß: „Gib Herr, daß dieses Heilige Jahr der Erlösung auch ein Aufruf an die heutige Welt werde, die an der Spitze ihrer Wünsche Gerechtigkeit und Frieden sieht und doch Tag für Tag inmitten wachsender Spannungen und Bedrohungen lebt, weil sie der Sünde mehr und mehr Raum gibt. So scheint sie sich in eine Richtung zu bewegen, die gefährlich ist für alle. Hilf Du uns, die wachsenden Bedrohungen und Gefahren der heutigen Welt abzuwenden! Richte den Menschen wieder auf! Beschütze die Nationen und Völker. Laß das Werk der Zerstörung nicht zu, das die heutige Menschheit bedroht!“ Wieder einmal galten Worte und Gebete Johannes Paul II. nicht nur den Katholiken, sondern aller Welt.

Literaturverzeichnis

Andreis Stefano–Leone Marcella, „Il Pastore venuto da Lontano", Mailand 1978
Annuario Pontificio 1978, Città del Vaticano
Barberini/Stöhr/Weingärtner, „Kirchen im Sozialismus", Frankfurt/Main 1977
Benz Ernst, „Der Mensch in christlicher Sicht", in: Neue Anthropologie, Band 6, Stuttgart 1975
Broszat Martin, „Nationalsozialistische Polenpolitik 1939–1945", Stuttgart 1961
Fest Joachim C., „Das Gesicht des Dritten Reiches", München 1963
Galli Mario von, „Das Konzil und seine Folgen", Luzern 1966
Guenther Johannes von, „Religiöse Lyrik des Abendlandes", Frankfurt/Main 1958
Halecki Oscar, „Die Polen", in: Die Welt der Slawen, I, Frankfurt/Main 1960
Kühner Hans, „Lexikon der Päpste", Frankfurt/Main 1960
Micewski Andrzej, „Katholische Gruppierungen in Polen", München 1978
d'Onofrio Arturo, „Luminosi albori di un pontificato Giovanni Paolo II", Neapel und Rom 1978
Raffalt Reinhard, „Wohin steuert der Vatikan?", München 1973
Ranke Leopold von, „Die Päpste", Leipzig 1941
Roeck Jef de, „Der Mann aus Polen", Düsseldorf 1978
Stehle Hansjakob, „Die Ostpolitik des Vatikans", München 1975
Störig Hans Joachim, Kleine Weltgeschichte der Philosophie", Stuttgart 1950
Trost Ernst, „Aufstand in der Kirche", Wien 1969
Wojtyla Karol, „Amore e Responsibilità", Turin 1968
Wojtyla Karol, „Segno di contradizione", Mailand 1977
Wojtyla Karol, „Educazione all' Amore", Rom 1978
Wojtyla Karol, „Il Buon Pastore", Rom 1978
Wojtyla Karol, „La Fede della Chiesa", Mailand 1978

Zeitschriften:

Herder Korrespondenz, Jahrgang 1974/75/76/77/78, Freiburg/Breisgau
Merian-Heft „Vatikan", Hamburg 1976

Register